Susanne Hake

Selbstmarketing für Schüchterne

REDLINE | VERLAG

Susanne Hake

Selbstmarketing für Schüchterne

REDLINE | VERLAG

Bibliografische Information der Deutschen Nationalbibliothek:
Die Deutsche Nationalbibliothek verzeichnet diese Publikation in der Deutschen National-
bibliografie; detaillierte bibliografische Daten sind im Internet über **http://d-nb.de** abrufbar.

Für Fragen und Anregungen:
hake@redline-verlag.de

1. Auflage 2014

© 2014 by Redline Verlag, ein Imprint der Münchner Verlagsgruppe GmbH,
Nymphenburger Straße 86
D-80636 München
Tel.: 089 651285-0
Fax: 089 652096

Redaktion: Ulrike Kroneck, Melle-Buer
Umschlaggestaltung: Kristin Hoffmann, München, unter Verwendung von shutterstock.com
Satz: Carsten Klein, München
Druck: Konrad Triltsch GmbH, Ochsenfurt
Printed in Germany

ISBN Print 978-3-86881 550-4
ISBN E-Book (PDF) 978-3-86414-484-4
ISBN E-Book (EPUB, Mobi) 978-3-86414-485-1

Weitere Informationen zum Verlag finden Sie unter

www.redline-verlag.de

Beachten Sie auch unsere weiteren Imprints unter
www.muenchner-verlagsgruppe.de

Inhalt

Einleitung

Natürlich sind Sie nicht schüchtern! Sie ahnen lediglich, dass die Möglichkeit, bei einer Präsentation mit offenem Reißverschluss dazustehen, statistisch gesehen etwa 100-mal wahrscheinlicher ist als ein Lotteriegewinn. Und dass die Nylonstrumpfhosenindustrie darauf baut, dass Sollbruchstellen zu öffentlich sichtbaren Laufmaschen führen, die Sie als undamenhaft entlarven. Sie sind sich sicher, dass Lederschuhe eine Stunde nach dem Putzen so aussehen, als hätte Sie Ihr Pferd in der Steppe im Stich gelassen. Und schon Ihre Mutter hat ja die Öffentlichkeit bewusst gemieden. Am liebsten würden Sie alles schriftlich machen. Nur leider hat Ihnen die Rechtschreibreform die Sicherheit im Ausdruck genommen. Ein unbeschwertes »ß« kommt Ihnen jedenfalls nicht mehr aufs Papier. Ja, Sie sind eben nicht so wie all diese geborenen Rampensäue, die sich brachial nach vorn schieben. Aber wenn Sie erst mal das Zertifikat Ihrer nächsten Fortbildung in der Tasche haben, werden Sie sich schon Gedanken darüber machen, wie Sie sich richtig gut vermarkten. Denn bei all dem Know-how und Können, das Sie angesammelt haben, halten Sie es nach Ihrem Drittstudium mit diesem viel zu früh verstorbenen Griechen: Ich weiß, dass ich nichts weiß.

Sie können von Glück reden, dass Sie wenigstens kein Multimillionenerbe sind. Sonst könnten Sie es sich nämlich leisten, wenn Sie gut haushalten, mit dieser Haltung zu überleben und viermal die Woche mit einem Psychoanalytiker darüber zu reden. Wir Bürgersprösslinge, Arbeiterkinder und verarmten Adeligen hingegen dürfen uns mit der Realität auseinandersetzen – und dazu gehört der Markt, auch der Stellenmarkt. Denn die Scheinsicherheiten von früher, eine unkündbar feste Arbeitsstelle mit automatischem Aufstieg oder ein lieber Mensch, der Sie bis ins hohe Alter versorgt, weil Sie ihm heute den Haushalt managen, sind rar geworden. Das Leben fordert selbst vom kleinsten Kressekeim auf dem wohlig befeuchteten Wattepad: Wachstum!

Sie fühlen sich als wirklich Hochsensibler, offen Introvertierter und definitiv Schüchterner jetzt missverstanden? Die Diagnose Ihrer Persönlichkeitseigenschaft macht tatsächlich Sinn, doch es macht keinen, sich hier allzu lange damit aufzuhalten. Deshalb die Definitionen in aller Kürze:

»Introvertiert«

steht an einem Ende eines Kontinuums, an dessen anderem Ende »extravertiert« steht. Der Begriff geht auf den Psychologen C. G. Jung zurück und bedeutet nach heutiger Definition, dass Sie Ihre »Batterien« aufladen, indem Sie sich vor Menschen zurückziehen. Es heißt, dass Sie denken, bevor Sie sprechen, und auch, dass Ihnen lautes Eigenlob fremd ist.

»Hochsensibel«

sind 15 bis 20 Prozent der Bevölkerung. Das bedeutet, dass Ihre Nerven leichter erregbar sind. Sie haben eine angeborene feine Wahrnehmung, sind deshalb leichter erschöpft, könnten z. B. große Menschenansammlungen problematisch finden und auch Schwierigkeiten haben abzuschalten und einen erquickenden Schlaf zu finden. 70 Prozent aller Hochsensiblen sind eher introvertiert.

»Schüchternheit«

bedeutet, dass Sie zwar – im Gegensatz zu manchen Introvertierten – soziale Kontakte anstreben, doch von Ängsten blockiert werden. Oft beruhen diese auf Erfahrungen aus der Vergangenheit. Schüchternheit ist also nicht unbedingt »angeboren«. Selbst Extravertierten, die sonst keine Redehemmung kennen, kann es gegenüber bestimmten Personen, oft solchen, die sie als »ranghöher« wahrnehmen, die Sprache verschlagen.

Ihre individuelle Selbstdiagnose – Literatur dazu finden Sie im Anhang – kann tatsächlich zu einem befreienden Aha-Erlebnis führen. Sich mit dieser Erkenntnis in eine Selbsthilfegruppe oder – schlimmer noch – trotzig isoliert aufs Sofa zurückziehen und Ihre Identität völlig um diese Persönlichkeitseigenschaft herum entwickeln, ist jedoch nicht sinnvoll. Rückzug führt unweigerlich dazu, dass

Herr Rampensau oder Frau Rampensau-Logorrhoe genau die Position besetzt, für die eigentlich nur Sie qualifiziert sind und die Sie wirklich wollen. Doch: Können Sie Vorgesetzten, Personalentscheidern oder möglichen Kunden das verübeln? Herr und Frau R. wirken so viel enthusiastischer, beantworten Fragen nach ihren Stärken und Qualifikationen versichernd positiv, zieren sich nicht lange und brauchen keine Extraeinladung, um Erfolge, Toppositionen und Boni lächelnd bis grinsend entgegenzunehmen.

Nicht nur, dass zurückhaltendere Menschen seltener Neugeschäfte akquirieren oder den Weg zum Vorgesetzten antreten, um das Thema Gehaltserhöhung geschickt und selbstbewusst auf den Tisch zu bringen: Ihr Spiel um Bescheidenheit ist für alle anstrengend. Ihre tief verborgenen Werte und ihre Seriosität, ihr Wegducken und Sich-unsichtbar-Machen müssen auf einen Action-orientierten extravertierten Entscheider so anachronistisch wirken wie ein Schwarz-Weiß-Film mit Woody Allen in der Hauptrolle.

Lässt sich das ändern? Ja, zunächst dürfen Sie sich entspannen, bewusst bis unter den Bauchnabel atmen, Ihre Persönlichkeitseigenschaften akzeptieren und die Stärken darin erkennen.

Auf Sie trifft keine der erwähnten Eigenschaften so wirklich zu, Sie haben aber dennoch Hemmungen, sich zu vermarkten? Könnte es sein, dass Sie am »Hochstapler-Syndrom«[1] (»Impostor Syndrome«) leiden? Das heißt nicht, dass Sie ein Hochstapler sind, sondern dass Sie sich trotz Ihrer Leistungen, Stärken und Talente wie ein solcher fühlen, weil Sie eigene Erfolge selber nicht anerkennen können, sondern lediglich dem Glück, Ihrer charmanten Art oder Ihrem hübsch angepassten Äußeren zuschreiben. Und so warten Sie nur darauf, »enttarnt« zu werden. Diese ständige Spannung kann zu selbstschädigendem Verhalten führen, aber auch betriebswirtschaftlich schaden. Nämlich dann, wenn sich der Gedanke, nicht zu genügen, als selbsterfüllende Prophezeiung in einer unklugen, aber spannungslösenden Handlung manifestiert. Z. B. als grobe Fehlinvestition[2] oder in einer allzu dummen Affäre. Wenn Sie den Eindruck haben, besonders schwer am »Hochstapler-Syndrom« zu leiden, gönnen Sie sich bitte zusätzlich individuelle professionelle Unterstützung. In leichteren Fällen kann schon die Anerkennung dieses Syndroms und die Information in diesem Buch helfen.

Sie betrifft nun weder dieses »Syndrom« noch eine der drei oben erwähnten Persönlichkeitseigenschaften? Ihnen fällt lediglich das Selbstmarketing nicht so leicht, wie Sie es gerne hätten? Dann testen Sie jetzt, ob der Begriff »Selbstmarketing-Blockade« auf Sie zutrifft.

(1) Der Selbstmarketing-Blockaden-Test

Lesen Sie sich die folgenden Aussagen durch. Entsprechen diese Gedanken und Gefühle den Ihren? Antworten Sie jeweils mit Ja oder Nein:

➤ Ich bin nicht der geborene Führungstyp.

➤ Ich spreche ungern über mich und meine Leistungen.

➤ Mir ist sehr wichtig, was andere über mich denken.

➤ Ich bin mir noch nicht klar darüber, was mein berufliches Ziel ist.

➤ Ich vergleiche mich oft mit anderen

➤ Ich mag keine Fotos oder Video- und Ton-Aufnahmen, auf denen ich zu sehen bzw. zu hören bin.

➤ Ich verlasse mich darauf, dass gute Leistung sich auf Dauer durchsetzt.

➤ Am liebsten wäre ich unsichtbar.

➤ Ich wage den nächsten beruflichen Schritt erst, wenn ich 100 Prozent sicher bin.

Wie oft haben Sie mit Ja geantwortet?

0–2-mal Ja: Sind Sie bitte so gut und verschenken dieses Buch an jemanden, den Sie mögen und der es besser gebrauchen kann als Sie? Falls es sich hierbei um ein E-Book handelt, verschenken Sie Ihren Kleincomputer gleich mit. Sie selber haben auf jeden Fall keine Selbstmarketing-Blockade!

3–5-mal Ja: Ihre Selbstmarketing-Blockade ist so hoch wie beim Bevölkerungsdurchschnitt. Noch vor 20 Jahren wäre das überhaupt kein Problem gewesen. Sie können jedoch überdurchschnittlich davon profitieren, wenn Sie dieses Buch lesen und die Übungen durchführen.

6–9-mal Ja: Für Sie speziell wurde dieses Buch geschrieben! Es ist alles in Ordnung mit Ihnen[3], lediglich Selbstmarketing, so wie es inzwischen in der Berufswelt gefordert wird, ist nicht Ihr Ding. Muss es ja auch noch nicht sein. Mithilfe der Übungen bekommen Sie Einsichten und Inspirationen, wie Sie unnötige Blockaden auflösen und Ihre Lebensqualität verbessern können.

Selbstmarketing-Blockade ist der gemeinsame Nenner vieler Introvertierter, Hochsensibler, der meisten Schüchternen und fast aller Menschen mit Hochstapler-Syndrom. Deshalb ist es das Thema dieses Buches. Diese Blockade können Sie mit Sicherheit überwinden – durch die Anwendung neuer Erkenntnisse, mit differenziertem Denken, ein wenig Mut, viel Übung und einer Investition: Kaufen Sie sich ein Tagebuch, am besten (oder zusätzlich) ein Kollegheft und einen Ringhefter, um es parallel zu diesem Buch zu nutzen. Wenn Sie inzwischen lieber digital unterwegs sind: Legen Sie sich bitte einen Ordner für die Computerdateien an, die Sie parallel zu diesem Buch erstellen und bearbeiten werden.

Die Übungen in diesem Buch können Sie sich auch auf der Webseite www.SelbstmarketingFuerSchuechterne.de/BonusZumBuch herunterladen und ggf. ausdrucken oder auf Ihrem Computer bearbeiten.

Die Herausforderung, sich selbst zu vermarkten

Sie stehen mit Ihrer Scheu vor Selbstvermarktung nicht allein da. Negative Gedanken darüber, sich selbst zu verkaufen, haben mit Ihnen Millionen Männer und Frauen, selbst Extravertierte: Sie füllen damit ein Vakuum, das optimistischer betrachtet »Freiheit« heißt. Denn in der Zeit, bevor Ihre Großeltern zu Elvis Presley rockten, war das Leben innerlich und äußerlich fremdbestimmter. Es war absehbar, was aus Ihnen werden wird, wenn Sie als fünfte Tochter des Köhlers oder erster Sohn des Kellermeisters geboren wurden. Wie hart Sie arbeiten müssen, ob Ihr Partner katholisch oder evangelisch sein wird und was Sie am Sonntagvormittag machen werden. Die meisten waren dort zufrieden, wo sie hingestellt wurden, denn all das war von der Familie, dem Pfarrer oder einer anderen Autorität, die sie sich nicht ausgesucht hatten, genau so gewollt. Das konnte langweilig sein und sogar ungerecht, es war aber auch bequem. Nun haben wir seit ein paar Jahrzehnten Demokratie und könnten – bei ausreichendem Einsatz – weitgehend sein und tun, was wir wollen. Aber was fangen wir mit dieser Freiheit an? Die meisten von uns nutzen sie, um sich selbst mit Perfektionsstreben, Vergleichen und Unsicherheiten an einen Platz zu nageln, an den sie schon lange nicht mehr gehören. Und wie stellen wir es an, uns derart zu knechten? Indem wir uns Geschichten erzählen.

Die Rede ist hier nicht von Märchen, die einen Prinzen versprechen, sondern es geht um die Storys, die wir uns ständig über uns selbst erzählen und für die Wahrheit halten. Manche nennen diese Geschichten auch »negative Glaubenssätze«. Diese Glaubenssätze, verpackt in Geschichten, haben tatsächlich die Kraft, uns das Leben unnötig schwer zu machen. Jeden anderen, der Sie so behandeln würde wie Sie sich selbst, könnten Sie wegen Verletzung des Persönlichkeitsrechts, Nötigung und sogar Körperverletzung anzeigen. Nun, letztlich können Sie froh sein, dass Sie diese Giftgrube in Ihrem Kopf noch selbst verantworten und nicht an eine neue totalitäre Glaubensgemeinschaft delegiert haben, die vorgibt, Sie von Ihrer angeblichen Schwäche zu befreien. Als amtierender Vorstandsvorsitzender Ihrer eigenen Giftmülldeponie können Sie hingegen erst einmal wieder entspannen: Ihr Makel ist menschlich.

Die Entwicklungspsychologie hat dafür sogar eine Erklärung: Jeder Mensch fühlt sich als Kleinkind – selbst bei der liebsten Kindergartentante – spätestens im Alter von drei Jahren plötzlich ungeliebt. Er erschrickt darüber und nutzt den Rest des Lebens, um nach Beweisen und Gründen für diese Ablehnung zu suchen. Er ist sich sicher, dass etwas Entscheidendes mit ihm nicht stimmt. Und er ist erst als Erwachsener erleichtert, wenn er ein paar Jahrzehnte später ins Grab sinkt – ohne dass jemand das dunkle Geheimnis dieser »Minderwertigkeit« je gelüftet hat.

Was hat das mit Selbstmarketing zu tun? Vertriebsexperten – und viele davon sind Psychologen – sind sich einig, dass die besten Verkäufer von dem Produkt, das sie verkaufen, auch selber überzeugt sind. Was, wenn ein solcher Profi nun plötzlich hinter etwas stehen muss, das er nur vage kennt und heimlich verachtet? Wenn er immer befürchten muss, dass der Kunde die schwerwiegenden Mängel bemerkt, bevor er selber auf und davon ist: Würde diesem Verkäufer sein Job Spaß machen? Würde er einen angemessenen Preis verlangen? Würde der Kunde kaufen? Nein, nein und – mit ziemlicher Wahrscheinlichkeit – noch mal nein.

Bevor wir uns also mit Selbstmarketing beschäftigen, möchte ich Sie bitten, ein besonders nützliches und hervorragendes Mitglied unserer Gesellschaft kennenzulernen: sich selbst. Keiner verlangt von Ihnen, sich zu ändern. Sie sind vermutlich besonders empathisch, höflich und möchten sich anderen Menschen nicht offensiv aufdrängen. Bleiben Sie also bitte, wie Sie sind. Kümmern Sie sich gut um sich und schauen Sie sich die Geschichten genauer an, die Sie sich immer und immer wieder über sich selber erzählen. Mit diesem Buch möchte ich erreichen, dass Sie sich Ihres Genies bewusst werden und es anderen bewusst machen, ohne sich zu genieren. Die Entscheidung liegt bei Ihnen: Sind Sie bereit, zu sich zu stehen?

Selbsterkenntnis durch Marketing

>»Die, die nicht die Macht über die Geschichte haben, die ihr
> Leben dominiert, die Macht, sie anders zu erzählen, anders
> zu denken, sie zu dekonstruieren, darüber Witze zu machen
> und sie zu ändern, wie die Zeiten sich ändern, sind wahrhaftig
> machtlos, denn sie können keine neuen Gedanken denken.«
> *Salman Rushdie*

Das übliche Selbstmarketing ist peinlich – unabhängig von Schüchternheit, Introvertiertheit und Hochsensibilität. Da hilft auch nicht,
es »Personal Branding« zu nennen oder »Kommunikationsstrate-
gie«. Die schmerzhafte Leere, die Sie fühlen, wenn Sie aufgefordert
werden, über sich und Ihre Leistungen zu sprechen, hat sogar ent-
wicklungsphysiologische Gründe: Der Teil unseres Gehirns, in dem
unsere Motivation beheimatet ist, nämlich *warum* und sogar *wie*
wir etwas tun, ist nicht mit unserem Sprachsystem verknüpft. Das
stammesgeschichtlich ältere limbische System, unser Gefühlszent-
rum, liegt Welten entfernt vom Neokortex, dem Ort des sprachli-
chen Denkens. Ihnen würde es vermutlich leichter fallen, sich tan-
zend oder malend vorzustellen, als die passenden Worte zu finden.
Also, zurück in den Waldorfkindergarten? So spät wollen wir hier gar
nicht ansetzen. Die Schritte, um erfolgreich zu sich zu stehen, sind
Babyschritte. Insgesamt fünf, erprobt und nachvollziehbar.

➤ **S** = Situation: Heben Sie Ihre verborgenen Schätze.
➤ **T** = Transformation: Vergegenwärtigen Sie sich Ihre Vision.
➤ **O** = Organisation: Entwickeln Sie Strukturen und Strategien.
➤ **R** = Rekreation: Entspannen Sie, um zu optimieren.
➤ **Y** = Yippie! Feiern Sie Happy Ends und neue Starts.

Ob Sie diese Schritte in fünf Wochen gehen oder in fünf Monaten:
Das Tempo bestimmen Sie. Die Aufgaben auf diesem Weg werden
nicht immer leicht sein, doch eins sind sie niemals: peinlich. Denn

Sie werden sich nicht länger »verkaufen« müssen, Sie brauchen auch nicht verkrampft nach Worten zu suchen. Sie werden zuerst Ihre Einzigartigkeit entdecken. Wie jetzt? »Ihre Einzigartigkeit« klingt für Sie abgedroschen? Wie alter Joghurt mit linksdrehender Milchsäure und aktiven Pilzkulturen? Da beweisen Ihnen die Individualität Ihres Fingerabdruckes und die unvergleichlichen Ergebnisse Ihres Gentests noch lange nichts? Sie haben sowieso einen eineiigen Zwilling, der wesentlich origineller ist als Sie selber?

Ich kann Ihre Vorbehalte verstehen. Bis vor ein paar Jahren hielt ich das Reden von »Einzigartigkeit« auch eher für eine PR-Masche von Friseuren und Motivationstrainern. Heute spreche ich davon ohne jede Spur von Ironie, empfinde »Einzigartigkeit« nicht mehr als artige Behauptung, sondern denke dabei an etwas Überraschendes, jedem Menschen innewohnendes Positives. Heute begeistere ich mich dafür und werde alles tun, um auch Sie auf Ihre Einzigartigkeit, Ihre individuellen Stärken, aufmerksam zu machen. Es ist gerade für schüchterne, hochsensible und eher introvertierte Personen überlebenswichtig, sich derart ernst zu nehmen. Zum einen wirtschaftlich: Sogar innerhalb von alteingesessenen Unternehmen kommt es – infolge von Umstrukturierungen – immer öfter vor, dass Angestellte sich um die eigene Stelle bewerben müssen. Wer freiberuflich arbeitet, verbringt heute einen großen Teil der Arbeitszeit mit Marketing und Akquise. Das Internet, zunächst eine Bastion der Menschen, die lieber am Computer als auf Partys saßen, verstärkt inzwischen mit YouTube und anderen audiovisuellen »sozialen Medien« die Aufmerksamkeitsschere zwischen den Lauten und den Leisen. Das geht zu Ungunsten der Stilleren, die also umso feinere Strategien entwickeln müssen, um nicht völlig überhört und übersehen zu werden. Zum anderen habe ich – als Kommunikationsberaterin und Coach mit dem beruflichen Hintergrund Werbung, Spielfilm-Regie und Körperpsychotherapie – an meinen Klientinnen und Klienten beobachtet, wie positiv die Nebenwirkung der Entdeckung der ureigenen Kraft sein kann: Nicht nur die Karriere und das Geldverdienen fallen leichter. Auch die Liebe. Denn wer, glauben Sie, ist ein attraktiverer Partner, eine attraktivere Partnerin? Jemand, der weiß, warum er auf der Welt ist und sich wohl in seiner Haut fühlt? Oder jemand, der ständig Bestätigung braucht und meint, dass die Welt ihm etwas schuldet, und deshalb aktiv unzufrieden und passiv aggressiv ist?

Wenn Sie also an irgendwas in dieser Welt glauben wollen, lege ich Ihnen nahe, zumindest versuchsweise mit Ihrer eigenen Einzigartigkeit anzufangen. Die Hebelwirkung ist beträchtlich. Haben Sie sie erst gefunden und formuliert, können Sie immer noch frei entscheiden, ob Sie Ihre Originalität voll ausdrücken oder Ihr wertvoll süßes Geheimnis als Motor verwenden, der Sie nach vorn bringt. Denn Ihre wirkliche Einzigartigkeit kann Privatsache bleiben. Sie brauchen nur gelegentlich einen Teil davon öffentlich machen: den Teil Ihrer Einzigartigkeit, den Sie spätestens durch die vor Ihnen liegenden Fragen und Übungen entdecken werden. Es ist der Teil, für den andere Menschen und Organisationen bereit sind, Geld zu zahlen: Honorar, Gehalt, Spesen – und vielleicht sogar Boni.

Karl Marx – aufgrund der real existierenden Erfahrungen der letzten Jahrzehnte zugegebenermaßen schlecht beleumundet – hatte vor über einem Jahrhundert einen überaus klugen Gedanken. Er prägte den Begriff »Mehrwert«, um Arbeitern bewusst zu machen, dass in der freien Wirtschaft der Arbeitgeber – zumindest in der Regel – mehr von ihren Leistungen profitiert, als er ihnen als Lohn zahlt. Genau hier setzen wir mit dem verwertbaren Teil Ihrer Einzigartigkeit an: Je bewusster Sie sich darüber sind, was genau zu Ihrem Mehrwert für andere führt, desto gezielter können Sie Ihre Leistungen denjenigen Arbeitgebern, Personalentscheidern, Vorgesetzten oder Kunden anbieten, denen Sie genau damit helfen können. Denn so sagte schon der Dichter W. H. Auden: »Wir sind hier auf der Erde, um anderen Gutes zu tun. Wozu die anderen hier sind, weiß ich nicht.«

Wenn Ihre einzigartige Leistung und Ihr radikaler Wert auf den genau passenden Bedarf und die adäquate Zahlbereitschaft treffen, wird sicher nicht der Kapitalismus, aber der Sie hemmende Teil Ihrer Schüchternheit, Introvertiertheit, Hochsensibilität und Ihres »Hochstapler-Syndroms« überwunden. Selbstmarketing kann zu einem entspannten Austausch werden, der Ihnen – wer weiß? – sogar richtig Freude machen kann.

Und jetzt zu mir

Heute kann ich öffentlich zu meiner, teilweise überwundenen, Schüchternheit und zu meiner Introvertiertheit und Hochsensibilität stehen. Von außen waren mir diese Eigenschaften kaum anzumerken. Ich war zwar von der 9. bis zur 13. Klasse Klassensprecherin und Stufensprecherin, doch es fiel mir schwer, für mich selber zu sprechen. Meinen Traumberuf Komödienregisseurin traute ich mir nicht zu, arbeitete zunächst in der Werbung. Ich hatte sogar bald einen Assistenten. Mein Führungskonzept: nett sein. Erst nach fünf Jahren in der Werbung wagte ich, mich bei der Münchner Filmhochschule zu bewerben. Ich wurde sofort angenommen und drehte meine ersten Kurzfilme.

Für eine gute Komödie brauchte ich vor allem ein gutes Buch. Das Drehbuchschreiben musste ich noch lernen. Mit einer Drehbuchförderung und freien Werbejobs konnte ich ein Masterstudium an der University of Southern California finanzieren. Und saß weiterhin hinter dem Computer, auch wenn die kalifornische Sonne schien. Mit dem Abschluss hatte ich auch mein erstes langes Komödiendrehbuch fertig. Produzenten waren zwar begeistert, doch keiner wollte mich Regie führen lassen. Ich wusste nicht, wie ich kämpfen sollte, ließ das Projekt fallen und beschloss einen vollständigen Berufswechsel: Psychologie. Ich schrieb mich an einem College in L.A. für »Counseling Psychology« ein und begann parallel dazu eine Ausbildung in Körperpsychotherapie bei Jack Lee Rosenberg. Da bekam mein Drehbuch, inklusive meiner Regie, doch noch grünes Licht – aus Deutschland. Ich bereitete das Projekt also neben meiner neuen Ausbildung vor, stellte ein exzellentes Team mit Stars wie Gisela Schneeberger, Max Tidof und Hanns Zischler zusammen und drehte in den Semesterferien. Der Film *Callboy* wurde ein Erfolg. Es folgten weitere Komödienregieaufträge. In einer extrem Geld- und Zeit-getriebenen Domäne war ich als Regisseurin zwar für alles verantwortlich, dennoch wurden wichtige Entscheidungen von Redaktion und Produktion getroffen. Ich war umgeben von teilweise wenig sensiblen, meist eher extravertierten Persönlichkeiten, die auch Regie führen wollten. Die Feuerprobe für jede Führungskraft. Ich bestand sie. Schauspielführung: sehr gut, Budget einhalten: klasse, Teamführung: in 95 Prozent der Fälle tadellos. Selbstmarketing: mangelhaft.

Ich glaubte, Leistung, Qualität und Quote würden automatisch bemerkt. Statt zu netzwerken, zog ich mich nach den stressigen Dreharbeiten zurück. Meine Selbstdarstellung war eher defensiv. Das ist in einer Branche, in der die Jobs vor allem über Freundschaften vergeben werden, nicht die richtige Strategie. Die Aufträge – der Fernsehmarkt veränderte sich in Richtung Dschungelshows – wurden dünner und dümmer. Das Ende meines Traumberufes. Sobald ich die Enttäuschung verarbeitet hatte, sichtete ich meine Papiere, vom Masterdiplom über das Körperpsychotherapie-Zertifikat bis hin zum Jugendschwimmschein. Dabei wurde mir mein neues Berufsbild klar: die Verbindung von kreativem Schreiben mit Inszenierung und Psychologie. Ich gab Seminare für Werbeagenturen und Unternehmen und lernte, mich erfolgreich selber zu vermarkten. Nun wollte ich mit meinem Wissen und meinen Erfahrungen FreiberuflerInnen und Führungskräfte in Einzelarbeit im Selbstmarketing unterstützen. Doch dann kam die nächste Überraschung: Mein amerikanisches Psychologiestudium wurde in Deutschland nicht anerkannt. Um meine Tätigkeit zu legalisieren, legte ich die Heilpraktikerprüfung vor dem Gesundheitsamt ab. Diese Qualifikation wiederum eröffnete mir die Möglichkeit, auch Techniken aus Neurowissenschaft und Osteopathie in meine Methode zu integrieren. Ich entwickelte STORYdynamics® und legte los. Inzwischen freue ich mich über die Erfolge von weit über 100 Klientinnen und Klienten. Ehemalige Stotterer und (noch immer) Sensible gelangten in Führungspositionen, zurückgezogene Gestalter profilierten sich für Aufträge, von denen sie vorher nicht zu träumen gewagt hätten, und eher schüchterne Unternehmerinnen entwickelten sich unter anderem zu souveränen Talkshowgästen. Was allen gemeinsam ist: Sie wurden selbstbewusster und überwanden ihre Selbstmarketing-Blockaden.

In diesem Buch zeige ich Ihnen, wie Sie die Schritte dazu selber nachvollziehen können. Sie erhalten Informationen, die zu Aha-Erlebnissen führen. Sie lernen in Übungen und Experimenten Ihre Einzigartigkeit kennen. Und Sie entwickeln Strategien, um deutlicher zu sich zu stehen und leichter zu kommunizieren. Die eigenen Selbstmarketing-Blockaden aufzulösen, ist befreiend und in jedem Sinne bereichernd. Fangen Sie einfach an!

Wie Sie dieses Buch am effektivsten einsetzen

Die Reihenfolge der Kapitel ergibt eine aufeinander aufbauende Struktur. Die Übungen in derselben Reihenfolge zu machen, ist also sinnvoll. Mit einer erholsamen Ausnahme: Schon ab Kapitel 1 »Situation«, erst recht ab Kapitel 2 »Transformation« oder Kapitel 3 »Organisation«, dürfen Sie zwischendurch in das Kapitel 4 »Rekreation« vorblättern. Dort finden Sie Anregungen sowohl fürs gezielte Nichtstun als auch für sinnvolle Körperübungen. Seien Sie also bei Bedarf so gut zu sich und kommen Sie anschließend wieder in das Kapitel zurück, in dem Sie aufgehört hatten, und machen Sie weiter.

Die meisten der Übungen in diesem Buch können Sie auch allein durchführen. Doch einige funktionieren mit einem lebendigen Gegenüber einfach besser. Meine Empfehlung: Suchen Sie sich in Ihrem Freundes- oder Bekanntenkreis eine zuverlässige und vertrauenswürdige Person, die für ein paar Wochen die Mentorfunktion für Sie übernimmt, an Ihrer Entwicklung teilnimmt, und einige der Übungen mit Ihnen durchführt. Selbstverständlich können Sie sich auch gegenseitig unterstützen, indem Sie beide gleichzeitig dieses Buch durcharbeiten. Ihnen fällt eine solche Person ein? Fragen Sie sie! Mentor oder Mentorin zu sein, ist eine Ehre. Ihnen fällt wirklich niemand ein? Denken Sie noch einmal nach. Eine Nachbarin, jemand aus einem Verein oder aus Ihrer Vergangenheit, mit dem Sie ohnehin gerne wieder Kontakt hätten? Sie profitieren natürlich auch von diesem Buch, wenn Sie allein so viele Übungen machen, wie es Ihnen möglich ist. Es ist jedoch wertvoll, einen Weggefährten zu haben, der Sie unterstützt und Ihnen dabei hilft, kleinere und größere Blockaden sowie Ihren »blinden Fleck« zu erkennen und zu überwinden. Ob nun (noch) allein oder nicht: Nehmen Sie Ihre Einzigartigkeit unter Vertrag und fangen Sie an!

Ihr Vertrag mit sich selbst

Ich bin die Heldin, der Held in meiner neuen Geschichte.

Ich, ..., verspreche mir, mich in den nächsten Wochen besonders aufmerksam um mich zu kümmern.

Ich nehme mir jeden Tag .... Minuten Zeit nur für mich und befasse mich mit den folgenden Kapiteln und Übungen.

Zur Belohnung für jedes abgeschlossene Kapitel gibt es:

....

Meine Mentorin/mein Mentor, meine Freundin/mein Freund für diese Zeit heißt:

....

Sie/Er hat zugesagt, diese Rolle zu übernehmen.

Das bedeutet: Sie oder er ist telefonisch erreichbar und bereit, sich ....-mal pro Woche/pro Monat mit mir zu treffen.

Datum/Unterschrift

1. SITUATION – Heben Sie Ihre verborgenen Schätze

Sammeln Sie Offizielles und Offensichtliches

>»Wenn dir der Weg, auf dem du gehst, nicht gefällt, beginne einen neuen zu pflastern.«
>
> *Dolly Parton*

Beginnen wir mit einer Bestandsaufnahme. Wenn Ihnen das zu bieder klingt, können wir auch sagen: Inventur. Das ist dieser Tag, an dem früher die Kaufhäuser nur halbtags offen waren, weil gezählt wurde, was auf den Regalen, an den Kleiderstangen und im Lager lag. Aber was können Sie zählen – außer Geld, Kindern und Erbsen? Sie können Ihre bisherigen Geschichten erzählen: die ganz offiziellen, die Sie zum Teil ja sogar dokumentarisch belegen können. Und die anderen, Ihre inoffiziellen Geschichten, die Sie am liebsten verschweigen würden. Aber genau diese Geschichten sind interessant. Auch und gerade wenn Sie nicht – oder noch nicht – prominent sind. Ihren Geschichten, die Sie in sich tragen, Aufmerksamkeit zu schenken, kann ungeahnte Kräfte freisetzen und Sie weiter voranbringen als eine Summa-cum-laude-Promotionsurkunde.

Eine seriöse Unternehmensberatung beginnt mit einer Soll-und-Haben-Bestandsaufnahme, ein Arztbesuch mit einer Aufnahme der Beschwerden und der Krankengeschichte. Doch: Wenn Bestandsaufnahmen so sinnvoll sind, warum machen wir sie dann nicht regelmäßig? Tatsächlich sind wir unterwegs wie das ohne Navigationsgerät fahrende Pärchen, das sich im Großstadtverkehr verirrt. Er fragt nicht nach dem Weg, und sie will die Straßenkarte nicht lesen. Wir scheuen uns davor, genau festzustellen, wo wir uns tatsächlich befinden. Warum die Vermeidung? Weil Menschen sich selbst über neutrale Fakten Geschichten erzählen, mit denen sie sich auf dramatische Weise selbst quälen. Denn unser Gehirn ist so konstruiert, dass es sachliche und emotionale Informationen zusammen als Datenpakete in Form von Bildern und Geschichten ablegt. Dort lagern dann über Jahre angesammelte Storys, die nur auf das kleinste zusätzliche Byte warten, um hochzugehen. In den meisten Fällen fühlt sich das nicht gut an. Denn unsere Wahrnehmung und die blitzschnell aufgerufenen Assoziationen sind seit der Steinzeit für negative Ereignisse, mögliche Gefahren, sensibilisiert. Damit wir uns erschrecken und uns vor dem Säbelzahntiger ducken, selbst wenn es sich nur um unseren eigenen Schatten an der Wand handelt. Unsere Angstzentren haben noch nicht gelernt, dass der Adrenalin-und-Cortisol-Cocktail, mit dem sie uns so oft unnötigerweise versorgen, keine Hilfe, sondern laut Weltgesundheitsorganisation (WHO) sogar Risikofaktor Nummer eins für unsere Gesundheit ist: Stress. Es wäre Zeit für eine Evolution. Bis unser Gehirn sich einsichtig umgebaut hat und automatisch entspannter reagiert, müssten wir allerdings noch ein paar Jahrhunderte warten. Deshalb entscheiden wir uns lieber heute schon, selber mehr Verantwortung für unsere Geschichten und deren Verarbeitung zu übernehmen.

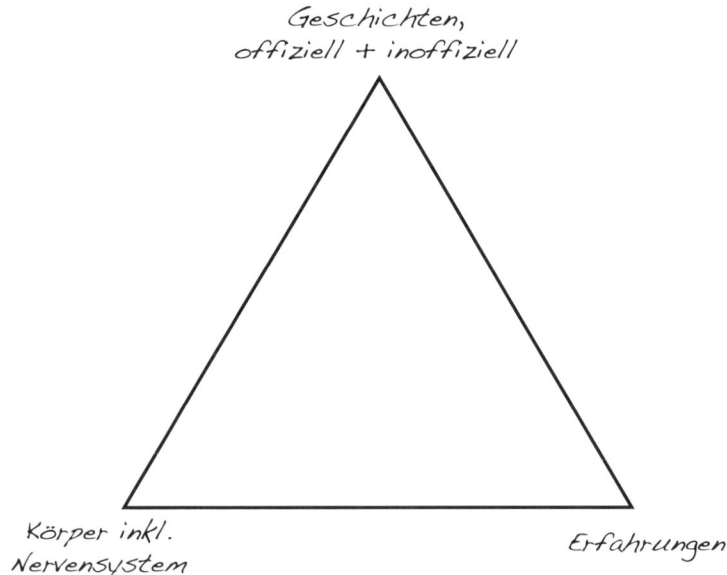

Geschichten,
offiziell + inoffiziell

Körper inkl.
Nervensystem

Erfahrungen

Abb. 1: Dreieck: Geschichte, Körper, Erfahrungen – Ihre Einzigartigkeit

Ausgangspunkt: Ihre mobile Immobilie

Welche stichhaltigen Argumente gibt es für die Einzigartigkeit eines jeden Menschen? Fingerabdruck, die unverwechselbare DNA und die individuelle Stimme sind Merkmale. Diese selbst kriminalwissenschaftlich relevanten Details sind alle körperlich.

Wo bleibt denn da die entzückend individuelle Seele, der hochoriginelle Geist? Können Sie die oder den – unabhängig von Glaubensfragen – beweisen? Schwierig, was? Émile Durkheim, ein französischer Soziologe und Ethnologe aus der Zeit der Wende vom 19. zum 20. Jahrhundert, hatte einen interessanten Gedanken[4]: Es sei der Körper – dazu zählte er neben den Sinnen auch die Bedürfnisse –, der den Menschen individualisiere. Die Seele hingegen sei der Vernunft zugeordnet. Die Vernunft an sich sei etwas Unpersönliches, denn es gebe nur *eine* allgemeine menschliche Vernunft. Hiermit begründet Durkheim den Verdacht der Kriminaltechniker: Wir kommen der Einzigartigkeit über den Körper näher. Seele und Vernunft sind auf Anpassung, wenn nicht sogar auf Verschleierung dieser Individualität bedacht. Wenn Sie in den Spiegel schauen, sehen Sie dieses Einzigartige.

Beginnen wir also bei unserer Bestandsaufnahme mit unserem Körper. Was wissen wir über ihn? Er hat sich aus zwei Keimzellen entwickelt. Ihre Mutter hatte, als sie auf die Welt kam, ca. 40 000 Stück,[5] die sich schon mit Beginn der Pubertät drastisch auf 20 000 Stück reduziert hatten. Von diesen konnten sich letztlich nicht einmal 500 zur »Sprungreife« qualifizieren. Nämlich nur die 12 x 36, die innerhalb der fruchtbaren Jahre von etwa 14 bis 50 überhaupt auf die Reise vom Eierstock zur Gebärmutter geschickt wurden. Sie, liebe Leserin, lieber Leser, hatten, evolutionstechnisch gesehen, das Riesenglück, dass genau diese Keimzelle die Hälfte Ihres Ursprungsmaterials ausmacht. Dann traf dieses spezielle Ei auf einen weiteren Gewinner: die männliche Samenzelle, der es gelang, sich unter etwa 250 000 anderen durchzusetzen, die gleichzeitig auf dieses eine Ei angesetzt waren, die es schaffte, sich mit seinem Kopf in die Eizelle zu bohren und damit Ihr einzigartiges Leben zu beginnen. Hinter Ihnen liegt also von Anfang an eine Riesenleistung. Sie haben sich im schwierigsten Assessment-Center der Welt durchgesetzt.

Vom Zeitpunkt Ihrer Geburt an bewohnen Sie für maximal 110 Jahre Ihren Körper. Danach ist Feierabend, den Sie ganz nach Ihren religiösen oder spirituellen Vorstellungen gestalten dürfen. Sie können Ihren Körper also als Ihr Kapital sehen oder als Tempel oder als prächtigen Mietwagen. Seine Einzigartigkeit ist auch mit Ihrem Geist verbunden. Schließlich ist das Gehirn ein Teil des Körpers. Die Beschaffenheit Ihrer Nerven, Ihres Nervenkostüms, ist individuell. Die Nervenbahnen formen sich, wie Hirnforscher seit den 1990er-Jahren definitiv wissen, plastisch bis ins hohe Alter.[6] Sie können also noch dazulernen! Gucken wir uns Ihren Körper deshalb genauer an.

Ihre äußere Haltung ist Ihre innere Haltung

»Anatomie ist Schicksal.«

Sigmund Freud

Wie bewegen Sie sich beim Gehen? Den Kopf vor, die Schultern hochgezogen, nach innen gerollt, um das versinkende Brustbein weiter zu schützen? Wie sitzen Sie vor dem Computer? Mit vorge-schobenem Kopf und kurzem Nacken wie eine Schildkröte oder ein Geier?

»Was hat das mit Selbstmarketing zu tun?«, fragen Sie. Ihr Körper ist das, was andere von Ihnen wahrnehmen. Er hält sich mit anderen Körpern in einem Raum auf und spricht dabei von Anfang an Bände. In nonverbaler Sprache, der Körpersprache. Gleich der »erste Ein-druck« zählt. Selbst der teuerste Anzug kann am schlecht gehalte-nen Körper einen erbärmlichen Eindruck machen. Und das markan-teste Profil wirkt wenig markig, wenn der Kopf hängt.

Sind aufrechte Körper extravertierten Personen zuzuordnen? In der Osteopathie wird »introvertiert« und »extravertiert« tatsächlich auch auf Muskelgruppen bezogen. Nach einer Theorie von Gode-lieve Denys-Struyf[7] ist schon bei einem Baby an den Bewegungen zu erkennen, ob es introvertiert oder extravertiert ist: Bewegt es sich zur Umwelt hin, eher nach außen? Oder ist es auf sich bezogen, eher in Richtung seines Zentrums greifend? Natürlich ist eine Balance das Ideal, sich so flexibel zu bewegen, wie es die Situation erfordert. Doch es gibt, zumindest in dieser Theorie, anatomische Vorgaben, die jedem Menschen angeboren sind und von ihm seit der Kindheit vorgezogen werden.

Kombinieren wir diese Aussage mit den Kategorien »Enge« und »Weite«. Es scheint so, dass ein Mensch, der sich aufrecht und offen »nach außen rotiert« hält und bewegt, mehr Weite spürt. Und ein anderer, der sich tendenziell in sich zusammenkrümmt, mehr Enge empfindet. Der eine wirkt offener für die Beziehung zu anderen Menschen als der andere. Das Wort »Angst« entwickelte sich sprachgeschichtlich aus dem indogermanischen »*anghu*«, »beengend«. Kann es sein, dass eine Person, die anatomisch so geprägt ist, dass sie ihren Körper enger und nach innen gewendet hält, Angst verkörpert? Inwieweit diese Person selber diese Enge oder Angst spürt, sei dahingestellt. Doch es ist nachvollziehbar, dass jemand, der diese Körperhaltung beobachtet, den Eindruck gewinnen kann, diese Person habe Angst. Wir können, wie Paul Watzlawick sagt, nicht nicht kommunizieren. Unsere Körperhaltung kommuniziert unsere Haltung zur Welt.

Als Ritter von der ängstlichen Gestalt tun wir uns objektiv keinen Gefallen. Und das nicht nur in ästhetischer und gesundheitlicher Hinsicht. Gut, dass wir unsere äußere Haltung durch Übung verändern und die Fortschritte direkt sehen können. Mehr Weite, mehr Größe bedeuten mehr Raum. Nonverbale Kommunikation – und genau das ist Körpersprache – ist auf den Raum bezogen. Wenn ich Raum nun mit »Territorialität« übersetze, wird schon klarer, dass hier mögliches Konfliktpotenzial liegt. Wie viel Raum wollen und können Sie sich zugestehen und nehmen? Machen Sie sich klein oder groß?

Ich werde Sie in den folgenden Übungen gelegentlich auffordern zu visualisieren. Visualisieren bedeutet, dass Sie sich etwas vor Ihrem inneren Auge vorstellen. Lassen Sie die Worte also in sich wirken und zu Bildern werden.

(2) Übung: Erleben Sie Aufrichtung

Setzen Sie sich bitte auf einen Stuhl und machen Sie sich die Haltung bewusst, die Sie üblicherweise einnehmen. Wie fühlen Sie sich dabei? Eng oder weit?

Nun rücken Sie etwas in Richtung vordere Stuhlkante, richten Sie Ihre Wirbelsäule auf und legen Sie Ihre Hände entspannt auf Ihre Oberschenkel. Ihr Kopf thront über Ihrem Körper.

Jetzt stellen Sie sich, mindestens eineinhalb Meter über Ihrem Kopf, einen direkt nach oben strebenden Ballon vor, gefüllt mit weißgoldenem Licht. Diesem Ballon entspringt – und auch das visualisieren Sie bitte – eine Lichtsäule nach unten, die gerade durch die höchste Stelle Ihres Kopfes durch Ihren Körper geht. Die Säule läuft die Wirbelsäule entlang hinunter zum Kreuzbein, Steißbein und von dort aus durch den Stuhl, den Fußboden, die Stockwerke des Hauses, durch den Keller, das Fundament, und weiter durch alle Sedimentschichten der Erde bis in das Innere des Erdkerns. Sind Sie mit Ihrem Bewusstsein im Erdkern angekommen? Stellen Sie sich nun vor, dass Sie die Erdenergie, diese Säule hochatmen bis in Ihren Körper. Spüren Sie gleichzeitig, wie der Lichtballon über Ihrem Kopf Sie nach oben streckt, während weiterhin weißgoldenes Licht von oben durch die Lichtsäule fließt. Beide Energien treffen sich in Ihrer Mitte, ein paar Zentimeter unterhalb des Nabels. Sie können sich auf dieser Höhe, nahe Ihrer Wirbelsäule, eine sich öffnende Blume, einen Diamanten oder einen Energiewirbel vorstellen. Aufgespannt zwischen Himmel und Erde sitzen Sie aufrecht, offen und in Ihrer Kraft.

Die amerikanische Sozialpsychologin Amy Cuddy[8] sagt, dass die Menschen mit ihrer Körpersprache – genau wie im Status – komplementär agieren. Einer oder eine verhält sich dominant, der oder die andere »verkörpert« das Gegenteil. Wie bei den Affen. Das Perfide an dieser wissenschaftlich erforschten Tatsache ist: Der dominanten Person geht es deutlich besser als der anderen. Sie hat allein aufgrund der Position (= Haltung) weniger Angst, ist risikofreudiger, hat höhere Testosteron- und niedrigere Stresshormonwerte. Amy Cuddys gute Nachricht: Schon nach zweiminütigem »Power-Posen« (dominante Körperhaltung einnehmen: schulterbreit stehen, Hände in die Hüften stemmen, Brustbein hoch, Schultern entspannt zurücknehmen und geradeaus schauen) kann ein um 20 Prozent höherer Wert des Dominanzhormons Testosteron und ein um 25 Prozent niedrigerer Wert des Stresshormons Cortisol nachgewiesen werden. Die Sozialpsychologin wies in ihrer Harvard-Studie[9] außerdem nach, dass im Anschluss an derartiges »Power-Posen« Vorstellungsgespräche erfolgreicher verliefen.

(3) Übung: »Power-Posen«

Sobald Sie das nächste Mal in einem Büro sind, das Sie mit anderen teilen, oder auf einer öffentlichen Veranstaltung, ziehen Sie sich für drei Minuten für diese Übung an einen Ort zurück, wo Sie ungestört sein können. Stellen Sie dort Ihre Füße schulterbreit auseinander und sich selbst aufrecht hin. Nehmen Sie nun Ihre Handflächen und legen Sie sie auf Ihren oberen seitlichen Beckenkamm, den Daumen nach hinten, die vier Finger nach vorn. Ja, so, als würden Sie sich aufgebracht »in Ihre Hüften stemmen«, nun den Oberkörper weiter aufrichten, die Schultern entspannt zurückrollen, das Brustbein noch etwas nach oben heben, den Kopf gerade nach oben strebend, den Blick geradeaus gerichtet. Bleiben Sie jetzt für mindestens zwei Minuten in dieser Haltung, während Sie tief und entspannt bis in Ihren Bauch atmen. Danach gehen Sie wieder unter Ihre Mitmenschen. Was ist jetzt anders?

Zu solchen raumgreifenden Handlungen zählt, neben der Körperhaltung, die Geste. So reißen selbst blind geborene Menschen in sportlichen Triumphsituationen die Arme zu einem spontanen »Yippie!« nach oben. Dominante Personen, auch in einem Seminar- oder Konferenzraum, legen gern die Beine hoch, vielleicht sogar direkt die Füße auf den Tisch, und umarmen lässig die Lehne des – hoffentlich unbesetzten – Stuhls neben sich. Als weitere Waffen im Kampf um das Territorium werden Unterlagen, Bücher und Aktentasche eingesetzt. Aus dieser Umgebung heraus melden sich die sich breitmachenden Menschen auch tatsächlich häufiger, lauter und ausgestreckter zu Wort: »Ich weiß es! Ich weiß es!« Das, so wissen wir, muss nicht unbedingt auf die inhaltliche Qualität des Wortbeitrages schließen lassen. Schüchterne Streber heben hingegen ihren Zeigefinger vorsichtig innerhalb der Mittellinie ihres Körpers maximal bis auf Brusthöhe. Wenn sie dann gesehen und »drangenommen« werden und man ihre oft leise Stimme überhaupt hört, nur dann kann den Zuhörern deutlich werden, dass dieser so häufig hängende Kopf durchaus kluge Gedanken produziert.

Öffentliche Selbstaufmerksamkeit

>>Alles, was wir erleben, ist unser eigener Geisteszustand.<<

Gerald G. Jampolsky

Schüchterne Geister quälen sich häufig mit dem Problem >>Was denken andere über mich?<<. Glücklicherweise hat sich inzwischen auch die Wissenschaft dieser Frage angenommen. In einer Studie[10] sollten Testpersonen nachvollziehen, wie verschiedene (oberflächliche) Bekannte sie bezüglich ihrer Eigenschaften einschätzten. Das tatsächliche Urteil dieser Bekannten wurde vorab erhoben. Die >>Objekte<< waren nicht in der Lage, Unterschiede zwischen den Urteilen der Bekannten vorherzusagen, nannten aber relativ verlässlich den >>Mittelwert<< der vermuteten Urteile. Dieser stimmte weitgehend mit dem Selbstkonzept der Person überein, sodass die Forscher folgerten, dass >>unser Bild vom Eindruck anderer über uns im Grunde nichts anderes ist als eine Projektion unseres Selbstbildes auf andere<<[11]. Jens Asendorpf stellte dazu in eigenen Studien Folgendes fest: Sozial phobische Menschen denken zwar in einer Bewertungssituation selbst nicht mehr als andere über die Bewertung durch einen Interaktionspartner nach, aber ihre öffentliche Selbstaufmerksamkeit ist dabei deutlich negativer gefärbt. Dieser Umstand wird sie anschließend, meiner Erfahrung nach, auch länger beschäftigen.

Die Überlegung, was andere über einen denken, ist also müßig, weil diese Vermutungen ohnehin nur die Projektion des eigenen Geisteszustandes liefern. Doch davon lassen sich eingefleischte Sozialphobiker auf ihrem Spiralweg nach unten nicht abbringen. Was andere über sie denken, ist eine fixe Idee, mit der sie sich und ihre Umwelt in Schach halten. Also: Schluss damit. Für Sie interessant kann nur eines sein: das, was Sie über sich selber denken! Überprüfen Sie es. Wie urteilen Sie über sich selber?

(4) Übung: Innerer Dialog

Achten Sie im Laufe des Tages bewusst auf Gedanken und Sätze, in denen Sie sich selbst verurteilen. Was sind das für Sätze? Notieren Sie sich diese und überprüfen Sie, ob das tatsächliche Wahrheiten sind. Was würden Sie lieber über sich sagen und lieber hören? Gibt es Hinweise darauf, dass diese Dinge eher zutreffen? Überprüfen Sie die Fakten und seien Sie sich selbst gegenüber wohlwollend. Sobald in Ihrem Geist wieder ein negativer Gedanke oder ein gemeines Urteil über Sie selbst auftaucht: Visualisieren Sie ein rotes Stopp-Zeichen und bringen Sie sich schleunigst aus Ihren Gedanken in die Gegenwart: Was können Sie gerade Erfreuliches sehen, hören, riechen, schmecken oder fühlen? Eine schöne Farbe? Ein Lied? Kaffee? Einen sanften Sonnenstrahl?

Frauen scheinen noch mehr negative Gedanken zu haben als Männer. Gehirn-Scan-Studien (von Dr. Mirko Diksik von der McGill University[12]) ergaben, dass das weibliche Gehirn 52 Prozent weniger des beruhigenden Neurotransmitters Serotonin produziert als das männliche. Das könnte u. a. ein Grund für die sorgenvollen Inhalte des weiblichen Bewusstseins sein.

Der Neurowissenschaftler Mark Robert Waldman geht davon aus, dass das Zentrum für negative Gedanken und Bewertungen an einer Stelle im rechten vorderen Teil des Gehirns zu finden ist.[13] Auf der linken Seite hingegen würden positivere und optimistischere Gedanken produziert. Beide Zentren gleichzeitig könnten nicht aktiv sein. Da unser Gehirn stammesgeschichtlich zu negativen Gedanken und somit Ängsten neigt, ist es die Aufgabe jedes einzelnen »Gehirnnutzers«, den Schalter selber bewusst umzulegen: jedes Mal, spätestens wenn ein unangenehmer Gedanke auftaucht.

Moment: Denken Sie etwa immer noch daran, was andere Menschen über Sie denken? Dann können Sie froh sein, dass Ihre Aufmerksamkeit Sie genau zu dem Thema führt, das Sie bearbeiten müssen und dadurch ein wirklich effektiver Hebel für Ihr eigenes Wachstum wird. Sobald der Gedanke auftaucht, was andere über Sie denken könnten, werten Sie diesen als »negativen Zwangsgedanken« und schalten Sie um auf einen anderen positiveren Gedanken. Selbstvertrauen, Kontaktfähigkeit und Durchsetzungskraft folgen dann. Sollte es Ihnen völlig egal sein, was andere Menschen von Ihnen denken? Ja, seien Sie so radikal. Sie können sich darauf verlassen, dass Sie sich nicht asozial oder egoistisch verhalten werden. Sobald der Gedanke, was andere über Sie denken, wieder auftaucht, trainieren Sie sich an, etwas Angenehmes oder zumindest Neutrales in Ihrem Umfeld wahrzunehmen und daran zu denken. Handeln Sie dann in Richtung Ihres Ziels.

Komfortzone – ein Übersetzungsfehler?

Das Wort »Komfortzone« ist eine allzu simple Übersetzung des englischen Begriffs »comfort zone«, korrekter wäre »Wohlfühlzone« oder »Bereich, in dem man sich sicher fühlt«. Eine Amerikanerin riet mir einmal: »Never get back into your comfort zone.« Mein spontaner Gedanke war: »Ich bin doch nie in einer Komfortzone gewesen!« Doch eins musste ich zugeben: Ich hatte mich immer nach einer gesehnt. Sollte ich diese Hoffnung fahren lassen? Ich habe es gemacht und hatte, aha, ein Lernerlebnis. Merkwürdigerweise geht die Theorie um die Komfortzone davon aus, dass sich Menschen in einem Bereich komfortabel fühlen, in dem sie mit nichts Neuem konfrontiert werden, nichts wagen müssen und sich selbst immer in derselben Soße marinieren. Ich würde das eher als »Langeweile-schlechte-Laune-Gefängnis« beschreiben. Ein Bekannter von mir, Doktor der Psychologie, der sich zu seiner überwundenen Schüchternheit bekennt, hat noch ein anderes Problem mit dem Wort. In einer Rede erwähnte er, dass er, als er noch sehr schüchtern war, den Ratschlag seines Umfelds »Du musst raus aus deiner Komfortzone!« sehr ärgerlich fand. So ärgerlich, dass er den Ratgebenden am liebsten »in die Komfortzone getreten« hätte. Er ist – wie ich – der Meinung, dass ein solcher Satz weder reicht noch hilft.

Die Komfortzonen-Theorie besagt, dass sich um diese Zone herum eine Lernzone und um diese herum eine Panikzone befindet. Das soll besagen, dass wir unsere Komfortzone erweitern können, indem wir erst einmal innerhalb der Lernzone etwas Neues angehen, das noch nicht im Panikbereich liegt. Dann können wir von der auf diese Weise gewonnenen erweiterten neuen Komfortzone auch die ehemalige Panikzone als neue Lernzone angehen. Gut, kleine Schritte machen ja tatsächlich Sinn.

Eine echte Komfortzone: Ihr Bannkreis

Proxemik,[14] ein Bereich der Psychologie, speziell der nonverbalen Kommunikation, untersucht, wie viel Distanz Menschen untereinander räumlich wahren. In unserem westlichen Kulturbereich liegt die *Intimzome* bei etwa 45 Zentimetern um die Person herum und die *persönliche Zone* bei 45 bis zu 120 Zentimetern. Der persönliche Raum umgibt jeden Menschen wie eine Blase, die sich, geografisch ungebunden, mit der Person mitbewegt. Im Zentrum befindet sich das »Ich«. Ihr Raum hört also nicht mit Ihrer Haut oder Kleidung auf, sondern mindestens 45 Zentimeter weiter.

Hier dürfen Sie sich nicht nur körperlich sicher sein, sondern auch mit Ihren eigenen Emotionen und Gedanken, Ihrer Energie. Selbstschädigende Grübeleien und die Meinungen anderer Leute, die Hypothesen, die diese vermutlich über Ihre Person aufstellen könnten, haben in diesem Raum wirklich keinen Platz.

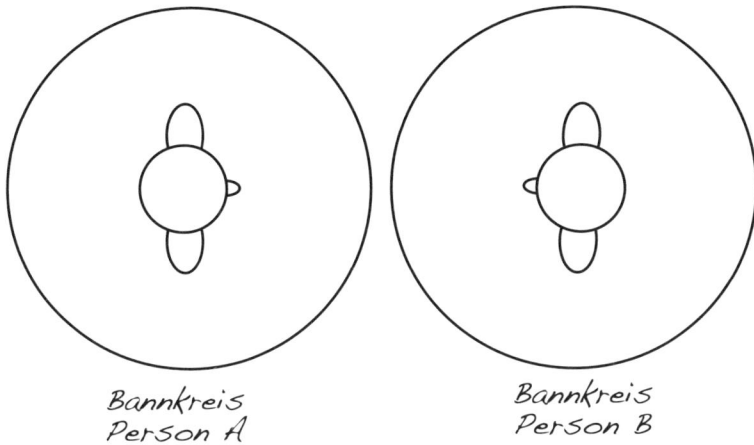

Abb. 2: Der Bannkreis einer Person

(5) Übung: Bannkreis entwickeln

Dieses Experiment können Sie mit Ihrem Mentor oder Ihrer Mentorin durchführen. Sie brauchen zwei Stücke Kreide oder ersatzweise, wenn Sie Ihren Fußboden nicht beschmutzen wollen, zwei drei Meter lange Schnüre (am besten goldfarbiges Geschenkband) und zwei Kissen oder Stühle. Setzen Sie sich Ihrer Mentorin* gegenüber, auf Stühle oder Kissen, etwa anderthalb bis zwei Meter voneinander entfernt.

Nun schauen Sie sich an. Spüren Sie in sich hinein.

Wie aufrecht sitzen Sie? Wie fühlen Sie sich?

Benennen Sie die Gefühle. Wenn Sie Spannungen spüren, wo genau sind diese in Ihrem Körper? Sagen Sie Ihrer Mentorin ganz ehrlich, was Sie jetzt im Moment denken oder fühlen.

Bitten Sie Ihre Mentorin, einen Kreidekreis um sich zu zeichnen bzw. die Schnur um sich zu legen. Schauen Sie sich wieder an. Was spüren Sie?

Ihre Mentorin sagt jetzt: »Das ist mein Kreis und meine Grenze, und hier darf niemand hinein, ohne dass ich darum gebeten habe.«

Was spüren Sie jetzt? Zeichnen Sie nun selber einen Kreis um sich und sagen den »Bannkreis-Satz«. Spüren Sie: Was ist jetzt anders? Ihre Haltung? Ihre Gefühle?

Stellen Sie sich vor, dass der Kreis um Sie herum von oben beschienen und zu einer Lichtsäule wird.

Falls Ihre Mentorin verhindert ist und Sie trotz Ihrer Bemühung keinen Ersatz für die Person Ihres Vertrauens gefunden haben: Diese Übung funktioniert auch mit einem Stofftier oder einer Zimmerpflanze als Gegenüber.

* Ich habe mich entschlossen, ab jetzt nur »Mentorin« statt »Mentor und Mentorin« zu verwenden. Selbstverständlich meine ich damit auch männliche Mentoren. Und auch bei den vielen Kolleginnen und Kollegen, Mitarbeitern und Mitarbeiterinnen, Kunden und Kundinnen, Klientinnen und Klienten werde ich gerechterweise mischen – mal männliche und weibliche Form, mal nur die weibliche und dann wieder nur die männliche.

Sie haben diesen Bannkreis, Ihre Säule, immer um sich. Er begleitet Sie in neue Lernzonen, ja sogar in Panikzonen. Sie können sich Ihres Bannkreises sicher sein.

Erinnern Sie sich im Alltag daran. Besinnen Sie sich vor allem darauf, wenn Sie darüber nachdenken, was andere Leute über Sie denken mögen. Ihr Raum schützt Sie. Sie können in ihm frei atmen und sich unbehelligt fühlen.

Nabelschau für den guten Zweck: Ihre Geschichten

>»Ich frage mich selber immer wieder, was ich von meinen eigenen Geschichten eigentlich glauben kann.«
>
> *Washington Irving*

Wenn wir davon ausgehen, dass Sie Ihrer Einzigartigkeit zunächst am sinnvollsten über Ihren Körper auf die Schliche kommen, sind wir schon ein gutes Stück vorangekommen. Nun geht es in die zweite Dimension: Es geht um die Erfahrungen, die Sie mit und in Ihrem Körper im Laufe der Zeit machten. Denn auch Ihre Erlebnisse nehmen Sie über Ihre fünf Sinne (Sehen, Hören, Schmecken, Riechen, Fühlen) in Ihren Körper auf. Diese Erlebnisse haben Sie mit Ihrem ganz speziellen Nervensystem verarbeitet, in Zusammenhänge gebracht und gespeichert. Sie haben diese Erfahrungen in Form von

»Geschichten« abgespeichert. Das ist die dritte Dimension. Geschichten lassen sich verbalisieren, in Worte fassen. Einige liegen Ihnen vielleicht auf der Zunge, andere werden Ihnen erst wieder in den Sinn kommen, wenn Sie in Ihren Schubladen und Akten suchen. Andere hingegen sind noch tief in Ihrem Unbewussten vergraben. Wir werden durch die Sedimente Ihrer Erinnerung gehen und uns eine Schicht nach der anderen vornehmen.

Ihre eigenen Geschichten zu sammeln und sich damit auseinanderzusetzen, braucht Einsatz, Aufmerksamkeit und etwas Mut. Je mehr Geschichten im Folgenden auf den Tisch kommen, desto besser können Sie unterscheiden. Gibt es in den Geschichten brauchbare Hinweise auf Ihre Einzigartigkeit oder sind es dumme alte Geschichten, die Sie, weil Sie sie von anderen übernommen haben, sich nun selbst erzählen? Sind es Geschichten, die Sie von sich und Ihrer Kraft wegbringen? Die Entscheidung, welche Geschichte, welche Story Ihre Wahrnehmung beeinflussen und auf Ihre Gefühle einwirken darf, liegt einzig bei Ihnen. Sie können aufhören, sich selbst immer wieder die dummen Geschichten zu erzählen, die Sie hemmen. Sie können den Rest Ihres Lebens mit einer stärkenden Geschichte leben, die Ihnen passt. Das ist noch nicht mal egoistisch, sondern pure Weltverbesserung. Die zu Ihnen passenden Geschichten machen Sie für Ihre Mitmenschen nicht nur nützlicher, sondern auch angenehmer.

Ihre eigenen wahren und unwahren Geschichten zu sammeln, ist eine Aufgabe, die Ihnen kein Psychiater, kein Coach und keine Mutter abnehmen kann. Niemand anders als Sie hat diese Geschichten erlebt, gehört, interpretiert und sich immer wieder erzählt. Dass Sie in der nächsten Zeit auf Ihr Leben und Erleben fokussiert sein werden, heißt nicht, dass Sie sich in eine Höhle zurückziehen müssen. Es kann die kontaktintensivste Zeit Ihres Lebens werden. Denn es steht Ihnen frei, die Leute, die in Ihren Geschichten vorkommen, zu treffen und zu fragen, wie diese die gleiche Geschichte erlebt haben. Und vor allem, welche Geschichten sie über Sie zu erzählen wissen.

Der Nutzen des Geschichtensammelns: Sie gewinnen Klarheit, mehr Realitätsorientierung und eine Strategiegrundlage. Sie werden sich besser kennenlernen, als Sie je vermuteten. Sie werden feststellen, dass Sie besser sind, als Sie dachten.

Die folgende Übung ist eine Herausforderung an Ihre Geduld. Doch Sie brauchen – zumindest wenn Sie Ihre Dokumente geordnet haben – nicht länger als 15 Minuten damit zu verbringen. Sie schaffen damit die Basis für alle Ihre zukünftigen Lebensläufe, Profile, Kommunikationen und Erfolge.

(6) Übung: Suchen und Sammeln

Vorab: Sammeln Sie all Ihre Zeugnisse, Zertifikate und Diplome, zunächst die »offiziellen«. (Wenn Sie die »verlegt« haben, nehmen Sie jeweils ein Blatt Papier oder ein Post-it und schreiben Sie den Namen des Dokuments darauf. Suchen Sie nach Abschluss dieser Übung nach den Originalen bzw. fordern Sie Kopien bei den offiziellen Stellen an.)

Beantworten Sie die folgenden Fragen in Ihrem Tagebuch oder einer Computerdatei. Bauen Sie die Seite zweispaltig auf. In die linke Spalte schreiben Sie die Antworten auf die Fragen der Übung, in die rechte Spalte den Wert. Ja, Sie haben richtig gelesen! Neben Ihre jeweilige Antwort fügen Sie bitte hinzu, wie viel diese Leistung, Qualität oder Aussage monatlich in Euro wert ist. Wenn es keinen »offiziellen Marktwert« gibt, bestimmen Sie diesen Wert selber, frei nach Ihrem Gefühl.

1. Schulausbildung

2. Lehre

3. Fachhochschule/Universität

   ➤ Welche Fächer?

   ➤ Wie viele Semester?

   ➤ Welcher Abschluss?

4. Was haben Sie in Ihrer Freizeit gelernt? Hier zählen auch Computer- und Fremdsprachen, Kochkurse, Freischwimmer, Tanzen.

Wenn Sie Bescheinigungen dafür haben: Suchen Sie sie.

Haben Sie alle Zertifikate und Bescheinigungen bzw. »Ersatzzettel«jetzt vor sich auf dem Tisch liegen?

5. Von welchen Kollegen und Kolleginnen oder Vorgesetzten haben Sie etwas Außerordentliches gelernt?

   Was war das genau?

6. Welche beruflich relevanten Erfahrungen haben Sie zusätzlich? (Hier zählt alles, von Auslandserfahrung(en) über Kleine-Geschwister-Groß-ziehen bis hin zu einer glücklichen Beziehung oder harmonischen Scheidung.)

7. Was sind Ihre Stärken? Zählen Sie mindestens zehn auf.

8. Haben Sie Preise oder Wettbewerbe gewonnen? Haben Sie andere Aus-zeichnungen erhalten?

9. Haben Sie etwas Innovatives entwickelt? Wenn ja, was?

10. Haben Sie einen Prozess oder ein Produkt verbessert?

    Auch wenn es nur eine Kleinigkeit war: Was war es und wie haben Sie es gemacht?

11. Gibt es Artikel oder Bücher von Ihnen?

    Wenn ja: Zu welchem Thema? Zählen Sie die Titel bzw. Überschriften auf.

12. Zu welchem Thema möchten andere Menschen Ihren Rat?

13. Welchen Menschen haben Sie über das »übliche Maß hinaus« geholfen?

    ➤ Vorgesetzten:

    ➤ Kolleginnen/Kollegen oder Klientinnen/Klienten:

    ➤ Freundinnen/Freunden:

    ➤ Familienmitgliedern:

14. Was genau schätzen diese Menschen an Ihnen?

15. Was sind Ihre Gaben und Talente? Zählen Sie mindestens zehn auf.

Lesen Sie sich die Fragen in der linken Spalte und Ihre Einträge laut vor.

Lassen Sie die Worte wirken.

Addieren Sie Ihren monatlichen Wert aus der rechten Spalte. Zählen Sie noch einmal 1000 dazu. Genießen Sie die große Zahl.

Gratuliere, Sie haben nun schon den messbaren Teilschritt zur Sammlung Ihrer Geschichten gemacht. Was machen Sie jetzt mit den Diplomen, Zertifikaten und Auszeichnungen, die auf Ihrem Tisch liegen? Rahmen Sie diejenigen ein, auf die Sie am stolzesten sind. Nehmen Sie jeweils einen eigenen Bilderrahmen und hängen Sie Ihre Schätze dorthin, wo Sie sie jeden Tag sehen. Wenn Sie in Ihrem Büro, Ihrer Praxis oder Ihrer Werkstatt Kundenverkehr haben: Verstecken Sie Ihre Glaubwürdigkeit nicht länger. Durch die vorhandenen Diplome wird objektiv deutlich, dass Sie eine Expertin, ein Experte auf Ihrem Gebiet sind. Das ist nicht nur für Sie selber gut. In einem Krankenhaus in Arizona[15] stieg die Bereitschaft der Patientinnen und Patienten, die empfohlenen Krankengymnastik-Übungen auch wirklich durchzuführen, um 32 Prozent. Warum? Die anweisenden Physiotherapeutinnen hatten ihre Diplome gerahmt und für die Klientel gut sichtbar aufgehängt.

Alternative: Machen Sie sich von allen Unterlagen Kopien bzw. Scans und gestalten Sie sich daraus eine Collage, die Sie in einem größeren Rahmen aufhängen oder als digitale Collage speichern.

Machen Sie gleich weiter mit der nächsten Übung. Bei dieser Übung brauchen Sie keine Zahlen mehr hinzuzufügen.

(7) Übung: Nicht messbar, aber wegweisend

Lesen Sie sich diese Fragen bitte durch und beantworten Sie sie in Ihrem Tagebuch oder in Ihrer Computerdatei.

1. Bei welchen Tätigkeiten vergessen Sie die Zeit?
2. Was können Sie gar nicht lassen? (z. B, dekorieren, anderen Ratschläge geben, Witze reißen)
3. Was wollten Sie als Kind werden?
4. Wenn Sie einen Talentwettbewerb gewinnen würden, in welcher Kategorie wäre das?
5. Was haben Sie nur einmal oder zweimal gemacht, obwohl es Ihnen Freude bereitet hat?

6. Wann hatten Sie das Gefühl, Ihr »bestes Ich« gewesen zu sein? Was haben Sie da getan? In welcher Rolle? Für wen bzw. mit wem?

7. Wenn Sie ein Held oder eine Heldin in einem Comic wären, was wäre Ihre »übernatürliche Kraft«?

8. Über welches Thema könnten Sie stundenlang reden?

Ergänzen Sie nun bitte noch die drei folgenden Halbsätze:

9. Ich bin im beruflichen Kontext am glücklichsten, wenn ich

....

10. Keiner weiß das von mir, aber ich liebe an meinem Beruf vor allem, dass

....

11. Mein bestes Erlebnis bei einer Neukunden-Akquise oder in einem Vorstellungsgespräch war

....

Schauen Sie sich Ihre Antworten noch einmal an und lassen Sie sie auf sich wirken. Streichen Sie die positivsten, überraschendsten und überzeugendsten an.

Sie haben Ihre offiziellen Geschichten zusammengetragen? Wunderbar. Dann können Sie weitere Schätze heben. Jetzt wird's erst richtig interessant.

Graben Sie tiefer

> »Jeder Mensch ist in gewisser Hinsicht (a.) wie alle anderen Menschen, (b.) wie einige andere Menschen, (c.) wie kein anderer Mensch.«
>
> *Clyde Kluckhohn & Henry A. Murray*

Bei vielen Menschen ist der verwertbare Teil ihrer Einzigartigkeit für alle anderen sichtbar, nur für sie selber nicht. Das ist deshalb so, weil es ihnen derart leichtfällt, etwas Bestimmtes zu tun, dass sie gar nicht auf die Idee kommen, genau dies könne für andere wertvoll sein.

Andere haben ihre Einzigartigkeit – oder einen entscheidenden Teil davon – so gut versteckt, dass sie nicht ohne Weiteres zu sehen ist, weder für die Mitmenschen noch für sie selbst. Denn unsere kostbarsten Eigenschaften (wie unsere Sensibilität, unsere Intuition und unsere Intelligenz) haben innerhalb unserer Herkunftsfamilie oft eher gestört. Statt Sie dafür anzuerkennen, wurden Sie kritisiert oder ignoriert. Das kommt in den besten Familien vor. Es ist nicht nur in alten Sagen so, dass die wahren Schätze in der Erde und in Höhlen verborgen sind. Unser größter Schatz ist unsere Einzigartigkeit, und wir sind viel zu sehr mit Anpassung und Selbstverleugnung beschäftigt, um sie zu finden. Die meisten suchen ihre Einzigartigkeit tatsächlich erst, wenn ihr Leben nicht mehr läuft wie geplant. Als würden sie den Kurs ihres Schiffs von Wind und Wetter bestimmen lassen und erst eine wirklich bedrohliche Flaute würde sie dazu veranlassen, aus eigener Kraft zu rudern oder strategisch geschickt Segel zu setzen.

Ist es ein Klischee, dass es rundum dunkel werden muss, um das eigene Licht zu sehen? Dieses Bild wird in Mythologie und Psychologie jedenfalls oft verwendet. Ob es für Sie zutrifft oder nicht: Ich möchte verhindern, dass es finster wird und Sie sich derart mit Kunstlicht ablenken, dass Sie das, was bei Ihnen aufglüht, gar nicht wahrnehmen, ignorieren oder schnell vergessen.

(8) Übung: Mit Fragen graben

Nehmen Sie Ihr Tagebuch oder Ihre Computerdatei und beantworten Sie die folgenden Fragen. Geben Sie jeweils mindestens drei Antworten und gehen Sie dann zur nächsten Frage über. Sinken Sie entspannt in Ihre Tiefe, so weit hinab Sie wollen:

1. Was soll niemand jemals von Ihnen erfahren?

2. Welche Schwäche haben Sie überwunden? Was haben Sie dabei gelernt?

3. Welche Schwächen haben Sie immer noch?

4. Was ist Ihr größter Fehler?

5. Wie könnten Sie Ihre Schwächen und Fehler (oder die Erfahrung damit) positiv einsetzen?

6. Was würden Sie tun, wenn es Ihnen nicht so peinlich wäre?

7. Was mussten Sie einfach tun und haben es später bereut? Was haben Sie dabei gelernt?

8. a) Womit, denken Sie, gehen Sie anderen Menschen gewaltig auf die Nerven?

   b) Wo und wie können Sie sich vorstellen, das positiv einzusetzen?

9. Notieren Sie Fähigkeiten, die Sie sich bei Jobs und Tätigkeiten angeeignet haben, die nichts mit Ihrem bisherigen Beruf zu tun haben. Schreiben Sie nicht einfach Jobs auf, sondern notieren Sie relativ kleinteilig und auf Handlungen bezogen, was Sie können. Falls Sie mal einen Ferienjob in einem Büro hatten, könnte das sein: gut telefonieren, Dinge ordnen. Falls Sie in einem Baumarkt gejobbt haben: Reklamationen freundlich entgegennehmen, Logistik koordinieren, Kreative beraten, Menschen die Angst vor praktischer Tätigkeit nehmen.

Nun betrachten Sie Ihre Antworten. Kann Ihnen Ihre – mehr oder weniger überwundene –»dunkle Seite« Hinweise darauf geben, wo Sie in nächster Zeit beruflich Ihren Schwerpunkt setzen können? Kann das innerhalb des Unternehmens sein, in dem Sie jetzt tätig sind? Möglicherweise woanders? Oder selbstständig?

Wenn Sie sich z. B. selbst mühsam Struktur beigebracht und dabei Ordnungssysteme entwickelt haben, die selbst Chaoten überzeugen, könnte das ein »Pfund« sein, das Sie unterbewerten.

Wenn Sie selbst Jahre in einem Land gelebt haben, dessen Sprache Sie nicht wirklich beherrschten, wird das Ihre Sensibilität für Menschlichkeit und kulturelle Unterschiede geweckt haben.

Wenn Sie sich dafür schämten, dass Sie Legastheniker waren, können Sie vielleicht anderen Menschen auf behutsame und ungewöhnliche Art Wissen vermitteln.

Klebrige alte Geschichten: Verzeihen und loslassen

»Sei gut zu dir und vergib den anderen.«

Buddhistische Weisheit

Den meisten von uns ist – auch im beruflichen Zusammenhang – irgendwann Unrecht geschehen. Ob man tatsächlich alles verzeihen kann und muss, darüber streiten sich die Expertinnen und Experten aus Therapie und Theologie. Was aber sicher stimmt: Je mehr

Verantwortung wir übernehmen, desto eher können wir uns aus der Opferrolle befreien. Ihre Mitverantwortung könnte sein, dass Sie nicht auf Ihre innere Stimme hörten, irreale Abkürzungen nehmen wollten oder sich, Ihre Einzigartigkeit ignorierend, viel zu bereitwillig angepasst haben. Wir verzeihen nicht, weil wir besonders gute Menschen sind, sondern uns selbst zuliebe. Solange wir das noch nicht getan haben, wohnt der »Übeltäter« nämlich mietfrei in unserem Kopf und unserem Herzen. Verzeihen Sie also.

Verzeihen ist ein Prozess. Starten Sie diesen Prozess deshalb auch gleich in mehreren Phasen.

(9) Übung: Verletzungen zu Papier bringen

Nehmen Sie, auch wenn Sie sonst ein Tagebuch oder Ihren Computer verwenden, einen Zettel und einen Stift und schreiben Sie los. Alles, was Ihnen zu Ungerechtigkeiten und Aggressionen einfällt, die gegen Sie gerichtet waren (oder sich so anfühlten). Nennen Sie die Namen der Personen, die Ihnen etwas angetan haben. Sie können, wenn Sie möchten, auch in Briefform an eine oder mehrere Personen schreiben. Halten Sie sich an keinerlei formale oder inhaltliche Regeln. Toben Sie los. Schreiben Sie mindestens drei Minuten lang. Danach verbrennen Sie diesen Zettel in einer feuerfesten Schale z. B. auf dem Balkon oder in der Natur. Sie können das Papier auch in kleine Stücke reißen und die Toilette hinunterspülen.

Wenn Sie diese Übung oder eine der folgenden über das Zumutbare hinaus erschüttert oder verängstigt, nehmen Sie das bitte zum Anlass, sich professionelle Hilfe zu holen. Blättern Sie in den Anhang unter »Psychotherapie«. Viele Menschen haben vor ihrer eigenen Wut derartige Angst, dass sie sie gar nicht erst fühlen wollen. Emotionen, das steckt schon im lateinischen Wortstamm »emovere« (das bedeutet: herausbewegen, emporwühlen), sind keine dauerhaften Zustände. Auch Wut nicht. Wir gehen durch Emotionen hindurch bzw. sie durch uns. Können Sie Ihren Ärger spüren, wenn andere Ihre Grenzen verletzen oder wenn Sie ungerecht behandelt werden? Können Sie dann zu sich und auch anderen Personen sagen: »Ich fühle Ärger«? Dann haben Sie Kontakt zu Ihrer Wut. Wenn Sie diesen Kontakt zu Ihrer Wut nicht fühlen (und keine gesundheitlichen Probleme an der Wirbelsäule, speziell auch der Halswirbelsäule haben), bringt diese Übung Sie Ihrer Wut näher:

(10) Übung: Kommen Sie in Kontakt mit Ihrer Wut

Nehmen Sie sich einen Tennisschläger, Stock oder Holzbügel. Ein professioneller »Encounter-Schläger« aus Plastik oder Schaumstoff, wie er im Anti-Aggressionstraining selbst für Kinder eingesetzt wird, funktioniert natürlich auch. Knien Sie sich nun vor Ihr Bett oder einen Berg aus großen Kissen. Nehmen Sie den Schläger in beide Hände, strecken Sie die Arme über sich, lehnen Sie sich etwas zurück, atmen Sie ein und spüren Sie Ihre Kraft, die von den Oberschenkeln hoch in Ihre Arme zieht. Und dann beim Ausatmen: Schlagen Sie zu! Mit aller Kraft. Geben Sie dabei Laute von sich wie »Ah«, »Oh«, »Wuuu«, Worte oder ganze Sätze, die Ihnen einfallen. Mindestens zehn Schläge lang. Insgesamt dreimal.

Wie fühlen Sie sich jetzt? Spüren Sie körpereigene Endorphine, Glückshormone, aufsteigen? Sind Sie einfach wohlig erschöpft oder jetzt erst so richtig aggressiv? Dann machen Sie ruhig weiter, bis Sie genug »rausgelassen« haben. Schreiben Sie anschließend über Ihre Gefühle und Gedanken in Ihr Tagebuch. Ich empfehle diese Übung ausdrücklich nicht zum täglichen Gebrauch. Ziel ist es, das Gefühl der Wut zu erkennen, zu fühlen, zu halten (»to contain«) und angemessen auch anderen gegenüber auszudrücken. Doch um seine Wut überhaupt erst mal kennenzulernen, ist diese Übung wunderbar. Sie könnten Sie also ruhig noch einmal machen – und sich dann, wenn Sie möchten, für einen Kampfsport anmelden. Karate, Aikido, Taekwondo, Judo, Jiu-Jitsu, Capoeira, Kickboxen gibt es sicher auch in einem Verein oder Klub in Ihrer Nähe.

(11) Übung: Vergeben beginnen

Nehmen Sie sich jetzt ein weißes Blatt Papier, möglichst unliniert. Schreiben Sie auf die Seite oben den Namen der Person, der Sie verzeihen wollen. Für den Anfang wählen Sie bitte die Person, bei der Ihnen das Verzeihen vergleichsweise leichtfallen würde. Dann schreiben Sie unter diesen Namen bitte mindestens fünf Sätze, die mich »Ich« beginnen und einen emotionalen Bezug zu dieser Person haben, z. B.:

»Ich bin so wütend, weil ....«

»Ich könnte heulen, weil ....«

»Ich bin der Meinung, dass du ....«

Ich ....«

Ich ....«

Bringen Sie es bitte auf mindestens fünf Ich-Botschaften. Anschließend drehen Sie das Blatt Papier um und schreiben darauf nur einen Satz: »Ich bin bereit, mit dem Verzeihen zu beginnen.«

Anschließend verbrennen Sie auch dieses Blatt Papier oder zerreißen es und spülen es die Toilette hinunter.

Fertig? Sind Ihnen während der letzten drei Übungen neue Gedanken durch den Kopf gegangen? Haben Sie etwas gelernt? Welche Mitverantwortung, wenn überhaupt, hatten Sie in der Situation mit dieser Person? Notieren Sie Ihre Einsichten bitte.

(12) Übung: Benennen, terminieren und loslassen

Denken Sie an die Person, der Sie begonnen haben zu verzeihen. Achten Sie nun auf Ihr Gefühl. Wo in Ihrem Körper fühlen Sie es? Was für eine Form und Farbe hat dieses Gefühl? Ist eine Bewegung oder ein Rhythmus in dieser Form? Bleiben Sie dabei und geben Sie dieser Gestalt von Gefühl, Form und Farbe, die durch den Gedanken an diese Person entstanden ist, einen Namen. Zum Beispiel: »das graue Grauen«, »der rote Pfeil«, »das giftgrüne Monster«. Dann fragen Sie sich: »Kann ich das .... (hier setzen Sie den gerade ermittelten Gestaltnamen ein) jetzt loslassen?« Antworten Sie ehrlich mit Ja oder Nein. Wenn Sie Ja sagen: Lassen Sie es los, atmen Sie es aus. Wenn Sie mit Nein geantwortet haben, fragen Sie sich weiter: »Wann bin ich bereit, ... loszulassen?« Achten Sie auf die Antwort, die Ihnen spontan in den Sinn kommt. Nächste Woche? In einem Jahr? Auf dem Totenbett? Im übernächsten Leben? Sie werden sehen, sobald Sie einen Termin sehen, sind Sie schon erleichtert.

So wichtig es ist, anderen zu verzeihen – es gibt etwas noch Wichtigeres: nämlich sich selbst zu verzeihen. Gerade Schüchterne, deren Gedanken und Gefühle nur allzu gerne um die eigenen »Unzulänglichkeiten« kreisen, tragen viel Ballast mit sich spazieren. Was hat das mit Selbstmarketing zu tun?, fragen Sie jetzt. Haben Sie Geduld. Wir sind auf dem besten Wege dahin. Erst kommt die Selbstakzeptanz, dann das Selbstmarketing. Das Sich-selbst-Verzeihen spielt auch in der Suchttherapie eine grundsätzliche Rolle. Es ist so grundsätzlich, dass es im »Zwölf-Schritte-Programm« bereits der Schritt 2 ist. Schritt 1 ist die Benennung der Schwäche/des Fehlers. Und gleich darauf folgt die Selbstannahme, trotz dieses »Fehlers«. Das ist die Bedingung zur weiteren Entwicklung. Oder haben Sie etwas davon, sich selbst zu kasteien und vor sich und anderen schlechtzumachen?

(13) Übung: Gepäck wegwerfen!

Nehmen Sie Ihr Tagebuch und einen Stift oder öffnen Sie Ihre Computerdatei und seien Sie ehrlich: Was werfen Sie sich wirklich vor? Dass Sie unordentlich sind? Faul? Naschsüchtig? Dass Sie mit dem Chef oder der Chefin im Bett waren? Schreiben Sie es auf. Alles. Schonungslos, erbarmungslos. So fies wie noch nie. Anschließend gehen Sie am besten ins Freie oder auf Ihren Balkon. Oder Sie stellen sich vor ein offenes Fenster.

Stellen Sie sich nun vor, Sie trügen einen Riesenrucksack auf Ihrem Rücken. Der gesamte Inhalt Ihrer Selbstvorwürfe lastete in Ihrem Rucksack und würde von Sekunde zu Sekunde schwerer. Spüren Sie, wie schwer er ist? Machen Sie ihn noch schwerer. Dann stellen Sie sich mit lauter Stimme die Frage: »Was kann ich mir von alldem verzeihen?« Nehmen Sie den imaginären Rucksack von Ihrem Rücken, indem Sie die Träger von Ihrer Schulter ziehen, und sagen Sie: »Ich verzeihe mir. Ich lasse los.« Und schleudern diesen Rucksack mit Schwung von sich. Aus dem Fenster, vom Balkon, in die Weite. Atmen Sie nun Licht und Selbstakzeptanz ein. Genießen Sie das freie Gefühl. Umarmen Sie sich. Lieben Sie sich.

Zusammenfassung und krönender Abschluss

Lesen Sie noch einmal Ihre Antworten aus den bisherigen Übungen, den offiziellen und den inoffiziellen Geschichten. Markieren Sie, was Ihnen besonders wichtig erscheint. Seien Sie wachsam für verschiedene, gerade auch scheinbar gegensätzliche Kombinationen und – entspannen Sie. Sie suchen mit diesen Übungen nicht unbedingt nach einem traditionellen Berufsbild, wie Abteilungsleiterin in der Verwaltung oder Tangolehrer in Schwabing. Vor 20 Jahren wäre der Begriff »Webdesigner« ja ebenfalls auf Unverständnis gestoßen, weil es ihn noch nicht gab. Also kreieren Sie sich vielleicht sogar Ihren eigenen Beruf, eine ganz spezielle Nische oder – das steht Ihnen frei – nehmen mit neuem Selbstbewusstsein einen eigentlich ganz normalen, aber verantwortlicheren und besser bezahlten Job an, der Sie aufblühen lässt. Möglicherweise sogar innerhalb des Unternehmens, für das Sie jetzt schon arbeiten.

> **(14) Übung: Kombination offizieller und inoffizieller Geschichten**
> Schreiben Sie in Ihrem Tagebuch, Ihrer Computerdatei über Ihre Einsichten. Mindestens eine halbe Seite lang. Was wäre Ihr nächster Schritt, um eine neue Möglichkeit zu verwirklichen? Ein VHS-Kurs? Geben oder Nehmen? Eine Recherche? Wen könnten Sie um Unterstützung bitten? Wen um Rat fragen?

Sie haben jetzt schon eine Menge Ihres Unbewussten bewusster gemacht, weitgehend allein. Gratulation! Jetzt ist es an der Zeit, sich eine zweite Meinung einzuholen. Dafür haben Sie Ihre Mentorin. Sprechen Sie mit ihr über Ihre Erkenntnisse. Sie können mit einem Blick von außen auf einen blinden Fleck, etwas, das Sie bisher selber nicht sehen können, aufmerksam werden. Oder Sie werden durch ein Gespräch mit Ihrer Mentorin auf neue Ideen, Durchführungs- und Kontaktmöglichkeiten kommen.

(15) Übung: An mir ist einzigartig, dass ich …

Setzen Sie sich Ihrer Mentorin gegenüber und bitten Sie sie, Ihnen zehn Minuten einfach nur zuzuhören. Und Sie? Sie sagen zehn Minuten lang immer den einen Halbsatz, den Sie jedes Mal anders ergänzen:

An mir ist einzigartig, dass ich ....

An mir ist einzigartig, dass ich ....

An mir ist einzigartig, dass ich ....

Lassen Sie sich von sich selbst überraschen, von dem, was Sie sagen. Achten Sie auf Ihre Gefühle und hören Sie nach den zehn Minuten genau hin, was Ihre Mentorin Ihnen zu sagen hat. Bedanken Sie sich, notieren Sie Ihre wichtigsten Erkenntnisse. Machen Sie anschließend erst einmal etwas ganz anderes. Befassen Sie sich mit irgendeiner neuen oder wiederentdeckten Leidenschaft. Was immer Sie wollen. Sie brauchen mit niemand anderem über Ihre Einzigartigkeit zu sprechen, wenn Sie das nicht möchten.

Anerkennen und akzeptieren

> »Dankbarkeit ist nicht nur die größte aller Tugenden, sondern auch die Mutter aller anderen.«
>
> *Cicero*

Martin Seligman, der einen besonders hoffnungsfrohen Teil der Psychologie vertritt, nämlich die »Positive Psychologie«, hat nachweisen können,[16] dass Dankbarkeit sogar bei Depressionen lindernd wirken kann. Danke sagen hat also auch Einfluss auf das Wohlbefinden desjenigen, der es ausspricht. Außerdem ist Dank die Basis für erfreuliche Veränderungen.

(16) Übung: Danke sagen

Für wen oder was sind Sie in Ihrem Leben dankbar? Denken Sie an Menschen, Haustiere, Dinge, Erfahrungen, Wachstum, schöne Momente, Speisen, Getränke, Natur und alles, was Sie lieben. Finden Sie insgesamt 100 Punkte! Setzen Sie sich einfach hin, denken Sie nicht viel nach und schreiben Sie, bitte:

1. Ich bin dankbar für ....

Nun haben Sie den Boden bereitet für eine weitere Übung, mit der Sie das Gelernte noch einmal auf den Punkt bringen. Sich selbst und seine Leistungen und Fähigkeiten anzuerkennen, ist nicht nur für Menschen mit »Hochstapler-Syndrom« wichtig. Es ist die reale Basis für Selbstvertrauen. Eine Studie bestätigte, dass »positive Affirmationen« – sich also selbst Sätze zu sagen oder aufzuschreiben wie »Ich bin liebenswert« – nur bei Personen funktionieren, die ohnehin daran glauben, dass diese Sätze wahr sind. Alle anderen Versuchspersonen waren durch derartige Sätze eher irritiert.[17] Ihr Unbewusstes verweigerte die Mitarbeit. Was heißt das für uns Skeptiker? Auch wenn wir die Kraft unseres Unbewussten unbedingt nutzen möchten: Wir dürfen unser Unbewusstes nicht für dumm verkaufen. Es merkt offenbar, wenn es allzu plump manipuliert werden soll. Wir haben stattdessen glücklicherweise weitere Werkzeuge in petto. Eins davon ist die wahrhaftige Anerkennung unserer Stärken, Gaben und Leistungen, auch wenn sie uns anfangs noch so klein und unbedeutend vorkommen. Sie wachsen mit uns.

(17) Übung: Sich Anerkennung zuschreiben

Besonders wichtig für die, die nach Anerkennung von außen suchen: Zuerst müssen Sie Ihre eigenen Stärken und Leistungen anerkennen, erst dann folgt die Anerkennung anderer Menschen. Wer sät, kann ernten. Sie können mit der Wertschätzung Ihrer selbst diskret schriftlich beginnen. Und zwar mit mindestens 15 Sätzen, die jeweils mit dem Halbsatz »Ich erkenne mich dafür an, dass …« beginnen. Ja, schreiben Sie bitte auch den Halbsatz jedes Mal neu auf! Sie können mit kleinsten Details beginnen, der Tatsache Ihrer Zeugung, wenn Sie möchten. Oder Sie schreiben auf, wie Sie als Kind waren, was Sie damals schon erlebten und was Sie daraus gemacht haben. Es kann aber auch die Fähigkeit sein, dass Sie mit zehn Fingern tippen können:

1. Ich erkenne mich dafür an, dass ....

Wenn Sie bei mindestens 15 Sätze geschrieben haben, machen Sie morgen weiter: fünf dieser Anerkennungen täglich. Mindestens so lange, bis Sie dieses Buch durchgearbeitet haben.

Wie oft gucken Sie am Tag in den Spiegel? Mit welchem Blick schauen Sie sich an? Sehen Sie sich überhaupt? Unglaublich, aber viele Menschen sehen sich mit der folgenden Übung das erste Mal wirklich. Es ist nicht unbedingt »Liebe auf den ersten Blick«, doch die Basis dafür.

(18) Übung: In den Spiegel blicken

Diese Übung ist simpel und mit tiefer Wirkung. Machen Sie sie drei Minuten täglich. Besorgen Sie sich einen Timer, Mobiltelefone haben ihn integriert. Stellen Sie ihn auf 30 Sekunden. Gehen Sie nah an einen Spiegel heran, sodass Sie sich direkt in die Augen sehen können. Sagen Sie dabei, mindestens halblaut: »Ich, … (Ihr Vor- und Nachname), bin vollkommen in Ordnung, so wie ich bin.« Dann starten Sie den Timer und schauen sich 30 Sekunden in die Augen, während der Satz nachwirkt. Was sehen Sie? Ein Ihnen noch nicht bekanntes Gesicht? Setzen Sie keine Ihrer üblichen »Masken« auf, nehmen Sie das wahr, was Sie sehen, ohne zu urteilen. Üben Sie Geduld, 30 Sekunden können lang sein. Dann wiederholen Sie den Satz laut und die folgenden 30 Sekunden Stille noch zwei weitere Male.

Müssen Sie den Satz für Ihr Unbewusstes möglicherweise umformulieren? Dann hier zwei Vorschläge:

»Ich, … (Ihr Vor- und Nachname), finde Wege, mich völlig in Ordnung zu finden, so wie ich bin«, oder reduzierter: »Ich, … (Ihr Vor- und Nachname), bin, wie ich bin.« Wichtig ist der unverstellte Blickkontakt im Spiegel mit sich selber. Bleiben Sie an dieser Übung dran! Machen Sie sie wirklich jeden Tag drei Minuten, mindestens 30 Tage. Sie sehen sich anschließend selbst mit anderen, liebevolleren Augen.

Ihre Einzigartigkeit ist jetzt schon einmal umzingelt. Im nächsten Kapitel kreisen wir sie enger ein. Von oben.

2. TRANSFORMATION – Vergegenwärtigen Sie sich Ihre Vision

Zielen Sie auf Ihre Träume und Wünsche

Zielorientiert zu sein, gilt außerhalb von Marathon-Parcours und Headhunter-Büros als geradezu anrüchig.

Die Ziel-Verächter sagen gerne Sätze wie:

➤ So etwas »Linkshirniges« wie Ziele bringt einen doch ganz aus dem Flow.
➤ Der Weg ist doch das Ziel, also was soll's?
➤ Ziele muss ich einmal im Jahr mit meiner Chefin vereinbaren, danke, das reicht.

Tatsächlich haben ehrgeizige Motivationsgurus und überforderte Vorgesetzte dem unschuldigen Wort »Ziel« einen unangenehmen Beigeschmack verpasst. Viele Menschen vermeiden eine konkrete Zielsetzung auch deswegen, weil Sie befürchten, dass »die Trauben zu hoch hängen«. Wer aus solchen Gründen Zielsetzungen vermeidet, erliegt leider einem Denkfehler. Eine Studie (Locke, Shaw, Saari, Latham, 1980)[18] befand, dass herausfordernde Ziele, bei regelmäßigem Feedback, sogar zuverlässiger erreicht werden als kleinere Ziele.

Ob wir eine Meinung zum Thema Ziele haben oder nicht, unser Bewusstsein – und erst recht unser wesentlich größeres Unbewusstes – funktioniert zielorientiert. Ziele zählen zu den Filtern, durch die wir die Welt wahrnehmen. Wir bewegen uns dabei in die Richtungen, die uns die Ziele gesetzt haben, wenn nicht bewusst, so doch unbewusst. Und wenn wir nicht nach unseren eigenen Zielen streben, dann nach denen anderer Leute: zum Beispiel der Eltern, des Partners, des Arbeitgebers. Schön, wenn deren Ziele mit unseren eigenen übereinstimmen. Das soll ja vorkommen. Aber wenn nicht?

Wenn Ihnen lediglich das Wort »Ziel« nicht gefällt und Sie lieber »Vision«, »Träume«, »Wünsche« oder »Begehren« sagen, so machen Sie das. (Ich nenne, zumindest meine ideale vorgestellte Zukunft, auch lieber Vision). Vielleicht wird es mit einem anderen Begriff für Sie spürbarer, was passiert, wenn Sie Ihre eigene Richtung verlassen, um der von anderen vorgegebenen Richtung zu folgen. Wie fühlt sich das an?

Sich eigene, möglichst herausfordernde und gleichzeitig realistische Ziele bewusst zu machen, aufzuschreiben, zu visualisieren (heißt: sich aktiv bildlich vorzustellen) und auf diese Weise in seinem Unbewussten zu verstärken, vergrößert die Chance, diese Ziele zu erreichen. Sich Ziele zu setzen ist also effektiv und sinnvoll. Warum verbringen dann die meisten Menschen mehr Zeit damit, eine Abendessen-Einladung zu planen als ihr eigenes Leben? Weil sie nicht wissen, dass selbstbestimmte Ziele möglich und wichtig sind. Und weil sie sich nicht darüber klar sind, wie Zielsetzung von innen nach außen so funktioniert, dass sie sich damit wohlfühlen. Jeden Tag besser und besser.

Was Selbstmarketing-Blockierten schon bei der Zielsetzung im Weg steht.

»Bewusstsein ist für das Gehirn ein Zustand, der tunlichst zu vermeiden und nur im Notfall einzusetzen ist.«

Gerhard Roth

Das eigene Leben nicht nur irgendwie zu bewältigen, sondern freudig zu gestalten – darum geht es, wenn Sie sich Ziele setzen. Hören Sie sich mal unter Ihren stilleren Mitmenschen um, welche Ziele sie nennen: »Ich will erleuchtet sein«, »Ich will ein guter Mensch werden«, »Ich will einfach nur meine Ruhe haben«.

Qualifiziert eine solche Aussage nun das Ziel? Oder ist der Extravertierte deutlich besser dran, wenn er ganz klar sagt: »Ein roter Maserati Alfieri, neu ab Werk«, oder: »Die Hermès Birkin Bag in Blau für 12 000 Euro«? Viele Selbstmarketing-Blockierte haben tatsächlich das, was ich als Konsumfantasie-Anorexie bezeichne. Das ist einerseits löblich, andererseits hat es den Nachteil, dass Menschen ohne konkrete sinnliche Ziele es schwerer haben, sich zu motivieren. Müssen wir also konsumversessener werden? Nein, ein sinnliches Ziel bedeutet ja nicht unbedingt, dass es direkt in einen Einkaufswagen passen muss. Sie können selbst Ziele wie Nichtstun in Sinneskanäle übersetzen. Spüren Sie das warme Massageöl, die Grashalme unter Ihrem Rücken oder die Meeresbrise auf Ihrer Haut? Ein paar Tage in der Provence kosten ein Sümmchen, doch statt sich ein Bündel Geldscheine oder Flugticket und Hotel-Voucher zu visualisieren, geht der Geschmack eines Ratatouille und der Duft von Lavendel sicher tiefer. Oder Sie rechnen größere Geldsummen so um, dass Sie damit einen guten Zweck unterstützen, hinter dem Sie mit ganzem Herzen stehen: eine Schule in Afrika, fröhliche Kinderaugen, bunte Stifte, eine engagierte Lehrerin. Oder zehn Quadratkilometer Regenwald: Vogelstimmen, wilde Orchideen, die es sonst bald nicht mehr gäbe, und Sie mittendrin auf Regenwald-Besichtigung, strahlend.

Warum ist es so, dass manche Menschen mehr protzen – oder genießen möchten – als andere? Etwa weil bei ihnen die Gehirne anders durchblutet sind? Die Forscherin Debra Johnson[19] stellte per Gehirnscan etwas Interessantes fest: Erstens fließt bei Introvertierten im Gehirn insgesamt mehr Blut und das auch in anderen Regionen – nämlich in denen, in denen sich erinnert, gedacht und geplant wird. Das Blut im weniger durchbluteten Extravertiertenhirn geht auf kurzem Weg in den Teil des Gehirns, in dem die Informationen aus den Sinnesorganen verarbeitet werden. Die Psychotherapeutin Marti Olsen Laney, Autorin des Buches *Die Macht der Introvertierten*, schreibt, dass genau diese Bahn durch den Neurotransmitter Dopamin aktiviert wird, für den die Gehirne von Extravertierten einen hohen Bedarf haben.[20] Dopamin steht im Zusammenhang mit Bewegung, Aufmerksamkeit, Erregungszuständen und Lernen. Der Dopaminkreislauf ist in sich schon ein Belohnungssystem. Die sinnlichen Eindrücke von außen geben ein gutes Gefühl. Adrenalin, ein Stresshormon, das mit dem Teil des unwillkürlichen Nervensystems verbunden ist, das den Körper auf Kampf- oder Flucht-Leistung bringt, kurbelt die Dopaminproduktion an. Und davon kann ein Extravertierter offenbar nicht genug kriegen. Introvertierte hingegen haben, da ihre Rezeptoren für diesen Stoff sensibler sind, so Laneys Theorie, sehr schnell genug vom Dopamin. Sie bevorzugen auf ihrer Leitung zum Gehirn Acetylcholin, einen Neurotransmitter, der gleichfalls mit Aufmerksamkeit und Lernen im Zusammenhang steht, aber mit dem anderen Teil des unwillkürlichen Nervensystems verknüpft ist, dem Teil, der Verdauung, Erholung und Selbstheilung anregt. (Mehr über diese beiden Teile des unwillkürlichen Nervensystems finden Sie im Kapitel 4 »Rekreation«.) Acetylcholin ist mit dem Langzeitgedächtnis assoziiert und lässt den Introvertierten sich bei ruhiger Aufmerksamkeit und Denken wohlfühlen. Kurz: Extravertierte mögen die Aufregung des Verfolgens und Zielerreichens, mögen es also, wenn sie nach einer Aktivität von außen belohnt werden. Introvertierte können sich mit der Innenwelt ihrer Gedanken und Gefühle zufriedengeben. Für diese Menschen ist es eine Herausforderung, sich selber mit äußerlichen Zielen aus dem Häuschen zu locken. Der englische Forscher Jeffrey Alan Gray vertrat sogar eine für mein Empfinden radikale These dazu. Doch dazu müssen wir uns noch kurz mit einem Kollegen von ihm beschäftigen, Hans Jürgen Eysenck, dem Erfinder des Big 5-Persönlichkeitstests, der in Varianten noch heute, auch in der Wissenschaft, verwendet wird.

Es geht um die folgenden großen fünf Charaktereigenschaften, die im Big 5-Persönlichkeitstest[21] von Bedeutung sind: Extraversion, Gewissenhaftigkeit, Neurotizismus, Offenheit, Verträglichkeit. Jedem dieser Faktoren werden bestimmte Facetten zugeordnet.

Im Falle der Extraversion geht es indirekt natürlich auch um die Introversion. Diese gilt nicht einfach als das »Gegenteil« von Extraversion, sondern dem Introvertierten fehlen – mehr oder weniger ausgeprägt – die Facetten der Extraversion. Dazu zählen Herzlichkeit, Geselligkeit, Durchsetzungsfähigkeit, Aktivität, Erlebnissuche und positive Emotionen. Den nach dieser Theorie angeblichen Mangel dieser Facetten (oder einiger davon) bei Introvertierten, halte ich im Umkehrschluss für höchst bedauernswert (30% der Bevölkerung gelten ja als introvertiert!). Ich z.B. bin definitiv introvertiert, dennoch halte ich mich für herzlich und habe öfter mal eine positive Emotion.

Bringen Sie sich durch ein paar entspannte Atemzüge bitte wieder in Ihr Gleichgewicht und spüren Sie Ihre Einzigartigkeit. Sie müssen wissen, dass es bei all diesen Typisierungen letztlich nur darum geht, Menschen in Typen einzuteilen. Für uns ist interessant, daraus zu lernen, wie von manchen Forschern Persönlichkeit vermessen wird. Da aber ohnehin jeder Mensch auf der persönlichen Ebene anders ist, brauchen wir diese Aussagen auch nicht allzu persönlich zu nehmen.

Nun aber zu dem englischen Psychologen, mit dem ich das Thema Persönlichkeitstests beenden werde. Jeffrey Alan Gray[22] modifizierte das Modell von Eysenck nämlich auf eine Art, die uns eine zusätzliche Erklärung dafür geben kann, warum Menschen mit Introversion und Neurotizismus weniger »von außen belohnungsmotiviert« sind. Er unterscheidet zwischen Verhaltensaktivierungssystem (BAS = Behavioral Activation System) und Verhaltenshemmungssystem (BIS = Behavioral Inhibition System). Nach seiner Theorie reagieren Introvertierte eher auf Bestrafung als auf Belohnung (heißt: Sie lassen sich eher durch angedrohte Strafe »kontrollieren« als durch versprochene Belohnung). Bei Extravertierten wäre das umgekehrt: Sie reagieren eher auf Belohnungen als auf Bestrafungen. Sobald diese beiden Typen zusätzlich noch die Temperamentskomponente »neurotisch« in sich tragen, verstärkt sich dieser Effekt noch: Beide Typen reagieren generell stärker auf Reize von außen – der Introvertierte noch mehr auf Strafe, aber auch schon verhältnismäßig mehr auf Belohnungen; der Extravertierte noch mehr auf Belohnungen und auch etwas mehr auf Bestrafungen.

Könnte das eine Erklärung dafür sein, warum es für viele Introvertierte (und Hochsensible) eine Herausforderung ist, sich motivierende Ziele zu setzen? Ist das ein Grund, warum diese Menschen gar nicht so scharf auf Führungspositionen, Karriere und Erfolg sind?

Haben die offiziell Schüchternen eine Meinung zu dem Thema? Eine amerikanische Studie[23] zeigt, dass diese Personen oft so viel Angst haben, andere mit einer eigenen Meinung zu verärgern, dass sie sich lieber der Mehrheit anpassen. Kennen Sie das von sich? Hier hört Schüchternheit dann wirklich auf, charmant zu sein.

Aufgeben oder Aufsteigen?

Ehrlich gesagt, wir könnten hier aufgeben: Die einen wollen nicht wirklich weiterkommen, sind zufrieden mit dem Status quo. Die anderen haben zwar Fantasien vom Traumjob, aber in der Realität ist es ihnen nicht einmal wichtig genug, zur eigenen Meinung – und zu sich selbst – zu stehen. Wir könnten aufhören, wären da nicht die vier Gründe, die ich habe, Ihnen Feuer unter dem Hintern zu machen:

1. Die Welt braucht Sie. Gerade heute. Und morgen. Und zwar nicht irgendwo zurückgezogen und versteckt, sondern in einer verantwortlichen Position. Denn Introvertierte, Hochsensible und auch viele Schüchterne haben exzellentes Führungspotenzial. Sie denken, bevor sie handeln, sind meist auch für die Bedürfnisse anderer sensibel und es ist gesellschaftlich von Vorteil, integre Führungskräfte zu haben, die nicht plump lediglich an der eigenen Belohnung interessiert sind.

2. Je höher Sie in der Hierarchie stehen, desto höher wird, nach Amy Cuddy[24] Ihr Testosteronlevel (auch für Damen beruflich vorteilhaft!). Gleichzeitig wird der Pegel des Stresshormons Cortisol niedriger. Cortisol ist das Hormon, das vor allem bei unkontrollierbarem Leistungsstress verstärkt produziert wird. Das heißt: Mehr Macht zu haben, bedeutet für unseren Körper, weniger unkontrollierbaren Leistungsstress zu haben.

3. Es ist schon aus gesundheitlichen Gründen wichtig, soziale Fähigkeiten zu üben. Nicht nur wegen des Cortisols. Aus der freiwillig gesuchten Einsamkeit, auch der von Introvertierten und Hochsensiblen, kann schleichend die ungewollte Einsamkeit werden. Und die macht, wie Studien beweisen, krank: Die zerstörerische Wirkung dieser Einsamkeit wird mit 15 Zigaretten am Tag verglichen.[25] Das ist ein Warnhinweis.

Prof. Dr. med. Dipl.-Psych. Borwin Bandelow rät in *Das Buch für Schüchterne* explizit zum Aufstieg:

> *»Wenn Sie das deutliche Gefühl haben, dass Leute, die Ihnen nicht das Wasser reichen können, über Sie bestimmen oder sich besser durchsetzen können, sollten Sie all Ihre Raffinesse daransetzen, um die Ihnen zustehende Position zu erreichen. Der Klügere sollte nicht immer nachgeben – denn das würde konsequenterweise zur Weltherrschaft der Schwachköpfe führen.«*

Eine über zehn Jahre laufende Studie, das Evergreen-Project[26], fand heraus, dass kein Zusammenhang zwischen dem wirtschaftlichen Erfolg von Unternehmen und den Persönlichkeitsmerkmalen der Topmanager besteht. Connson Chou Locke[27] von der London School of Economics sieht das, in einer laufenden Studie, ähnlich.

Peer Bieber, Gründer von TalentFrogs, sagt über schüchterne Menschen und deren berufliche Aufstiegsmöglichkeiten:

>> *Man muss nicht laut sein, man muss aber den Mut haben, seine Position zu vertreten. Für Dinge einzustehen, sich für seine Projekte, seine Themen stark zu machen. Das kann auch ein kleiner schüchterner, ein nicht so lauter Mensch. Da muss jeder so seinen Weg finden.* <<

Gaby Behrens, R+V BKK, Geschäftsleitung Unternehmensentwicklung:

>> *Als Dienstleistungsunternehmen haben wir bevorzugt Menschen eingestellt, die sich gut um andere kümmern können. Wir haben 19 Teamleiter, fünf Männer und 14 Frauen, und davon sind zwei Drittel eher schüchtern. Eine moderne Führungskraft ist ja ein Coach, und da ist es von Vorteil, zurückhaltend und sogar schüchtern zu sein.* <<

Dr. Ludger Schöcke, MARQUARDT GROUP, Organizational Development/Management Development:

>> *Introversion bzw. Extraversion ist kein Kriterium, das eine Rolle spielt. Bei der Führungskräfte-Auswahl oder Führungskräfte-Förderung ist es letztlich die Frage: Bringen die Führungskräfte die Leistung, die wir von ihnen erwarten bzw. sehen wir in ihnen Potenzial, das wir fördern wollen?* <<

Lieben Sie Zuckerbrot?

> »Schmerz drückt, bis Vision zieht.«
>
> *Michael Beckwith*

Wie kann »Motivation durch Bestrafungsvermeidung« bei Selbstmarketing funktionieren, wenn doch schon die Vorstellung, Selbstmarketing machen zu müssen, als Strafe erscheint?

Wir können die Bestrafungsstrategie ausprobieren und uns jetzt schon mal ausdenken, was wir uns selbst antun, wenn wir unser Ziel, uns innerhalb dieses Transformations-Kapitels Ziele zu setzen, nicht erreichen: Eine Überweisung über 100 Euro z. B. an eine politische Partei, die wir gar nicht mögen? Fernsehverbot für die nächste Folge Ihrer Lieblingsserie oder gleich den Fernseher weggeben?

Doch vielleicht reicht Ihnen als Strafe der Schmerz, den Ihnen Ihre jetzige Situation bereitet – unterschätzt, unterbezahlt und übersehen – als Antrieb, diese hinter sich zu lassen. Spüren Sie den Schmerz nicht mehr? Das kann daran liegen, dass Ihr Gespür durch Ihre eigene Anspannung unterdrückt wird. »Tension masks sensation« (die Spannung überlagert die Wahrnehmung), sagt die Tänzerin und Kontaktimprovisation-Miterfinderin Nancy Stark Smith[28]. Längerfristig macht diese Art der Anspannung leider oft mehr Probleme als der Schmerz, wenn er gefühlt werden würde. Kurzfristig ärgerlich an dieser Spannung ist vor allem, dass sie auch angenehme Gefühle verdeckt.

Probieren wir es also einmal damit, diese Anspannung bewusst zu machen. Bitten Sie Ihre Mentorin (oder eine andere vertrauenswürdige Person) hinzu, um Ihnen den zweiten Teil der Übung, der im Anhang steht, vorzulesen.

(19) Übung: Zwick-Start

Nehmen Sie sich zwei Wäscheklammern mit möglichst starker Feder. Legen Sie diese vor sich auf den Tisch und schließen Sie die Augen. Atmen Sie bewusst ein, bis unter den Bauchnabel.

Denken Sie an einen Ort, ob vorgestellt oder real, an dem Sie glücklich sind. Springen Sie nun innerlich mit allen Sinnen in dieses Bild hinein und genießen Sie diese Situation mindestens 30 Sekunden lang, maximal eine Minute. »Verankern« Sie nun dieses Gefühl z. B. mit einer Berührung einer Hand am Handgelenk der anderen oder an Ihrem Brustbein. Diese Anker-Geste hilft Ihnen, sich zu erinnern. Wann immer Sie die Geste wiederholen, können Sie das Gefühl aktivieren.

Kommen Sie nun in die Realität zurück, nehmen Sie die beiden Wäscheklammern in die Hand, klemmen Sie sie auf und bitten Sie Ihre Mentorin, Ihnen den Text im Anhang zur Übung Zwick-Start vorzulesen.

Haben Sie die Übung gemacht? Sie wollen Motivation nun doch auf die andere, nicht bestrafungsorientierte Weise versuchen? Sie wollen sich dafür öffnen, sich von Positivem locken zu lassen? Dann trainieren Sie nun die Neurotransmitter in Ihrem Gehirn, indem Sie noch konzentrierter bei der Sache sind als unsere abgelenkten Mitmenschen.

(20) Übung: Belohnungs-Motivation

Notieren Sie sich: Was darf ich innerhalb der nächsten 24 Stunden Schönes machen, bekommen oder genießen, wenn ich mir gleich – im nächsten Abschnitt – meine Ziele bewusst mache? Einen Spaziergang inklusive anschließendem Kuchenessen? Den Rest des Tages ganz freinehmen? Einen Ausflug? Eine Massage, einen Kino- oder Konzertbesuch?

Prüfen Sie Ihren Motor

>>Es ist unglaublich leicht, sich in der Aktivitäten-Falle, der Geschäftigkeit des Lebens, zu verfangen und härter und härter zu arbeiten, die Erfolgsleiter hinaufzuklettern, nur um dann zu erkennen, dass sie gegen die falsche Wand lehnte.<<

Stephen R. Covey

Sich selber motivieren klingt nach manipulativer Selbstausbeutung? Das kann durchaus sein. Sorgen Sie für Transparenz und schauen Sie einmal unter die Motorhaube Ihres Bewusstseins. Was für einen Antrieb haben Sie? Welcher Art ist Ihre Motivation? Wollen Sie sich mit Erfolg an Ihren Mitschülern in der 3 b von einst rächen? Oder einem Familienmitglied beweisen, dass Sie doch zu etwas taugen? Reagieren Sie mit Ihrer Berufswahl etwa auf die vermeintliche Bestrafung durch Ihre Eltern? Strengen Sie sich an, um nach deren Bedingungen geliebt und akzeptiert zu werden?

Sich die Motivation des eigenen Handelns bewusst zu machen, sorgt für Klarheit. Glauben Sie tatsächlich, Sie könnten alte Wunden mit verzweifelter Geschäftigkeit oder auch passiver Anerkennungssucht heilen? Das geht nicht. Antrieb aus Mangel fühlt sich wirklich nicht gut an und funktioniert auf Dauer nicht, da können Sie und andere noch so viel an Ihnen herummanipulieren.

Indem wir als liebevolle und verantwortungsvolle Erwachsene unser >>Inneres Kind<< auch für das lieben, was wir zunächst nicht für liebenswert halten (z.B. Ängste, Verletzlichkeit, Schmerz, Schamgefühle), stärken wir es. Und damit die >>positiven<< Eigenschaften des Inneren Kindes: u.a. Kontaktfreude, Kreativität und Lebendigkeit. Der Begriff >>Inneres Kind<< wird in vielen Therapieformen verwendet.[29]

(21) Übung: Den falschen Motor austauschen

Suchen Sie sich ein Kissen. Setzen Sie sich aufrecht hin, spüren Sie Ihren persönlichen Kreis. Was ist Ihr falscher Motor? Welche Verletzung, welche Geschichte steht dahinter? Nehmen Sie Kontakt mit dieser alten Wunde auf. Wie alt waren Sie damals? Nehmen Sie in Ihrer Vorstellung diesen jüngeren Anteil Ihrer selbst, das Innere Kind, nun in den Arm. Sie können, die Simulation verstärkend, auch ein zusätzliches Kissen dafür nehmen. Nun schauen Sie Ihrem jüngeren Anteil in die Augen und schicken Sie über Ihr Herz Liebe zu diesem Kind. Spüren Sie, wie es sich auffüllt und satt wird. Machen Sie dies mindestens zwei Minuten lang. Wiederholen Sie diese Übung in den nächsten Tagen so oft, wie Sie es für sinnvoll halten.

Der bessere Motor: Ihr »großes Warum«

>»Das ist die wahre Lebensfreude: Von einer Aufgabe gebraucht
>zu werden, die von einem selbst als groß erkannt wurde.«
>
>*George Bernard Shaw*

Wenn Sie den falschen Motor erkannt haben, heißt das, dass Sie jetzt jegliches Streben aufgeben? Im Gegenteil: Sie werden einen funktionstüchtigeren Motor finden. Einen, der Sie nicht automatisch ins Hamsterrad befördert, sondern mit sauberem Treibstoff zu Ihren eigenen Zielen bringt. Sie haben der Welt jede Menge zu bieten: Ihre Talente, Gaben, Stärken, Ausbildungen und Erfahrungen, Ihre ganz individuelle Perspektive und nicht zuletzt Ihr Engagement, Ihre Leistungsbereitschaft, Ihren Charakter und Ihre Aufmerksamkeit. Ihre Einzigartigkeit wird gebraucht. Wo und für wen möchten Sie all dies einsetzen? Zu erkennen, dass Sie auf dieser Welt eine Aufgabe haben, die größer ist als Sie selber, beflügelt Sie über die Widrigkeiten des Alltags hinweg und hilft Ihnen, den eigenen Weg zu finden und ihn weiterzugehen.

(22) Übung: Ihr Warum

Öffnen Sie Ihr Tagebuch oder Ihre Computerdatei und beantworten Sie die folgenden Fragen:

➤ Was ärgert Sie an der Welt, wie sie ist, am meisten?

➤ Gegen was möchten Sie kämpfen?

➤ Für was möchten Sie sich einsetzen?

➤ Wer sind die Menschen, denen Sie am ehesten helfen können und wollen?

➤ Können Sie sich innerhalb Ihrer jetzigen Organisation/Aufgabe dafür einsetzen?

➤ Können Sie sich mit Ihrem speziellen Leistungsprofil freiberuflich oder unternehmerisch profitabel dafür einsetzen?

➤ Können Sie sich ehrenamtlich dafür einsetzen?

Ist Ihr Warum gleichbedeutend mit Ihren Zielen? Nicht unbedingt. Es kann aber ein neuer starker Motor sein: Das Wissen, mit Ihrem Einsatz etwas auf der Welt zu erreichen, lässt Ihr Selbstvertrauen wachsen. Eben weil Sie sich nicht ausschließlich (und lähmend) mit sich selber beschäftigen und der Meinung anderer Leute über Sie, sondern mit der Wirkung Ihrer Existenz und Leistung. Sie, so schüchtern und blockiert Sie sich auch fühlen, können tatsächlich positiven Einfluss auf die Welt, auf andere Menschen, haben. Darum geht's. Jetzt kommen Sie mir nicht damit, dass Ihnen dafür keiner Geld geben wird. Das ist nämlich wirklich die dümmste aller Geschichten. Doch dazu kommen wir später.

Wunschvoll glücklicher: Finden Sie Ihre Ziele

Jetzt fängt das Vergnügen an: aktiv und passiv träumen, zielen, begehren und wünschen. Wie ein Kind, das noch keinerlei finanzielle oder gesellschaftliche Beschränkungen dafür kennt. Schalten Sie das Grübeln ab. Öffnen Sie Ihren Geist und Ihr Herz. Den Realitäts- und

Ökologie-Check Ihrer Ziele integrieren wir später. Sie können entspannen. Das hier ist ein Spiel.

Sich Ziele zu setzen, zählt zu den kreativsten Prozessen überhaupt. Da Sie auf Ihre Art einzigartig sind, muss Ihnen nicht jede der Zielsetzungsstrategien zusagen. Probieren Sie dennoch alle der folgenden Übungen aus. Wir arbeiten mit innerer Kinoleinwand, Symbolen, Willenskraft, Trotz, Fantasie, Vision, Werten und Liebe. Wir kreisen Ihre Ziele jetzt mehrdimensional ein. Ohne Ihren und mit Ihrem eigenen Widerstand. Wir beginnen mit den »verrücktesten« Techniken, dann werden wir »rationaler«, versprochen. Denn es könnte sein, dass sich gerade bei den ersten Übungen Ihr Geist öffnet, sodass Sie für die folgenden präsenter sind. Öffnen Sie also Ihr Tagebuch oder Ihre Computerdatei – machen Sie es sich für mindestens eine Stunde gemütlich, wo immer sie sich wohl- und ungestört fühlen, und los geht's. Sie können sich diese Übung natürlich auch von Ihrer Mentorin vorlesen lassen oder sich selber auf eine Audiodatei sprechen.

(23) Übung: Zielsetzung wie im Kino

Konzentrieren Sie sich auf Ihre Atmung, spüren Sie Ihren persönlichen Bannkreis. Sitzen Sie gerade auf einem Stuhl oder Kissen, entspannen Sie mit der Ausatmung. (Sie können sich auch hinlegen, wenn Ihnen das lieber ist.) Entspannen Sie Körperfläche für Körperfläche, Quadratzentimeter für Quadratzentimeter. Beginnen Sie mit Ihrer Kopfhaut. Mit der Ausatmung entspannen Sie, mit der Einatmung spüren Sie die Entspannung. Dann entspannen Sie Ihre Stirn, die Augenlider, das Gesicht, den Hals, die Arme, den Oberkörper, die Hüften, die Oberschenkel, die Knie, die Unterschenkel, die Füße und die Zehen. Spüren Sie die durchgehende körperliche Entspannung.

Jetzt denken Sie an eine positive Situation, die Sie erlebt haben, ein Erfolgserlebnis oder einen besonders schönen Moment. Was fällt Ihnen ein? Sehen Sie diese Situation vor Ihrem geistigen Auge, mit geschlossenen Augenlidern, vor sich wie auf einer Leinwand im Kino. Dann schlüpfen Sie in die Situation hinein und nehmen Sie sie mit allen Sinnen wahr. Was hören, riechen, schmecken, sehen und spüren Sie? Alles Positive verstärken Sie mithilfe des »Lautstärkereglers«, den Sie oben rechts in der Navigationsleiste Ihres Bewusstseins sehen. Oder ist es eher ein runder Lautstärkeregler wie bei einem alten Radio? Wo ist die Gefühlsstärke jetzt, auf einer Skala von 1, bis10? Auf einer 3? Dann drehen Sie das Volumen weiter auf: bis mindestens 7. Spüren Sie diesem Erlebnis so verstärkt nach.

Jetzt denken Sie bitte an Erlebnisse, die sich so oder besser anfühlen werden, in der Zeit, die bald Gegenwart für Sie ist: in Ihrer Zukunft. Lassen Sie die Bilder und Erinnerungen Ihres Erlebnisses aus der Vergangenheit aus Ihrem Bewusstsein ziehen, und bleiben Sie bei dem positiven Gefühl. Was ist da in Ihrer Zukunft? Was sind das für neue Situationen, die Sie derart glücklich stimmen? Was sehen und fühlen Sie jetzt? Was hören Sie? Was schmecken Sie? Was riechen Sie?

Taucht ein Bild, und sei es noch so undeutlich, in Ihrem Bewusstsein auf? Sehen Sie das Bild, wie es auf der Leinwand, von oben links kommend, immer größer wird und auf der Mitte der Leinwand stehen bleibt? Oder kommt es aus dem Nichts vor Ihr Inneres Auge? Was sagt Ihnen dieses Bild, diese zukünftige Situation Positives für Ihre Zukunft?

Schreiben Sie darüber, wenn Sie die Übung beendet haben.

Gratuliere, Sie sind Ihrer Zielsetzung, selbst wenn Sie noch gar nichts Konkretes gesehen haben, nähergekommen. Falls Sie zu dieser Vorgehensweise noch keinen Zugang haben, kann ich Ihnen versprechen, dass die folgenden Übungen bodenständiger sind. Doch geben Sie Ihrem Unbewussten noch eine abgehobene Chance. Mit der »Symbol in Ihrer Hand«-Übung.

(24) Übung: Symbol in Ihrer Hand

Legen Sie sich zu Beginn der Übung ein Blatt Papier und einen Stift bereit.

Mit welcher Hand halten Sie einen Stift, wenn Sie schreiben? Diese Hand ist Ihre dominante Hand. Die Übung können Sie im Stehen oder Sitzen durchführen: Winkeln Sie Ihre Arme um etwa 90 Grad vor sich an, drehen Sie beide Unterarme so, dass Sie in Ihre Handfläche schauen können. Ballen Sie nun beide Hände zu lockeren Fäusten, die Daumen liegen quer über den Zeigefingern. Sie sehen jetzt also Ihre vier Fingernägel von oben und, quer darüber liegend, den Daumen.

Achten Sie darauf, dass Ihre Schultern locker sind, und schauen Sie nun auf Ihre dominante Hand. Formulieren Sie Ihre Frage konkret auf Ihre berufliche Zukunft bezogen:

»Was ist für mich beruflich wichtig?« Sprechen Sie diese Frage laut aus. Dann bewegen Sie die dominante Hand über Ihre nicht-dominante Hand und umschließen Sie sie für ein paar Sekunden. Nehmen Sie sie wieder zur Seite und öffnen Sie nun Ihre nicht dominante Hand, sodass Sie in die Handfläche gucken können: Was Sie darin sehen, ob deutlich oder nur transparent und undeutlich wie ein Abziehbild oder ein Energiewirbel, ist ein Symbol. Was sehen Sie jetzt darin in Ihrem Geiste?

Für was könnte dieses Symbol bezogen auf Ihre berufliche Zukunft stehen? An was erinnert es Sie? Was fällt Ihnen dazu ein?

Schreiben Sie nun dazu ein paar Zeilen auf Ihr bereitgelegtes Papier.

Zielsetzung durch Fragen

Sie können die Kunst üben, sich die richtigen Fragen zu stellen. Es gibt nämlich negative Fragen, die einen in einen Strudel nach unten ziehen. Dazu gehört nicht nur »Was sollen die Leute denken?«, sondern auch Fragen, die wir uns oft während oder nach einem tatsächlichen oder eingebildeten Missgeschick stellen: »Warum passiert mir das immer?« Oder: »Warum geht es anderen immer besser als mir?« Wenn es überhaupt negative Fragen gibt, dann sind diese Art Fragen sicher unter den Top Ten. Hören Sie solche Fragen durch Ihren Kopf ziehen, so atmen Sie sie einfach aus, lächeln Sie und fragen Sie sich besser: Was kann ich unternehmen, um meinem Ziel, meiner Vision oder meinem Traum näherzukommen?

Zielführende Fragen sind solche, die Ihnen den Inhalt und die Worte für Ihr Ziel liefern können. Manche spontanen Antworten auf solche Fragen kommen aus Ihrem Innersten, Ihrem Unbewussten.

(25) Übung: Fragen zum Ziel

Öffnen Sie Ihr Tagebuch oder Ihre Computerdatei. Schauen Sie sich erst einmal nur die erste Frage an. Lassen Sie die Antworten schnell und fließend zu sich kommen, bewerten Sie sie nicht. Schreiben Sie sie auf. Gehen Sie dann zur nächsten Frage über und verfahren Sie genauso. Lassen Sie sich von Ihren Antworten überraschen. Machen Sie weiter, bis Sie alle Fragen beantwortet haben.

➤ Welche Tätigkeiten/Handlungen machen Ihnen wirklich Freude?

➤ Welchen Beruf könnten Sie sich vorstellen?

> ➤ In welcher Position?

> ➤ Denken Sie an all Ihre Talente und Fähigkeiten. Wenn Sie alle entspannt miteinander verbinden: Was für einen Job könnten Sie sich dann für sich vorstellen?

> ➤ Was hätten Sie gerne?

> ➤ Wie würden Sie gerne wohnen?

> ➤ Wie sähe Ihr Arbeitsplatz/Schreibtisch dann aus?

> ➤ Was ist Ihr Fortbewegungsmittel? Wenn es ein Auto ist: Was für eins?

> ➤ Wie viel Geld möchten Sie monatlich verdienen?

> ➤ Welche Personen aus Ihrem beruflichen Umfeld würden Sie gerne näher kennenlernen?

> ➤ Für wen würden Sie am liebsten arbeiten? (Kunde, Vorgesetzter oder Unternehmen)

> ➤ Mit wem würden Sie am liebsten arbeiten? (KollegInnen, MitarbeiterInnen oder GeschäftspartnerInnen)

> ➤ Was für Träume und Pläne hatten Sie in der Kindheit und Jugend?

> ➤ Wenn Sie jetzt einen funktionierenden Zauberstab in der Hand hätten und Ihre Situation damit ändern könnten: Wie sähe Ihr berufliches Umfeld aus? Was genau würden Sie tun?

> ➤ Wie würden Sie Ihre Kenntnisse einsetzen?

> ➤ Wie würden Sie Ihre Gaben und Talente einsetzen?

Zielsetzung durch Jammern

Wenn es eine Möglichkeit gibt, Lamentieren, Beklagen und pures Rumnölen sinnvoll einzusetzen, dann ist es die, daraus Konsequenzen zu ziehen. Jammern ohne anschließend folgende, auf positive Veränderung ausgerichtete Handlung setzt eine selbstverstärkende, nach unten führende Spirale in Gang. Der jammernde Mensch begibt sich freiwillig in die Opferrolle. Wer sich solches Wehklagen mehr als zweimal anhören muss, bekommt schlechte Laune, wird die jammernde Person zunehmend weniger ernst nehmen und sich letztlich innerlich und auch äußerlich distanzieren müssen.

Doch wenn es darum geht, zu dem zu gelangen, was einen an seinem eigenen Leben wirklich so sehr stört, dass radikale Änderungen (zumindest der eigenen Geschichten) in Erwägungen gezogen werden, kann Jammern den Weg weisen. Jammern Sie los! Aber übernehmen Sie keine Klagen aus der Familie wie »Der Papa schnarcht so laut« oder gesamtgesellschaftliche Lamentos wie »Das Benzin wird immer teurer«. Sondern bleiben Sie persönlich, klagen Sie drauflos, weil es um Ihr eigenes Leben geht.

(26) Übung: Authentisches Jammern

Öffnen Sie Ihr Tagebuch oder Ihre Computerdatei und geben Sie sich mindestens vier Minuten Zeit, um diese beiden Fragen zu beantworten:

➤ Was haben Sie an Ihrem jetzigen Leben zu bemängeln?

➤ Was haben Sie nicht, was Sie so gerne hätten?

Dann geben Sie sich weitere vier Minuten Zeit, um auf Basis Ihrer Antworten positiv zu formulieren:

➤ Was wollen Sie in Ihrem Leben?

➤ Was hätten Sie gerne in Ihrem Leben?

Zielsetzung aus Trotz

> »Heut lass' mer die Sau raus, die sieht ja scho grau aus.«
> *Von einem Unbekannten Anfang der 1990er-Jahre auf einem*
> *Isar-Floß gesungen*

Manche Persönlichkeitsanteile von uns sind wie kleine und große Kinder. Kennen Sie den Teil von sich, der entzückend zweijährig ist? Und gerade gelernt hat, dass es ein Wort gibt, das Nein heißt? Und dieses Wort allen entgegenruft, die ihn auffordern, doch nicht dauernd den Schnuller auf die Straße zu werfen? Nein?

Dann kennen Sie vielleicht die eigentlich süße 16-Jährige in sich, die alles dafür tut, ernst genommen zu werden, und dafür rebelliert? Die deshalb ständig Schwarz trägt, eine schlecht gelaunte Miene aufsetzt und sich mehr oder weniger selbstschädigend verhält? Auch nicht? Alle Achtung! Dann beantworten Sie die kommenden drei Fragen bitte entsprechend ausgeglichen. Für alle anderen gilt: Bürsten Sie Ihren zornigen Zweijährigen und die schreckliche Sechzehnjährige schon mal auf Krawall. Geben Sie mindestens fünf Antworten pro Frage. Nutzen Sie die Gunst der Stunde. Wer weiß, wann es das nächste Mal möglich ist, sich derart auszudrücken.

(27) Übung: Die Sau-raus-Zielsetzungsmethode

Beantworten Sie diese Fragen bitte in Ihrem Tagebuch oder Ihrer Computerdatei. Übertragen Sie jeweils eine Frage auf eine Seite:

➤ Was wollen Sie auf gar keinen Fall erleben?

➤ Was oder wie wollen Sie auf keinen Fall sein?

➤ Was wollen Sie auf keinen Fall haben?

Nun legen Sie los mit Ihren Antworten! Geben Sie sich pro Frage zwei Minuten Zeit für die Antworten.

Sind Sie fertig? Dann beruhigen Sie sich bitte wieder. Lesen Sie sich Ihre Antworten durch und markieren Sie jeweils die drei, die Ihnen am wichtigsten erscheinen. Schauen Sie sich Ihre insgesamt neun markierten Antworten anschließend noch einmal an und bewerten Sie diese jeweils in der Reihenfolge von 1 bis 5. (1 bedeutet, dass dieser Punkt Ihnen am wichtigsten ist, 2, dass dieser Punkt am zweitwichtigsten ist etc.)

Die jeweils drei wichtigsten Antworten formulieren Sie nun ins Positive um. Wenn Sie zum Beispiel auf die Frage »Was wollen Sie auf gar keinen Fall erleben?« geantwortet haben: »Jemals wieder so einen bescheuerten Chef zu haben wie jetzt«, könnte Ihre neue Formulierung als Antwort auf die Frage »Was würden Sie gerne erleben?« lauten: »Einen Vorgesetzten, der meine Arbeit schätzt«, oder auch: »Freiheit und Selbstständigkeit.« Wenn Sie auf die Frage »Was oder wie wollen Sie auf keinen Fall sein?« geantwortet haben: »So ein Stinkstiefel wie mein Schwager«, dann könnte Ihre Antwort auf die Frage »Was oder wie wären Sie gerne?« lauten: »Ich möchte so freundlich und ausgeglichen sein wie Stefanie, die ruhig bleibt, selbst wenn ihr Computer abstürzt«, oder einfach: »Ich möchte ein gelassener Mensch sein, der in allen Situationen und Personen das Gute sieht.«

Formulieren Sie hier also Ihre Antworten positiv um: Hier die positiven Fragen dazu:

➤ Was würden Sie gerne erleben?

➤ Was oder wie wären Sie gerne?

➤ Was hätten Sie gerne?

Zu lichteren Geschichten

Inzwischen ist Ihr Geist frei, Möglichkeiten zu erkennen – solche, die Sie bislang übersehen haben, und auch richtig neue. Behandeln Sie sich weiter gut und locken Sie Ihre Wahrheit aus sich heraus. Auch mit folgender Übung.

(28) Übung: Der halbe Satz, die ganze Wahrheit

Bitte schreiben Sie sich folgenden Halbsatz auf einen Zettel und tragen ihn die nächsten beiden Tage mit sich herum. Sooft Sie daran denken, mindestens 20-mal in zwei Tagen, vervollständigen Sie den Satz und wagen Sie es, Ihre spontane Antwort auf der Rückseite zu notieren.

Wenn mein Leben jetzt gerade ideal wäre, würde ich

....

Schauen Sie sich dann am nächsten Tag die Antworten an. Finden sich Handlungen oder Tätigkeiten darunter, die sich mit neuen Zielen kombinieren lassen?

Ihre Zielsammlung und wie Sie Ziel-Klarheit finden

>»Entscheide, es stärker zu wollen, als du Angst davor hast.«
>
> *Bill Cosby*

Gratulation, Sie haben – wenn Sie alle Übungen durchgeführt haben – jetzt vermutlich mehr Ziele, als Sie je für möglich gehalten haben. Wenn Ihnen nun so kurz vor Abgabetermin noch etwas einfällt, können Sie es hinzufügen. Jetzt geht es darum, Ihre Ziele zu sortieren und so zu formulieren, dass Sie beruflich Konsequenzen daraus ziehen können.

Die Ökologie von Zielen

Zu den Gründen, warum so viele Träume Schäume bleiben, zählt eine innere Hemmung, die stärker ist als der Wunsch, seine Ziele zu erreichen. Unbewusst schrecken wir vor Veränderungen zurück, weil wir die realen oder eingebildeten Konsequenzen fürchten. Das führt bei vielen Menschen und gerade bei Schüchternen dazu, dass sie sich gar nicht trauen, eigene Wünsche zu erspüren. Stattdessen nehmen sie medial angebotene übergroße Träume als die eigenen, um sich dann sagen zu können, dass die Verwirklichung ohnehin unerreichbar ist. So als kämen als Partner nur George Clooney oder als Partnerin nur Scarlett Johansson infrage, aber beide sind leider schon vergeben. Genau so verhält es sich mit dem Traum vom millionenschweren Lottogewinn oder mit dem drängenden Wunsch, mit 40 Jahren noch Balletttänzer zu werden. Beides höchst unrealistische Ziele. Das sollte Sie natürlich nicht davon abhalten, Ihrer Fantasie erst einmal freien Lauf zu lassen. Doch es macht Sinn, sich den großen Wunsch anzuschauen und ihn in genau die Details herunterzudividieren, die realistischerweise hinter dem Wunsch stehen könnten. Mehr Geld als jetzt? Wie viel? Was für eine Rolle könnte Tanz auch so in Ihrem Leben spielen, ohne dass ein aktiver Karrierewechsel zum Profitänzer in einem Alter gestartet wird, in dem die gleichaltrigen Tänzerkollegen ihre Gelenkentzündungen pflegen?

Ein weiterer Aspekt ist, ob das Ziel auch mit den anderen Teilen Ihres Lebens harmoniert, die Ihnen wichtig sind. Langfristige Weltraum-Tätigkeit ist nicht kompatibel mit dem Wunsch, eine Großfamilie zu gründen. Machen Sie sich diese Diskrepanzen bewusst und variieren Sie das Ziel oder Details davon bewusst so, dass Ihr Unbewusstes nicht die Notbremse ziehen muss.

Systemisch betrachtet setzt Selbstsabotage auch dann ein, wenn das Erreichen neuer eigener Ziele innerhalb des Familiensystems einen Loyalitätskonflikt darstellen würde.[30] Wenn Sie also nicht mehr »folgen« wollen, z. B. einer langen Ahnenreihe von Winzern, sondern eine akademische Karriere im medizinischen Bereich anstreben. Oder wenn Sie beruflich erfolgreicher werden würden als Ihre Vorfahren und sich deshalb aus Loyalität bremsen. Gibt es bei Ihnen derartige Loyalitätskonflikte?

Wie Sven sich gegen seine Familie auflehnte

Sven ist eins von drei Kindern eines Künstlerpaares. Die Familie zog innerhalb von 15 Jahren viermal in andere Städte, Zeiten der »Fettlebe« wechselten sich mit solchen ab, in denen es dreimal täglich Haferbrei gab. Im Gegensatz zu seinen Geschwistern, die schon früh ihr musisches Talent entdeckten, war Svens Stärke das Organisieren. Als er sich entschloss, BWL zu studieren, stieß er in seiner Familie auf Unverständnis. Er zog das Studium durch, schloss es auch gut ab. Doch als er seine erste Stelle suchte, war er wie gelähmt. Vorstellungsgespräche waren ihm ein Graus. Er vermasselte fünf Bewerbungsgespräche bei Unternehmen, für die er gerne gearbeitet hätte. Er zog sich mehr und mehr zurück. Kontakt zu Familienmitgliedern mied er, schon um ihnen nicht einen späten Triumph zu gönnen. Nach drei weiteren Gesprächen, diesmal bei Firmen, deren Angebot ihm ziemlich gleichgültig war, bekam er schließlich eine Anstellung. Erwartungsgemäß war er dort weder effektiv noch glücklich. Zwar bestand er die Probezeit, wurde aber für unterqualifizierte Tätigkeiten eingesetzt. Ein Freund aus dem Studium, der ihn kaum wiedererkannte, empfahl ihm ein Coaching. Widerwillig raffte Sven sich dazu auf. Schon in der ersten Stunde wurde ihm klar, dass ihm für die berufliche Zukunft vor allem eins fehlte: Klarheit. Hatte er etwa mit dem Wirtschaftsstudium nur gegen seine Familie rebellieren wollen? In der zweiten Sitzung konnte er sich diese Frage beantworten: Er wollte seine Stärke für das Organisieren und für Finanzen ausbauen. Wurde er dafür tatsächlich von seiner Familie verachtet? Im »Realitätscheck« wurde deutlich, dass seine Geschwister ihn zwar als »Pfeffersack« verspotteten, doch seine Hilfe nur allzu gern in Anspruch nahmen. Prädestinierte sein Hintergrund und sein relativ bekannter Nachname ihn für eine Karriere als Künstlermanager? Das war tatsächlich das erste Mal, dass er sich bewusst Raum gab, darüber nachzudenken. Seine Antwort war ein klares Nein. Stattdessen beschloss er, seinen Beruf auch als Kunst zu sehen und fokussiert auszuüben. Im Kontakt zu seiner Familie merkte er, dass seine Berufswahl nicht länger ein Thema war. Er setzte, wenn die Familie ihn für Steuererklärungen, Verträge und Ablagen einspannen wollte, gesunde Grenzen. Er hatte nicht länger Minderwertigkeitskomplexe deswegen, weder Maler noch Musiker noch Schriftsteller geworden zu sein. Schon bald hatte er in seinem Beruf Erfolge. In seiner fünften Coaching-Sitzung bereitete er sich auf Vorstellungsgespräche vor. Diesmal für Positionen, die herausfordernd waren und seinen speziellen Fertigkeiten gerecht werden konnten. Das Beste: Bei aller Aufregung freute er sich drauf. Er fand ein Unternehmen, in dem er selbstbewusst Karriere machte.

(29) Übung: Mit Vorfahren reden

Wenn Ihre Eltern noch leben, können Sie den Dialog natürlich auch direkt suchen. Doch oft reicht auch ein Gespräch, das Sie sich vorstellen, das nicht nur mit den Eltern, sondern auch mit vorhergehenden Generationen geführt werden kann.

Suchen Sie in Ihren Sachen nach einem Symbol für Ihre Herkunftsfamilie. Das kann z. B. ein Erbstück sein, ein Bild oder ein altes Foto. Setzen Sie sich davor, werden Sie sich Ihres persönlichen Bannkreises bewusst. Sprechen Sie das Thema bzw. den Konflikt an. Machen Sie sich bewusst, dass Ihre Eltern und Großeltern Sie nur schützen wollen. Bitten Sie Ihre Familie um den Segen für Ihren neuen Weg.

Was geschieht, wenn ein Vorfahre sich – real oder eingebildet – querstellt? Dann führen Sie mit ihm in Ihrer Vorstellung den Dialog weiter. Äußern Sie Ihr Verständnis für die Position des anderen (z. B.: »Ich weiß, dass du es damals schwer hattest und ein ähnliches Ziel erreichen wolltest und aufgeben musstest«, oder: »Ich weiß, dass du mich vor Risiken schützen willst«). Dann sagen Sie ganz offen: »Ich möchte dieses Ziel erreichen und würde mich freuen, wenn du wohlwollend auf meinen neuen Weg blickst.«

Anna und Ihre Oma

Unsere Großeltern haben oft größeren Einfluss auf unser Leben, als wir glauben. Sie haben uns (in den meisten Fällen) sehr geliebt. Nicht nur, dass sie uns ihren Segen geben wollen. In den Leben unserer Großeltern kann sich sogar unsere Lebensaufgabe oder unser »großes Warum« zeigen.

Anna, 46, ausgebildete Logopädin, haderte damit, nach der Insolvenz der Firma ihres Mannes wieder in ihren erlernten Beruf zurückkehren zu müssen. Ihre Großmutter väterlicherseits hatte sie als zwar liebevolle, aber auch sehr ängstliche Frau kennengelernt. Umso überraschter war sie, als ihr in einer Übung von allen infrage kommenden Großeltern diese »erschien«. Sie erinnerte sich, dass ihre Oma als junge Frau sehr idealistisch und mutig war. Annas Großmutter väterlicherseits hatte Ende der 1920er-Jahre, bevor sie heiratete und Kinder bekam, als Chefsekretärin gearbeitet. Sie hatte drei Sprachen, darunter Esperanto, gelernt und sich in ihrer Freizeit für den Frieden engagiert. Der Weltkrieg und eine Flucht aus ihrer gewohnten Umgebung hatten ihren Idealismus jedoch gebrochen. Sie fasste nie wirklich Fuß in ihrer neuen Heimat und ging kaum aus dem Haus. Anna erinnerte sich wieder an die Ideale, die sie selber in ihrer Jugend hatte. Sie wollte Menschen helfen, sich freier, leichter und deutlicher auszudrücken. Genau das, was sie inzwischen selber fast verlernt hatte. Mit diesem wiederentdeckten »Warum« und frischem Enthusiasmus nahm sie eine Stelle als Logopädin an und war schon bald erfolgreich in ihrem neuen »alten« Beruf.

Die folgende Übung nutzt den Begriff »Höheres Selbst«, der von dem italienischen Psychiater und Neurologen Dr. Roberto Assagioli[31] (1888-1972) in die Psychologie eingeführt wurde. Das »Höhere Selbst« gilt als Motor der psychischen Aktivität, um die Entwicklung voranzutreiben und weitere unbewusste Bereiche zu erschließen. Für diese Übung können Sie es sich z.B. als mit Licht gefüllten Ballon etwa 1,5 Meter (oder höher) über Ihrem Kopf vorstellen.

(30) Experiment: Großmutter oder Großvater einladen

Öffnen Sie Ihr Tagebuch oder Ihre Computerdatei, um nachher schnell etwas notieren zu können. Geben Sie sich nun fünf Minuten Zeit, in denen Sie Ihrem kritischen, wissenschaftlichen Verstand eine Ruhepause gönnen. Setzen Sie sich aufrecht hin, atmen Sie dreimal bewusst bis unter Ihren Bauchnabel und spüren Sie Ihren persönlichen Bannkreis. Stellen Sie sich nun vor, wie Licht von Ihrem Höheren Selbst (von etwa 1,5 Meter über Ihnen oder höher) durch den höchsten Punkt Ihres Kopfes in Ihren Körper dringt. Empfinden Sie, bezüglich Ihrer beruflichen Situation oder Zukunft, eine Anspannung oder einen Schmerz? An welchem Ort in Ihrem Körper spüren Sie das? Atmen Sie bewusst dorthin. Laden Sie nun diejenige Großmutter oder denjenigen Großvater zu sich in Ihren Bannkreis ein, die oder der jetzt zu Ihnen kommen möchte. (Auch wenn Sie diese Person nie persönlich kennengelernt haben.) Lassen Sie diese Person erscheinen. Wer ist es? Die Mutter Ihrer Mutter? Der Vater Ihrer Mutter? Die Mutter Ihres Vaters? Der Vater Ihres Vaters? Wer erscheint? Wie fühlt sich die Energie dieser Person für Sie an? Sehen Sie ein Bild? Hören Sie einen Satz? Spüren Sie etwas Bestimmtes?

Fragen Sie die Person nun, ob es etwas gibt, das Sie wissen müssten. Hören Sie genau hin, mit all Ihren Sinnen. Sagen Sie zu dieser Person nun, halblaut oder flüsternd: »Wie war dein Leben? Was war dein Schmerz? Was waren deine Träume?« Beobachten Sie ganz entspannt diese Situation. Notieren Sie sich die Antworten. Fragen Sie diese Person nun: »Hast du ein Geschenk für mich?«

Das Geschenk, was immer es sein mag, ist sehr wertvoll. Bedanken Sie sich dafür. Anschließend kommen Sie wieder in Ihr Alltagsbewusstsein zurück und notieren sich, was das Geschenk war und welche Eindrücke Sie während und nach diesem Experiment hatten.

Ziele, die Ihnen zu groß, zu bunt, zu absurd vorkommen

Schauen Sie sich all die Ziele an, die Sie bislang notiert haben. Was ist mit denen, die Sie sich selber nicht ganz erklären können? Was macht zum Beispiel ein junges Pferd mitten in Ihrer Zielsammlung, obwohl Sie doch weder jemals Reitunterricht hatten noch in der Nähe eines Stalls leben und sogar Angst vor großen Tieren haben?

Manchmal kann ein Bild, das Sie sich nicht erklären können, auch einfach ein Symbol für eine Qualität sein. Ein Pferd steht vielleicht für Freiheit oder Natur oder Kraft. Was genau mit einem Bild symbolisiert wird, können nur Sie selber wissen. Sie haben die Deutungshoheit über Ihre Träume und Ihre Ziele.

Zielbilder und Zauberwörter

Wie schaffen Sie es nun, Ihre bewussten Ziele in Ihrem Unbewussten zu verankern? Da wir wissen, dass unser Gehirn Informationen in Bildern und Geschichten speichert, machen wir uns am besten zunächst ein Bild von diesem Prozess.

(31) Übung: Ziel-Collage

Suchen Sie sich unter all den Zielen, die Sie notiert haben, die fünf aus, die Ihnen am wichtigsten sind. Welche Ziele stimmen Sie am enthusiastischsten? Erstellen Sie eine Reihenfolge der Wichtigkeit von eins bis fünf. Beschränken Sie sich ab jetzt auf die ersten drei. Lassen sich diese Ziele zu einer Vision kombinieren? Wenn Sie »massive Einkommensverbesserung«, »Urlaub am Strand« und »mehr Zeit für die Familie« als Ziele gewählt hätten, ginge das als Vision wohl mühelos. Haben Sie einerseits das große Bild vor sich und sehen Sie andererseits auch genau die Details, die Sie begeistern? Sehen Sie z. B. den Übergang vom Strand zum Wasser? Das Lachen Ihres Kindes beim Sandburgen bauen?

Doch wie ist das bei schwierigeren Ziel-Kombinationen und Wörtern wie »Freiheit«? In einem solchen Fall kann z. B »Google Bilder« zusätzliche Inspirationen für die Visualisierung liefern. Gehen Sie bei der Google-Suche direkt auf Bilder, geben Sie Ihren Begriff ein und Sie bekommen Tausende von Vorschlägen. Dann wird es wieder Zeit, Ihrer rechten Gehirnhälfte, die gemeinhin als für Kreativität zuständig gilt, die Arbeit zu überlassen. Sie haben drei Alternativen, sich ein Bild zu machen:

a) Sie besitzen viele Zeitschriften mit bunten Bildern. Blättern Sie diese mit dem Gedanken an Ihre Vision durch und reißen Sie die Abbildungen heraus, die Ihren Vorstellungen am nächsten kommen. Aus den Ausschnitten kleben Sie auf einem Papierbogen (DIN A3 oder größer) eine Collage.

b) Sie suchen im Internet nach Bildern. Sie können dann Bildschirmfotos machen und diese ausdrucken. Oder Sie gehen noch detailorientierter vor. Halten Sie (auf dem Mac zumindest) die Apfel/Command-Taste und die Shifttaste (die für Großbuchstaben) fest und zusätzlich oben die Ziffer 4. Es entsteht ein kleines Fadenkreuz auf dem Bildschirm, mit der rechten Maustaste können Sie daraus ein kleines Fenster entstehen lassen, in das der Ausschnitt passt, den Sie haben wollen. Dann lassen Sie die Maustaste los, das digitale Foto wird aufgenommen und auf Ihrem Bildschirm abgelegt. Ihre digitalen Bilder können Sie jetzt farbig ausdrucken und zu einer Collage verarbeiten. Sie können Ihre Bilder aber auch digital verwenden und zu einem Bild oder als Powerpoint- oder Keynote-Präsentation zusammenstellen. Eine solche Präsentation können Sie mit Ihrer Lieblingsmusik unterlegen. (Da Sie Ihr Werk ja nur selber betrachten, ist das lizenzfrei!)

c) Sie zeichnen oder malen Ihr Visionsbild selber. Bunt und egal wie künstlerisch anspruchsvoll. Zeichnen Sie, malen Sie sich Ihr Ziel oder Ihre Ziele aus. Das ist vor allem dann besser, wenn Sie keine Illustrierte haben und täglich schon lange genug vor dem Computer sitzen.

Ob Sie nun eine Collage geklebt, ein digitales Visionsbild gestaltet oder ein Bild gezeichnet oder gemalt haben: Sorgen Sie dafür, dass Sie Ihre Vision täglich sehen.

(32) Übung: Vom Sehnsuchtsbild zur konkreten beruflichen Bedeutung

Überlegen Sie, ob und wie Sie die drei wichtigsten Ziele alltagstauglich beruflich übersetzen können. So kann das Schloss in der Bretagne ja ganz konkret bedeuten, dass Sie es besitzen möchten, aber auch, dass Sie es besuchen und maximal ein paar Nächte dort verbringen wollen. Im ersten Fall wäre eine Geldsumme von mehreren Millionen fällig, im zweiten ein Beruf, der Ihnen genug frei verfügbares Einkommen ermöglicht, einen Urlaub dorthin zu bezahlen. Oder ermöglicht es Ihnen Ihr Beruf ohnehin, an einem derartigen Ort ausgeübt zu werden? Sich vielleicht als Koch oder Geschäftsführer dort zu verdingen? Ihr Sehnsuchtsbild bleibt in jedem Fall erhalten. Lassen Sie sich davon inspirieren. Notieren Sie Ihre Einfälle.

(33) Übung: Worte zum Happy End

Schauen Sie sich Ihr Visionsbild an. Fühlen Sie dessen Verwirklichung? Gehen Sie direkt in Ihr Bild hinein, so als wäre der Traum, der Wunsch, das Begehren schon jetzt erfüllt. So als würden Sie in einen 3-D-Film springen, der Ihre Wunschwirklichkeit darstellt – so lebendig wie möglich. Was sehen, hören, riechen, schmecken und fühlen Sie? Notieren Sie sich Ihre Sinneserlebnisse. Gibt es ein Wort dafür, das alles zusammenfasst, was Sie fühlen? Zum Beispiel »frisch« oder »inspiriert« oder »gelassen«? Notieren Sie sich dieses Wort. Schauen Sie nun auf die Wörter, die Sie für Ihr Sinneserlebnis gefunden haben. Wie oder was können Sie schon jetzt sein, tun oder haben, um dieses Wort zu erleben? Wenn es beispielsweise das Wort »frisch« war: Was bedeutet dieses Wort für Sie und wie können Sie es innerhalb der nächsten 24 Stunden verwirklichen? Ist gerade Sommer und der Baggersee nicht weit? Oder es ist Winter und Sie können die besonders frische Luft bei einem Waldspaziergang einatmen? Möchten Sie heute etwas besonders Frisches essen? Was könnte das sein?

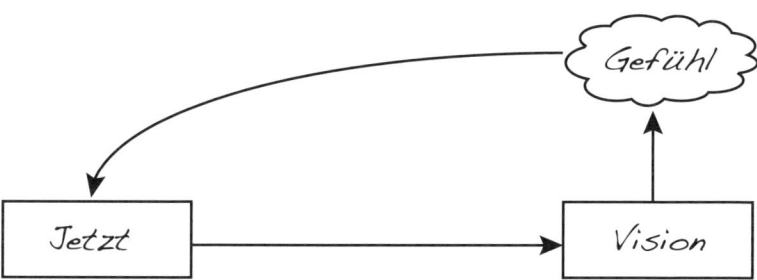

Abb. 3: Jetzt – Vision – Gefühl

(34) Übung: Genießen Sie Ihre neue Geschichte rundum

Das Verkörpern Ihrer Vision ist der Beginn Ihrer Transformation. Spüren Sie die positive Veränderung in Ihrem persönlichen Raum, füllen Sie Ihren Körper und Ihren Bannkreis damit auf. Verstärken Sie das Gefühl der Erfüllung noch mit Ihrem inneren »Lautstärkeregler«. Wählen Sie dafür eine kleine Geste, vielleicht eine Berührung von Daumen und kleinem Finger Ihrer rechten Hand, die sie im Alltag an diese guten Gefühle erinnern wird.

Sie haben Ihre Vision, Ihre eigenen Ziele, in diesem Sinne also schon erreicht, wenn Sie sich bereits jetzt so gut wie irgend möglich fühlen. Aufs »Grobe«, wie sich nämlich nicht nur Ihre Geschichte und damit Ihre Laune, sondern auch die Materie und Realität optimieren, kommen wir auf den nächsten Seiten. Schließlich soll diese Veränderung ja auch in die Welt kommen.

Warum, wie und womit Sie die Welt ändern

»Frage nicht, was dein Land für dich tun kann, sondern was du für dein Land tun kannst.«

John F. Kennedy

Fassen wir noch einmal kurz zusammen, wie weit Sie gekommen sind. Sie haben inzwischen Ihre offiziellen und inoffiziellen Geschichten kennengelernt, Ihre Gaben, Stärken und Talente und Ihre eigenen Ziele formuliert. Sie wissen, wie sich Ihre Vision mit allen fünf Sinnen anfühlt, und haben Worte für deren Qualität gefunden.

---

(35) Übung: Tipps und Ermutigung von Ihrem Zukunfts-Ich

Nehmen Sie sich Ihr Tagebuch oder öffnen Sie Ihre Computerdatei. Spüren Sie Ihren inneren und äußeren persönlichen Raum. Schauen Sie sich Ihr transformiertes Selbst, das schon alle Ziele, die Vison, erreicht hat, noch einmal genauer an.

Was haben Sie unternommen, um hier zu sein, inmitten dieser neuen Geschichte? Wen haben Sie um Unterstützung gebeten? Welche Qualitäten haben Sie nun? Was für Charakterzüge? Worin konnten Sie sich fortbilden? Fragen Sie in Ihrer Vorstellung Ihr zukünftiges Ich, wie es sich so entwickelt hat, wie es jetzt ist. Notieren Sie die Antworten. Wenn Sie sich selbst in die Welt Ihrer erfüllten Vision hineinversetzen und von dort auf Ihre heutige Situation blicken: Was denken Sie dann über Ihr aktuelles Problem? Wie beurteilen Sie Ihre ehemalige Einstellung, mit der Sie sich bisher das Leben schwer gemacht haben? Was könnte eine Lösung darstellen? Was würden Ihr Zukunfts-Ich zu Ihnen sagen? Gibt es anspornende Worte? Einsichten? Humor? Liebe?

Und nun fragen Sie sich selber: Was ist Ihr nächster Schritt, Ihre Vision wirklich zu erreichen? Was können Sie sofort und auf der Stelle dafür tun?

Mehr als Worte: Werte

>>Es gibt nichts Gutes, außer man tut es.<<

Erich Kästner

Verständlich, dass viele bei dem Wort »Werte« maximal an heiße Luft denken. An Neujahrsansprachen von manchen Bundespräsidenten, an nichtssagende Aussagen von Firmensprechern, an langweilige Reden bei Familienfeiern. Dabei ist ein Wert einfach nur das, was wichtig ist – Ihnen persönlich oder einer Gruppe, die sich, ausgesprochen oder nicht, darauf einigte. Ob Werte Bestand haben, zeigt sich daran, ob sie auch gelebt werden. Der Inhalt steht jedem frei – solange er nicht straf- oder zivilrechtlich relevant ist. Kennen Sie Ihre Werte? Werte sind nicht unbedingt Ziele. Sie dienen aber zur Orientierung auf dem Weg dorthin. Sie sind die Basis für Entscheidungen. Bewusst oder eben unbewusst. Mit den folgenden Übungen können Sie Ihre Werte in Ihr Bewusstsein holen und sich selbst besser kennenlernen, schneller entscheiden und leichter mit anderen reden. Sie lernen, Ihre Werte zu vermitteln. Womit wir schon beim Selbstmarketing sind.

Drei Wege, um seine Werte zu erfassen, möchte ich Ihnen hier vorstellen. Probieren Sie alle drei oder entscheiden Sie sich schon jetzt für die Variante, die Ihnen am ehesten entspricht.

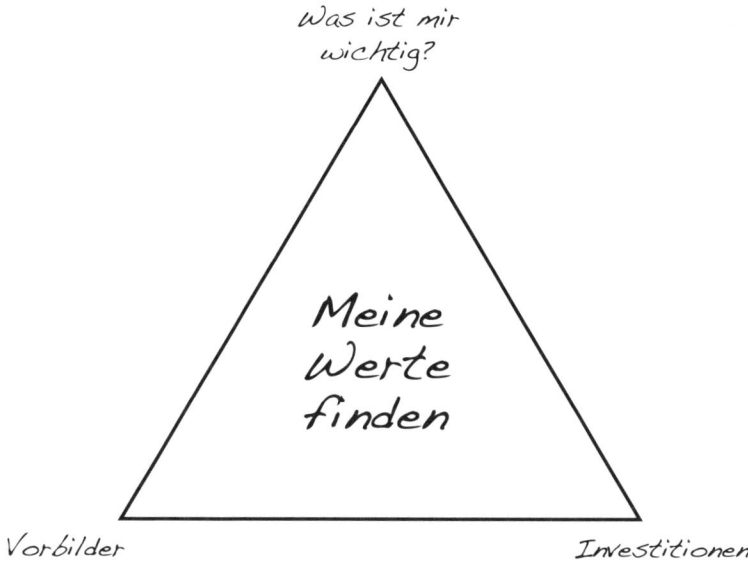

Abb. 4: Werte erkennen

(36) Übung: »Vorbilder, Helden und Heldinnen«

Nehmen Sie Ihr Tagebuch oder öffnen Sie Ihre Computerdatei und notieren Sie sich fünf Personen, egal ob noch lebend oder nicht, deren Leben Sie bewundern. Es können faszinierende Persönlichkeiten aus Ihrer Branche, aber auch Künstler und historische Gestalten sein oder Menschen, die Sie persönlich kennen. Geben Sie sich dafür zwei Minuten Zeit. Lassen Sie neben bzw. unter dem jeweiligen Namen ein paar Zeilen Raum für Notizen.

Nun notieren Sie zu jeder dieser Personen die Eigenschaften, die Sie an ihr wahrgenommen haben. Geben Sie sich dafür jeweils eine Minute Zeit. Sie brauchen also insgesamt fünf Minuten.

Für den zweiten Teil dieser Übung blättern Sie bitte in den Anhang zur Übung »Vorbilder, Helden und Heldinnen« und kehren Sie anschließend hierher zurück.

Sind Sie überrascht von dem Ergebnis? Beflügelt? Oder gar irritiert? Selbstverständlich können Sie bei so etwas Wichtigem wie Ihren Werten auch noch eine zweite Meinung einholen. *Ihre* zweite Meinung versteht sich, nur die zählt hier. Sie können auch einfach nur sicherheitshalber »doppelchecken«. Hier folgt also eine Alternative zur Ermittlung Ihrer Werte, die Sie mit Ihrer Mentorin, notfalls aber auch allein durchführen können.

(37) Übung: Das Werte-Kartenspiel

Sie brauchen Ihr Tagebuch oder Ihre Computerdatei und acht Karteikarten oder gleich große, unbeschriftete Zettel.

Gehen Sie, zunächst für sich allein, die folgende Liste durch. In einem zweiten Durchgang notieren Sie sich mindestens sechs und höchstens acht der folgenden Begriffe auf jeweils eine der vorbereiteten Karteikarten/Zettel. Wählen Sie die Wörter, die Ihnen am wichtigsten sind. Wenn Sie möchten, können Sie auch eigene Begriffe hinzufügen. Wenn Sie überzeugt sind, dass »Sportwagen fahren« oder »Marshmallows grillen« wichtige Werte darstellen, nutzen Sie Ihre Chance, das auszudrücken. Es findet keine Zensur statt. Im Regelfall reicht aber die folgende Auswahl. Und jedes der folgenden Wörter bedeutet jeweils genau das, was es für Sie bedeutet:

Abenteuer / Anerkennung / Balance / Bedeutung / Beharrlichkeit / Beständigkeit / Bildung / Direktheit / Dringlichkeit / Effektivität / Effizienz / Ehre / Ehrlichkeit / Einfachheit / Einfluss / Einigkeit / Entschlussfreudigkeit / Entwicklung / Ergebnisorientiertheit / Exzellenz / Familie / Fitness / Freiheit / Freundlichkeit / Führung / Gerechtigkeit / Gesundheit / Gewissenhaftigkeit / Glaube / Glück / Gründlichkeit / Härte / Harmonie / Hoffnung / Humor / Integrität / Intimität / Kameradschaft / Kompetenz / Konkurrenzfähigkeit / Konsens / Kontrolle / Kreativität / Leidenschaft / Leistung / Loyalität / Macht / Meisterschaft / Mitgefühl / Mut / Offenheit / Organisiert sein / Perfektion / Position / Präzision / Professionalität / Ruhe / Ruhm / Selbstkontrolle / Selbstidentität / Sicherheit / Sieg / Spiritualität / Stabilität / Status / Struktur / Teamwork / Toleranz / Tugend / Überlegenheit / Umwelt / Unabhängigkeit / Verantwortung / Vergebung / Vergnügen / Vertrauen / Vielfalt / Wahrheit / Weisheit / Weiterentwicklung / Wissen / Wohltätigkeit / Zugehörigkeit / Zusammenarbeit

Sie haben nun sechs bis acht Karteikarten bzw. Zettel mit ausgewählten Begriffen beschrieben? Legen Sie diese jetzt so herum zu einem Stapel, dass die Wörter der Tischplatte zugewandt sind, Sie also lediglich die neutrale Rückseite sehen. Dann wird es Zeit, Ihre Mentorin an den Tisch zu bitten und ihr Folgendes zu erklären: Sie hat jetzt den Kartenstapel seitlich auf dem Tisch und direkt vor sich eine freie Fläche, mindestens so breit wie die Karten und mindestens so lang, damit sechs oder acht Karten Kante an Kante übereinander nebeneinander liegen können. Sie sitzen Ihrer Mentorin nun direkt gegenüber. Sie wird jetzt die zwei obersten Karten aus dem Stapel nehmen und Ihnen die beschriebene Seite zeigen, am besten so, dass Ihre Mentorin selber das Wort nicht sieht. Jetzt fragt Ihre Mentorin Sie: »Was ist Ihnen wichtiger?« Sie zeigen spontan auf die Karte, auf der der für Sie wichtigere Wert steht. Ihre Mentorin legt jetzt beide Karten zurück auf den Tisch (an einen anderen Platz als die von Ihnen noch nicht geprüften Karten), nach wie vor mit der unbeschrifteten Rückseite nach oben. Die Ihnen wichtigere Karte liegt jetzt – wie in einer Hierarchie – oberhalb neben der etwas weniger wichtigen. Dann nimmt Ihre Mentorin die obere Karte in die linke Hand und mit der rechten eine neue aus dem Stapel und zeigt Ihnen diese beiden Karten gleichzeitig: »Was ist Ihnen wichtiger?« Es ist Ihre Entscheidung. Sie zeigen wieder auf den Wert, der Ihnen wichtiger ist. Trauen Sie Ihrem spontanen Gefühl und seien Sie ehrlich sich selbst gegenüber. Wenn die neue Karte wichtiger ist als die, die zuvor an oberster Stelle lag, legt Ihre Mentorin nun die Karte aus der rechten Hand zuoberst und die linke eine Stufe darunter. Ihre Mentorin kann nun mit der rechten Hand eine neue Karte aus dem Stapel greifen und sie wieder mit der linken Hand gegen die oberste testen.

Es kann natürlich auch sein, dass die oberste Karte die wichtigere bleibt. Dann wird Ihnen Ihre Mentorin die neue Karte also auch gegen die bislang unterste zur Prüfung entgegenhalten: »Was ist Ihnen wichtiger?« Ist die neue wichtiger als die bisher unterste, kommt sie an deren Platz und die bisher dort platzierte wird einen Platz darunter abgelegt. Gegen Ende hin wird Ihre Mentorin Sie eine dazu genommene Karte also gegen immer mehr andere Karten vergleichen lassen. Wenn alle Karten getestet sind, bevor Sie sie umdrehen, schreiben Sie bitte noch die Reihenfolge auf die Rückseite, auf die oberste also eine 1, auf die darunter liegende eine 2. Dann haben Sie das Recht, die Karten für sich allein umzudrehen und in Ruhe draufzuschauen. Die obersten fünf sind Ihre wichtigsten. Nun können Sie frei entscheiden, ob Ihre Mentorin auch einen Blick auf Ihr Innerstes werfen darf.

Die folgende Übung können Sie nutzen, Ihre innersten Werte mit den tatsächlich gelebten zu vergleichen. Da Werte im Grunde etwas ganz Simples sind, brauchen Sie nicht viel Brimborium zu machen. Die Art, wie Sie mit Ihrem Geld umgehen, zeigt Ihnen auf die simple Art, was Ihnen jetzt wie viel wert ist.

(38) Übung: Buchführung

Schauen Sie sich Ihren aktuellen Kontoauszug und Ihre Kreditkartenab-rechnung an. Wird daraus schon ersichtlich, wofür Sie das meiste Geld aus-geben? Das sind die Dinge, die Ihnen zurzeit viel wert sind. Falls Sie ohne-hin Barzahlung bevorzugen: Führen Sie die nächsten drei Tage Buch über Ihre Ausgaben. Wohin fließt Ihr Geld? Das – so nach der bodenständigsten Definition – sind Ihre derzeit gelebten Werte. Stimmen diese ggf. mit den in den vorigen beiden Übungen ermittelten Werten überein? Und wenn nicht: Wollen Sie daran etwas ändern?

Werte und weiter

Auf die eine oder andere Art haben Sie nun Ihre fünf wichtigsten Werte zusammen. Gelten die jetzt »für immer«? Nein. Die Wertehierar-chien ändern sich: Werte wandeln sich, nicht nur in der Gesellschaft, sondern auch für den Einzelnen. Doch für Ihre nächste Lebensphase sind Ihre selbst ausgesuchten Werte bestimmt wegweisend. Betrach-ten Sie sich Ihre Top 5 und überlegen Sie, welche davon sich besser in Ihrer Freizeit und welche in beruflichem Zusammenhang verwirkli-chen lassen. Auch das ist individuell verschieden und von Ihrem be-ruflichen Umfeld abhängig. Picken Sie sich also Ihre drei beruflich passenden heraus und merken sie sich. Sie können daraus später, wir kommen noch dazu, Ihre »Mission« formulieren. Jetzt brauchen wir erst einmal Beweise dafür, dass Sie Ihre Werte leben. Denn nicht oft werden Sie in einem Vorstellungsgespräch oder im Erstkontakt mit einem neuen Kunden sagen können: »Meine Werte sind Effektivi-tät, Produktivität und Wohltätigkeit.« Das klingt nach Politikerrede und, ungefragt zumindest, unangemessen. Verpacken Sie deshalb Ih-re Werte in wahre Geschichten.

(39) Übung: Wertvolle Situationen sammeln

Öffnen Sie Ihr Tagebuch oder Ihre Computerdatei. Schreiben Sie sich Ihre drei beruflich relevanten Werte auf und lassen Sie darunter Platz.

Nun fragen Sie sich:

A) *Wann, wo, warum und wie habe ich mich in meinem bisherigen Leben im Zweifelsfall für diesen Wert entschieden?*

Welche Geschichte bringe ich damit in Verbindung? Gibt es auch Geschichten aus meiner beruflichen Vergangenheit dazu?

Notieren Sie sich diese in Stichpunkten.

B) *Kenne ich jemanden aus meinem Umfeld oder darüber hinaus, der diesen Wert beispielhaft lebt? Falls Sie ihn über ein lebendes Vorbild ermittelten: Was genau brachte mich auf diesen Wert, steckt eine Geschichte dieser Person dahinter?*

Notieren Sie die Geschichte in Stichpunkten.

Geschichten, die Werte verdeutlichen, sind Teil Ihrer Schatzkiste. Wer weiß, wann Sie diese Storys in einem Gespräch, während einer Rede oder auch zur Selbstmotivation wieder gebrauchen können.

Erkenntnisse über das »Hochstapler-Syndrom«

Der Körperpsychotherapeut Jack Lee Rosenberg[32] geht von zwei menschlichen Urängsten aus. Zum einen gibt es die Angst vor Überflutung, zum anderen die Angst, verlassen zu werden. Während wir alle wissen, was Verlassenheit ist, ist der Begriff »Überflutung« ungewöhnlich. Er meint ein Überschreiten der Persönlichkeitsgrenze, ein Eindringen in den persönlichen Eigenraum, eine Vereinnahmung. Um diesen Raum ging es bei dem gleich folgenden Experiment.

Auf seine erfahrungsorientierte Art bat er den Klienten zunächst, seinen »Kreis« zu zeichnen und die Worte zu sagen: »Das ist mein Kreis und hier kann niemand herein, den ich nicht darum bitte.« Dann nahm er ein speziell besticktes Kissen und ging damit voran auf den Klienten zu, immer näher – Beobachter konnten schon sehen, dass der Klient blasser wurde –, über die Grenze hinaus in den inneren Kreis des Klienten. Wehrte sich der Klient oder ließ er es geschehen? Anschließend entfernte Jack sich quer durch den Raum und bat den Klienten, darauf zu achten, ab wann er sich unwohl fühlte. Wenn die Klienten nichts sagten, verließ er mitsamt Kissen den Raum. Bei seiner Rückkehr drehte er das Kissen um, auf der Rückseite war das Wort »Mutter« eingestickt.

Rosenberg ging davon aus, dass die Objekt-Beziehung des Klienten sich in erster Linie auf das Nähe-Distanz-Verhalten der ersten Bezugsperson zurückführen lässt. Das Kind entwickelt daraufhin automatisch Strategien, um sein Selbst vor den Ängsten zu schützen. War es für den Klienten schwieriger, wenn »Mutter« ging, oder litt er stumm, wenn sie ungebeten in seinen Kreis eindrang? Im ersten Fall war die Angst vor dem Verlassenwerden vorhanden und im zweiten Fall die Angst vor Überflutung. Was aber, wenn ein Mensch beide Ängste gleichzeitig hat? Das nannte Rosenberg »Verlassenheits-Überflutungs-Charakter-Stil«.

Was hat das nun mit Selbstmarketing-Blockaden zu tun? Sie können sich vorstellen, dass ein Mensch, der sich Sorgen darum macht, verlassen zu werden, sich lieber auch unter Wert verkauft und Ungerechtigkeiten in Kauf nimmt. Und dass ein Mensch, der ständig befürchten muss, überflutet zu werden, sich lieber aktiv zurückzieht, um seine Ruhe zu haben. Eine Person mit beiden Ängsten gleichzeitig hingegen winkt quasi mit einer Hand eine Person lockend zu sich und streckt die andere Handfläche dem Gegenüber wie ein Stoppsignal entgegen. Diese Widersprüchlichkeit kann nicht nur andere Menschen auf Dauer verrückt machen, sondern sie ist auch für die Person selbst anstrengend. Und genau in diesem Widerspruch lassen sich die Parallelen zu Selbstmarketing-Blockaden finden. Wir wissen um die Notwendigkeit von Selbstmarketing. Wir wollen es angehen, ob freiberuflich oder unternehmensintern oder auf dem Arbeitsmarkt, um mehr Erfolg (und damit Wachstum, mehr Geld und hoffentlich Glück) zu erreichen. Und kämpfen gleichzeitig derart gegen innere und äußere Widerstände, dass es für uns und andere, darunter Personalentscheider und mögliche Kunden, zur Quälerei wird. Zu den Eigenschaften des Verlassenheits-Überflutungs-Charakter-Stils zählen unter anderem das »automatische Nein«, eine gewisse Sturheit und die Neigung, sich selbst und andere wie Objekte zu behandeln. Mit speziellem Augenmerk auf das Hochstapler-Syndrom ist für uns eine Eigenschaft dieses Charakterstils besonders interessant: »das Hochlügen« bzw. »Runterlügen«.

»Hochlügen« werden Menschen mit Selbstmarketing-Blockade bezüglich ihrer Person, Leistungen und Erfolge kaum. »Runterlügen« ist aber ebenfalls eine Lüge und im Selbstmarketing sogar eine Sünde. Sich und seine Erfolge, Leistungen, Gaben und Stärken zu bescheiden darzustellen und vom Gegenüber zu erwarten, dass das Understatement dechiffriert wird, hat ernsthafte Folgen: Menschen, die das tun, haben weniger Freude und Befriedigung an eigenen Erfolgen, weniger Lebensgenuss. Sie lügen nicht weniger als der größte Aufschneider, nur in die andere Richtung, fühlen sich unwohl in der Kommunikation und das Schlimmste: Ihr Gegenüber wird die hehren Motive Ihrer selbstlosen Bescheidenheit weder erkennen noch würdigen, sondern oft lediglich spüren, dass sie lügen, und ihnen deshalb weniger vertrauen. »Sein Licht unter den Scheffel stellen« stammt aus der Bergpredigt Matthäus 5, 15. Ein Scheffel ist ein schaufelförmiges Messgerät für Getreide. »Man zündet auch nicht ein Licht an und setzt es unter einen Scheffel, sondern auf einen Leuchter; so leuchtet es allen, die im Hause sind.« Marianne Williamson trug diesen Gedanken in die Gegenwart:

> »Es ist nichts Erleuchtetes daran, sein Licht unter den Scheffel zu stellen, damit andere sich in deiner Gegenwart nicht unsicher fühlen. Wir sind alle dazu bestimmt, zu strahlen, wie Kinder es tun. Wir wurden geboren, um Gottes Glanz, der in uns ist, zu verwirklichen. Er ist nicht nur in einigen, er ist in uns allen. Und

wenn wir unser eigenes Licht erstrahlen lassen, geben wir anderen Menschen unbewusst die Erlaubnis, es uns gleichzutun. Wenn wir uns von unserer eigenen Angst befreien, wird unsere Präsenz automatisch andere befreien.« [33]

Verstanden? Selbst Gott gibt sein Okay zu Ihrem Selbstmarketing.

»Hochlügen« werden Sie – wenn Sie beide Ängste gleichzeitig verkörpern – wahrscheinlich zusätzlich, indem Sie sich in Ihrer Fantasie mögliche Folgen Ihrer Selbstmarketing-Aktivitäten als katastrophal aufbauschen. Sie könnten sich deswegen bremsen oder sogar eine reale »Katastrophe« als sich selbst erfüllende Prophezeiung heraufbeschwören. »Hochlügen« bedeutet auch dramatisieren. Jedes Abweichen von einem idealen Ergebnis wird als persönlicher Misserfolg erlitten und durch andauerndes selbstquälerisches Grübeln unverdaulich. Wenn vermeintliche Fehler als derart groß wahrgenommen werden, ist es schwer, aus ihnen zu lernen, flexibel zu bleiben und wieder aktiv zu werden. Selbstmarketing ist nicht mit einem Versuch getan, sondern ein fortlaufender Optimierungsprozess, der sich auch Veränderungen anpasst.

Schon das Erkennen des eigenen Charakterstils hilft, berufsalltags- und selbstmarketingtauglicher zu werde. Seien Sie also gnädig zu sich und achten Sie auf Ihre subtile und dramatische Art zu lügen.

(40) Übung: Realitäts-Check

Zeichnen Sie in Ihr Tagebuch oder Ihre Computerdatei zwei Spalten:

Über die linke Spalte schreiben Sie: Wie ich »runterlüge« und mich und meine Leistungen klein mache.

Über die rechte Spalte schreiben Sie: Wie ich »hochlüge« und Fehler und Widrigkeiten zu Katastrophen aufbausche.

Füllen Sie die Spalten mit Erinnerungen, gegenwärtigen Befindlichkeiten und negativen Gedanken und Gefühlen über die Zukunft. Zehn Minuten lang. Dann legen Sie die Unterlagen weg, machen einen mindestens 20-minütigen Spaziergang oder eine andere rekreative Tätigkeit Ihrer Wahl. Anregungen dazu finden Sie im Kapitel 4: »Rekreation«. Kommen Sie anschließend hierher zurück und schauen Sie sich an, was Sie geschrieben haben. Notieren Sie sich Ihre Eindrücke und Erkenntnisse.

Was heißt hier authentisch?

Authentizität stammt aus dem Griechischen und bedeutet »Echtheit im Sinne eines Verbürgten«. Schon damals wurde es auch im Sinne einer Autorenschaft und auch »der Absicht des Autors folgend« verwendet. Seitdem wurde dieser Begriff viel diskutiert, gerade in der zweiten Hälfte des letzten Jahrhunderts. Bedeutet »authentisch«, dass wir uns immer so darstellen müssen, wie wir uns fühlen? Dann wäre es in den meisten Fällen authentisch, morgens erst gar nicht aufzustehen, geschweige denn zu arbeiten oder Selbstmarketing zu betreiben. Auch würde so mancher Redner nicht die Bühne betreten, seinem Lampenfieber nachgeben, damit der Verdacht der »Inauthentizität« gar nicht erst aufkommt.

Um die Diskussion abzukürzen: In der Rhetorik wird Authentizität ganz offen als Inszenierung betrachtet, einerseits des Redners und andererseits des Textes. Der Text soll nicht als konstruiert zu erkennen sein und der Redner selbst, vor allem auf seine Redeabsicht bezogen, wirklich und glaubwürdig wirken. Das ist ein guter Hinweis für Ihr Selbstmarketing. Sind wir uns einig, dass Selbstmarketing mit

Selbstdarstellung verbunden ist? Schon dafür gibt es zwei grundverschiedene Herangehensweisen:

Der Sozialpsychologe Robert Arkin[34] unterscheidet zwischen akquisitiven und protektiven Selbstdarstellern. Akquisitive Selbstdarsteller möchten einen positiven Eindruck machen und Erfolg haben. Protektive Selbstdarsteller konzentrieren sich darauf, möglichst wenig Angriffsflächen zu bieten, sich zu schützen. Welchem dieser beiden Typen fällt das Selbstmarketing wohl leichter?

Die Forscher Laux und Renner[35] fügten zu den Erkenntnissen des Kollegen den Aspekt der jeweiligen Selbstüberwachung hinzu. Unter den Gedanken, die der akquisitiven Selbstbeobachtung zugeordnet werden, sind beispielsweise: »Sobald ich weiß, welches Verhalten eine bestimmte Situation erfordert, kann ich mich problemlos darauf einstellen«, sowie: »Ich kann mich ziemlich gut auf meine Intuition verlassen, wenn es darum geht, die Gefühle und Motive anderer zu verstehen«. Protektive Selbstüberwachung beinhaltet hingegen andere Gedanken, darunter: »Ich bin nicht immer die Person, die ich vorgebe zu sein«, und: »Ich versuche, die Reaktionen anderer auf mein Verhalten zu registrieren, damit ich mich nicht ins Abseits stelle«. Ganz schön traurig, was?

(41) Übung: Akquisitiv oder protektiv?
Nehmen Sie Ihr Tagebuch oder öffnen Sie Ihre Computerdatei: Erinnern Sie sich an Bewerbungssituationen. Wo war Ihre Aufmerksamkeit, als Sie zu Ihrer Person und Ihren Leistungen befragt wurden? Waren Sie akquisitiv aufmerksam und haben sich auf Ihr Gegenüber eingestellt? Oder waren Sie protektiv aufmerksam, mit sich beschäftigt und dachten vor allem daran, sich zu schützen? Was können Sie von akquisitiven Selbstdarstellern lernen? Was wäre, wenn überhaupt, der nächste Schritt?

Wer ist denn nun »authentischer«, der akquisitive oder der protektive Selbstdarsteller?

Jetzt der Gipfel für alle, die immer noch glauben, dass Sich-klein-Machen »authentischer« ist. Jens Asendorpf[36] schreibt:

>*Im Gegensatz zu Snyders Annahme, dass Selbstüberwachung negativ mit der Neigung zu Authentizität einhergehen soll, zeigten Laux und Renner (2002), dass beide Subskalen der akquisitiven Selbstüberwachungsskala positiv mit dem Bedürfnis nach authentischer Selbstdarstellung korrelieren. Nur die beiden Subskalen der protektiven Selbstüberwachungsskala waren negativ mit Authentizität assoziiert.*«

Von authentischer Selbstdarstellung als Kategorie für sich ist also in der Wissenschaft keine Rede. Selbst die authentische Selbstenthüllung z. B. in Therapiegruppen wird nicht als authentische Selbstdarstellung bezeichnet!

Selbstüberschätzung ist die Norm

Im Durchschnitt scheint bei Erwachsenen übrigens eine mäßige Selbstüberschätzung die Regel zu sein, sie wird sogar als gesund betrachtet.[37] Lediglich sozial ängstliche Menschen und Depressive unterschätzen sich, werten sich quasi selber ab. Sozial Ängstliche halten sich z. B. ihre soziale Kompetenz betreffend für unfähiger, als es objektive Beobachter bestätigen können. Warum sind Menschen mit einem niedrigen Selbstwertgefühl nun nicht daran interessiert, dieses zu erhöhen? Weil sie bezweifeln, dass ein höheres Selbstwertgefühl der Realität standhalten würde.[38]

Das ist ein Teufelskreis, eine Spirale abwärts, denn wissen wir inzwischen nicht schon, dass das vermutete Urteil durch andere nur eine Projektion unseres eigenen Selbstwerts ist? Dass wir uns diese vermeintliche Realität selber schaffen? Ihnen gehen also langsam die Argumente aus, so lange mit Ihrem Selbstmarketing zu warten, bis

Sie mit Ihrer Selbstfindung so weit sind, Ihr Selbst »authentisch« darstellen zu können? Gut.

Vergessen Sie sich, erfinden Sie sich

> »Sei, was du scheinen willst.«
>
> *Sokrates*

Wir alle spielen Theater, schrieb der Soziologe Goffman[39]. Er erforschte, wie sich Menschen von Angesicht zu Angesicht begegnen: als Rollenträger nämlich, indem sie jeweils verschiedene Rollen einnehmen und gemeinsam ein Ensemble bilden, das ein bestimmtes Stück aufführt. Alle Beteiligten sind darum bemüht, nicht aus der Rolle zu fallen, um die Inszenierung aufrechtzuerhalten. Als Hilfsmittel für den Eindruck, den die Darsteller hinterlassen möchten, sind neben Kostüm und Make-up vor allem Gestik, Mimik und Sprache im Einsatz. Auch Sie spielen bei einem Friseurbesuch eine andere Rolle als bei einem Kundenbesuch, einer Familienfeier oder einem Klassentreffen. Wie können Sie dieses Wissen bewusst einsetzen und für Ihr Selbstmarketing eine überzeugende Rolle finden?

Jonathan Cheek[40], Persönlichkeitspsychologe, empfiehlt Schüchternen, sich als »ihr bestes Selbst« vorzustellen. Was halten Sie davon, diesen Teil Ihres Selbst als Ihre Selbstmarketing-Persona, kurz: Persona, zu bezeichnen? Nur bis zum übernächsten Kapitel. Dazu entwickeln Sie »Ihr bestes Selbst«, eine Figur, die vor allem einer Rollenanforderung genügt: Es muss Ihnen Spaß machen, Freude und Lust, diese Persona darzustellen. Dann erst brauchen Sie sich überhaupt damit zu beschäftigen, ob dieser Teil Ihrer selbst zu dem passt, was Sie mit Ihrer beruflichen Rolle verkörpern wollen. Es gibt glücklicherweise gleich mehrere Möglichkeiten, Ihr bestes Selbst, diese entzückende Persona, kennenzulernen.

(42) Übung: Ihr bestes Selbst

Sie erinnern sich noch an Ihre Ziele? Schauen Sie auf Ihre Visionscollage, springen Sie quasi in das Bild hinein und beantworten Sie in Ihrem Tagebuch oder in Ihrer Computerdatei die folgenden Fragen: Wie fühlen Sie sich, als Sie die Vision verwirklichten? Wie haben Sie sich bis dahin zu einer Person entwickelt, die diese Ziele entspannt erreicht haben wird? Welche Charaktereigenschaften konnten Sie stärken? Welche hemmenden Charakterzüge konnten Sie transformieren? Wie sehen Sie aus? Welche Kleidung tragen Sie? Was haben Sie an Erfahrungen und an zusätzlichem Wissen erworben? Fühlen Sie, wie mutig Sie so sind: Das ist Ihr bestes Selbst. Geben Sie dieser Person jetzt einen Namen, ruhig einen bezeichnenden Spitznamen – zum Beispiel: Charmanter Triumphator, Mutige Monika, Aparte Aphrodite, Josefina da Vinci, Gregor Grant. Was Ihnen spontan einfällt.

Rufen Sie diese Persona herbei, vergegenwärtigen Sie sie sich, wenn Sie an Ihrem Selbstmarketing arbeiten oder vor und während eines Vorstellungsgesprächs. Sie können jederzeit Ihr bestes Selbst sein. Die amerikanische Sozialpsychologin Amy Cuddy[41], nicht gerade der Typ, der leichtfertig grobe Erfolgssprüche propagiert, wandelte den Satz »Fake it, til you make it« (Tue so als ob, bis es gelingt) in das für sensible Menschen leichter verdauliche »Feel it, til you make it« (Fühle es, bis es gelingt). Ihre eigene Transformation ist der beste Beweis dafür.

(43) Übung: Ihre Persona springt aus Ihrem blinden Fleck

Treffen Sie sich mit Ihrer Mentorin. Vereinbaren Sie offene Kommunikation: Alles kann gesagt werden. Nichts wird persönlich beleidigend wahrgenommen, denn dahinter steht die positive Absicht, Sie für Ihre spezielle Zukunft zu stärken. Erzählen Sie über Ihre Ziele. Entwickeln Sie gemeinsam die Welt, in der Sie diese Ziele erreicht haben. Ein bisschen Übermut tut auch hier gut. Was würden Sie essen? Wie verbringen Sie Ihre Freizeit? Und nicht zuletzt: Was würden Sie wie beruflich tun?

Bitten Sie nun Ihre Mentorin, Ihnen zu sagen, wen sie in Ihnen sieht, jetzt, wo Sie so begeistert sind. Welche Person steckt da in Ihrem Strahlen? Das kann eine Berühmtheit sein, auch eine schon verstorbene, eine Person aus dem wirklichen Leben, auch ein Schauspieler oder eine Sängerin oder ein Sportler. Lassen Sie Ihrer Mentorin zwei Minuten Zeit dafür, während Sie weiter über die genussvollen und für andere Menschen lebensverändernden Details in Ihrer Zukunft reden. Dann formuliert Ihre Mentorin die Eindrücke und Ideen zu Ihrer Persona und spricht vielleicht sogar Namen aus. Sie hören mit offenem Geist zu und sagen Danke. Welcher Name, welche andere Persona verursacht Ihnen positive Gänsehaut, beflügelt Sie am meisten?

Geben Sie Ihrer Mentorin Rückmeldung zu den Vorschlägen. Welcher Vorschlag gefiel Ihnen am besten? Oder war darunter eine Person, die Sie gar nicht kennen? So war Frieda von Richthofen eine kreative Frau, die ihrer Zeit voraus war. Diana Vreeland eine geistreiche Chefredakteurin, Abraham Lincoln ein amerikanischer Präsident, der noch heute für Integrität steht. Die Persona muss keineswegs in derselben Branche arbeiten wie Sie. Wenn Ihre Mentorin nun meint, dass ausgerechnet diese die passende Persona für Ihr Strahlen ist, lassen Sie sich Näheres über sie erzählen. Sie können sich natürlich auch selber in diese Persona einlesen.

Mit welcher der beiden Übungen haben Sie ein befriedigenderes Ergebnis erzielt? Notieren Sie den Namen Ihres besten Selbst/Ihrer Persona und entwickeln Sie für sich einen Persona-Kult. Je nachdem, wie er oder sie sich kleidet, ob bürotauglich oder lediglich für den privaten Rahmen geeignet: Suchen Sie sich ein Kleidungsstück, das *Persona* gefallen würde, vielleicht auch ein Make-up, Parfum oder Aftershave nach ihrem Geschmack.

Marion findet ihre Selbstmarketing-Persona

Marion, 43, zwei Kinder, ist eine exzellente Programmiererin und möchte sich auf eine höhere Position in einem anderen Unternehmen bewerben. Dabei ist sie, von ihren bisherigen Erfahrungen frustriert, alles andere als entspannt und geht außerdem davon aus, dass Männer sowieso bevorzugt werden. Ihr Ziel ist es, ein eigenes IT-Team zu führen, das auch innerhalb des Unternehmens respektvoll behandelt wird. Als Marion in der Übung »Ihre Persona springt aus Ihrem blinden Fleck« ihrer Mentorin die Zukunft beschreibt, wundert sie sich selbst: Sie spricht zwar nach wie vor über Detailgenauigkeit und Spitzenleistung, aber auch über Farben, Entspanntsein und Reisen: »Nach Indien, Bali und … «

»Megha Mittal«, unterbricht ihre Mentorin. »Wie bitte?«, fragt Marion. »Das ist eine indische Geschäftsfrau.« Gemeinsam suchen sie nach Informationen über die aus einer reichen indischen Familie stammende Lady. Sie finden auch ein Bild von ihr. Marion findet sie sympathisch, und sie kann sich durchaus vorstellen, einen Sari zu tragen. Ihre Persona bringt die weiblich-entspannten, würdevollen und harmonisierenden Aspekte in Marion hervor, die sich gut mit ihrer Leistungsfähigkeit, Disziplin und Durchsetzungsfähigkeit kombinieren lassen. Marion beschäftigt sich in ihrer Vorstellung weiter mit ihrer neuen Freundin, ihrer Persona. Wie ist sie? Wie isst sie? Wie teilt sich die Erfolgsfrau ihren Arbeitstag ein? Für ihre Vorstellungsgespräche wählt Marion zwar keinen Sari, aber zu einem Hosenanzug ein Seidentuch, das sie an ihre besten Eigenschaften erinnert. Sie findet schon nach dem dritten Vorstellungsgespräch eine Stelle als IT-Abteilungsleiterin in einem mittelgroßen Unternehmen, das ihr weitere Gestaltungsmöglichkeiten einräumt.

Sie haben nun Ihre Geschichten gesammelt, die Essenz aus den offiziellen und inoffiziellen Geschichten für sich herausgefiltert, Ihre Stärken und Schwächen, Ihre Gaben, Talente und Erfahrungen definiert. Sie wissen jetzt um Ihre Ziele, speziell auch um Ihre beruflichen Ziele. Sie haben sogar eine Persona definiert, mit der Sie Spaß haben und die Sie in der Öffentlichkeit verkörpern können. Gehen Sie jetzt als Ihre Persona einkaufen. Schließlich ist sie Ihr bestes Selbst und will entsprechend gut und passend angezogen sein. Tun Sie es ihr zuliebe.

Versetzen Sie sich in Ihren *passenden* Kunden

Als schüchterne Person, zumindest Selbstmarketing-blockierter Mensch, haben Sie vermutlich schon viel zu viel über sich nachgedacht. Ab jetzt wird in Ihrem Kopf maximal Platz für Ihre Bedürfnisse, Ziele und Strategien sein. Der restliche Raum ist reserviert für die Menschen, die Ihnen am Herzen liegen, und Ihre *passenden* Kollegen und Kunden. Das sind die, die Ihnen durch ihre Aufmerksamkeit, ihre Zusammenarbeit und ihr Geld helfen können, dass Sie Ihre Ziele erreichen.

Der soziale Faktor: Was wäre, wenn Sie ein Angebot für Menschen hätten, die wirklich nicht zahlen können? Dann wäre der Kunde, der genau zu Ihnen passt, eine staatliche oder nicht staatliche Organisation, die sich dieser Personen annimmt. Oder: Sie überlegen noch einmal, ob und wie Sie Ihr Angebot wirtschaftlich stärkeren Personen anbieten können, die quasi Ihre Arbeit für die wirtschaftlich schwächeren »querfinanzieren«. Das geht Ihrer Meinung nach auch nicht? Wenn Ihre Begeisterung groß genug ist, werden Sie Wege finden, mit einem Ihrer anderen Talente oder Fähigkeiten so viel Geld zu verdienen, dass Sie diesen Menschen mit Geld und Tat, direkt oder indirekt helfen können. Es wäre für Sie die beste aller Motivationen.

Sie haben ja bereits die Übung gemacht, in der es darum ging herauszufinden, für welche Menschen Sie mit Ihren Stärken, Talenten und Erfahrungen am nützlichsten sein können und wollen. Frischen Sie hier Ihr Gedächtnis auf.

(44) Übung: Ihre Motivation auf einen Blick

Beantworten Sie die folgenden Fragen:

➤ Was ist Ihr »großes Warum?«

➤ Wobei wollen und können Sie andere auf Ihre einzigartige Weise unterstützen?

➤ Was ist Ihre spezielle Perspektive, die Sie für diesen Personenkreis unersetzlich macht?

Ihr einzigartiger Kunde

Ob Sie nun fest angestellt an einen Vorgesetzten berichten oder im Team mit Gleichberechtigten arbeiten: Diese Kolleginnen und Kollegen dürfen Sie ebenfalls als Ihre Kundinnen und Kunden betrachten. Das vielleicht überzeugendste Argument, das für diese Sichtweise spricht: Selbst wenn Sie einen »sicheren« Arbeitsvertrag haben, kann es im Rahmen einer Umstrukturierung passieren, dass Sie sich erneut für Ihre Stelle bewerben müssen. Oder Sie möchten sich freiwillig in einer anderen Organisation vorstellen. Je deutlicher Sie sich auch als Rädchen in einem größeren Getriebe wahrnehmen, desto klarer und effektiver können Sie kommunizieren. Sie müssen nicht zeigen, aus welchem Edelstahl Sie sind und wie viele Zacken Sie haben, sondern Sie können in Ihrem Unternehmen deutlich machen, wie die anderen Rädchen Ihrer Person geschliffen sind und in welche Richtung diese drehen müssen, können und wollen. Wenn Sie sich als Freiberufler oder Unternehmerin Ihre Kunden selbst aussuchen möchten, geht ohnehin kein Weg daran vorbei, sich diese genau vorzustellen. Investieren Sie in das Kennenlernen der Bedürfnisse, Motive und Ziele Ihrer Kolleginnen und Kunden also nicht weniger Zeit und Vorstellungskraft als in Ihre eigenen.

Wer ist überhaupt Kunde?

Es kann sein, dass Sie einen anderen Kunden haben, als Sie zunächst dachten: Ein noch unbekannter Schauspieler, der für das Fernsehen arbeiten möchte, hat wenig Möglichkeiten, sich direkt an ein zahlendes TV-Publikum zu wenden. Auch Regisseure oder Regisseurinnen werden kaum Zeit für ein Gespräch mit ihm finden. Also wird sein erster Klient, wenn er bereits einen Agenten oder eine Agentin hat, ein Casting-Director sein. Was weiß er über Personen dieser Berufsgruppe? Dass sie meist Frauen sind, unter Zeitdruck stehen, offen für Neuentdeckungen und mindestens genauso daran interessiert, ihre eigene Auftragslage nicht zu gefährden. Z. B. dadurch, dass sich das Jungtalent bei der Arbeit als teamsprengender Flop entpuppt.

Wenn Sie mit jahrzehntelanger Berufserfahrung als Abteilungsleiterin in der Verwaltung eine neue Stelle suchen, wird der erste Kunde oft nicht der neue Vorgesetzte, sondern ein Personalchef sein. Was macht Menschen aus, die in dieser Funktion arbeiten? Wie können Sie diesen Personen vorab näherkommen und sich ein Bild von ihnen machen?

Ganz deutlich wird der Vorteil, sich den »passenden Kunden« vorzustellen bei Freiberuflern und Unternehmern. Hier spricht man von Zielgruppe oder einer »Nische«, doch je konkreter Sie diese Zielgruppe kennen, desto effektiver werden Sie. Wenn Sie den Markt per Einzelinterviews untersuchen wollen, umso besser. Die folgenden Übungen sind die Vorbereitung dafür.

Zahlen, Daten, Fakten zu Ihrem Kunden-Avatar

Ein Avatar ist eine künstliche Person, ein Stellvertreter in der Welt der Fantasie. Mit diesem Modell arbeite ich. Lassen Sie sich darauf ein und gestalten Sie mit meiner Hilfe einen Avatar, eine beispielhafte Kunstfigur, ein Modell für Ihren passenden Kunden. Das finden Sie nicht sehr individuell? Da haben Sie recht. Wir konstruieren ein Klischee, aber wir sind uns dessen bewusst. Selbstverständlich schauen Sie im wahren Leben später einzigartigen Persönlichkeiten in die Augen. Umso besser sind Sie mit den folgenden Übungen darauf vorbereitet, die individuelle Besonderheiten dieser Menschen zu erkennen. Wir beginnen ganz sachlich.

(45) Übung: Reine Daten

Recherchieren Sie in Ihrer realen Umgebung und im Internet, was die Kundengruppe bewegt, die Sie ansprechen möchten. Wenn Sie auf XING- oder LinkedIn-Profilen nachschauen, optimieren Sie vorab Ihr eigenes Profil, denn Sie können davon ausgehen, dass Ihr Besuch nicht unbemerkt bleibt. Beschränken Sie Ihre Internetsuche auf konzentrierte 50 Minuten.

Dann setzen Sie sich aufrecht hin, spüren Ihren persönlichen Bannkreis und stellen sich Ihren passendsten Kunden vor. Es ist derjenige oder diejenige, für den oder die Sie einerseits durch Ihre Stärken, Erfahrungen und Talente am meisten Mehrwert schaffen können – der Ihre Leistungen braucht, sie auch will und dafür auch bezahlen kann. Wie alt ist er oder sie? Wie lange ist er im Unternehmen, im Job? Was hat er oder sie vorher gemacht? Welche Ausbildung hat er? Wo war er vorher tätig? Gab es einen Berufswechsel? Was sind seine Aufgaben? Wie sieht die Unternehmenskultur aus? Wie hoch ist das Einkommen? Welchen Gruppen fühlt sich die Person zugehörig? Vielleicht gibt er oder sie Ihnen die Antworten (in Ihrer Imagination) selber. Vielleicht denken Sie sich die Antworten, informiert wie Sie sind, aber auch einfach aus. Notieren Sie Ihre Einsichten.

Das Psychogramm Ihres Kunden-Avatars

Wie ist Ihr passender Kunde »gestrickt«? Um das Verhalten Ihres passenden Kunden schon im Vorfeld besser kennenzulernen, haben sich die Verhaltensdimensionen *dominant, initiativ, stetig* und *gewissenhaft* als hilfreich erwiesen. Im Modell der Abbildung 5 unterscheiden sich Menschen, zumindest grob, durch diese vier verschiedenen Grundverhaltensdimensionen. Es ist jedem Menschen natürlich möglich, über eine Mischung der vier Verhaltensdimensionen (in jeweils unterschiedlicher Gewichtung) zu verfügen.

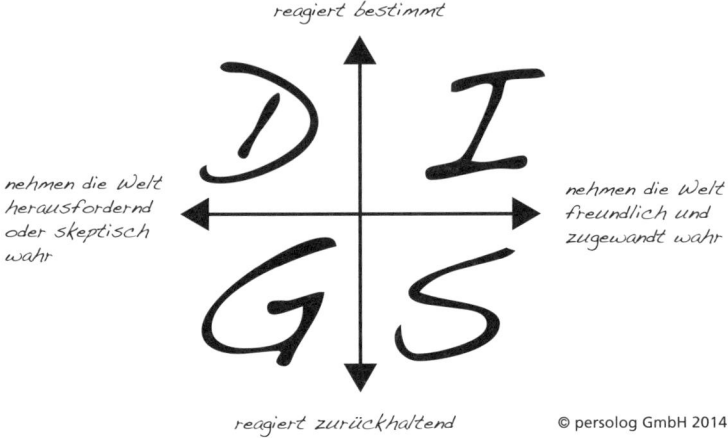

Abb. 5: Illustration DISG: Quadrantenmodell

Oben links steht das D für *dominant*. Es beschreibt Menschen, die bestimmt auftreten und reagieren und die Welt zuerst einmal herausfordernd wahrnehmen. Der Charakter des dominanten Dieter bzw. einer dominanten Dolly ist: selbstsicher, herausfordernd, energisch, mutig, direkt, leistungs- und wettbewerbsorientiert.

Oben rechts das I steht für *initiativ*. Es beschreibt Menschen, die bestimmt und wirkungsvoll auftreten und reagieren und die Welt freundlich zugewandt wahrnehmen. Der Charakter des initiativen Ingo bzw. der initiativen Inga ist: begeistert, gesprächig, kontaktfreudig, inspirierend, ideenreich und gesellig.

Unten rechts das S steht für *stetig*. Es beschreibt Menschen, die zurückhaltend reagieren und die Welt freundlich zugewandt wahrnehmen. Der Charakter des stetigen Stefan bzw. der stetigen Stefanie ist: loyal, stabil, aufmerksam, rücksichtsvoll, harmoniestrebend, organisiert, freundlich und ausgleichend. © persolog GmbH, 2014

Unten links das G steht für *gewissenhaft*. Es beschreibt Menschen, die zurückhaltend reagieren und die Welt herausfordernd und skeptisch wahrnehmen. Der Charakter des gewissenhaften Gabriel bzw. der gewissenhaften Gabriela ist: logisch, gründlich, reserviert, diplomatisch, akkurat, vorsichtig, friedliebend und prinzipientreu.

Bei einer Casting-Direktorin im Fernsehgeschäft könnte es sich um eine initiative Inga handeln. Sie wird ein Gespür für Trends haben, wissen, welche Typen gerade gefragt sind und in Zukunft gefragt sein können. Sie wird den schüchternen Jungschauspieler durch Gespräche aus der Reserve locken können, sich einen ästhetischen Eindruck von ihm machen, natürlich auch die bisherigen Arbeiten auf Video anschauen und gedanklich in ihrem Netzwerk gleich nach möglichen Verbindungen suchen, die passen könnten.

Beim Personalchef eines mittelgroßen Unternehmens könnte es sich um einen dominanten Dieter handeln, in dessen Kopf ganz sachlich geordnet wird, wo Sie in der Rangordnung der bisherigen Bewerberinnen und Bewerber stehen, und der sich die Frage stellt, ob Sie der Firma zum erhofften Wettbewerbsvorteil verhelfen können. Stellen Sie sich darauf ein, seien Sie vorbereitet.

Ich habe für mich erkannt, dass mein bevorzugtes Klientenprofil der gewissenhafte Gabriel bzw. die gewissenhafte Gabriela ist. Das sind meist Wissenschaftler, die sehr methodisch denken, in einem Alter, in dem sie sich für Führungsaufgaben qualifizieren müssten und sich für diese Aufgaben die Kommunikation erleichtern wollen. Da Gabriel und Gabriela selber kaum auf den Gedanken kommen, privates Geld für eine Kommunikationsberaterin auszugeben bzw. das Wissen um die Existenz eines derartigen Berufsbilds nicht zu dem zählt, das sie unmittelbar bearbeiten müssen, sind meine Ansprechpartner in größeren Unternehmen die Personalentwickler. Diese sind vom Typ her tendenziell oft ein stetiger Stefan oder eine stetige Stefanie und verfolgen neben den wirtschaftlichen auch die kulturellen und menschlichen Interessen des Unternehmens. Manchmal ist mein Ansprechpartner auch ein dominanter Dieter oder eine dominante Dolly, die wiederum das Wissen und die Integrität der gewissenhaften Kollegin, mit der ich arbeiten möchte, schätzen und sie mehr in die Führung einbinden wollen. Warum würde ein dominanter Dieter oder eine dominante Dolly sich für meine Dienstleistung entscheiden? Weil sie das Unternehmen wettbewerbsfähiger macht und es unkomplizierter ist, bestehendes Potenzial zu fördern, als das Risiko einzugehen, sich von außen jemand noch Unbekannten einzukaufen.

(46) Übung: Quadrantenmodell

Schauen Sie sich die vier Felder in Abbildung 5 an. In welchem dieser Felder ist Ihr passender Kunde oder Ihre passende Kundin angesiedelt? Was bedeutet das für Ihre Kommunikation? Wollen Sie einem dominanten Dieter Ihre Wettbewerbsfähigkeit beweisen bzw. seine Unterstützung bei seinem Sieg über die Konkurrenz gewinnen? Wollen Sie einem initiativen Ingo zeigen, was für ein gutes Gespür Sie für Trends, andere Menschen und Kommunikation haben? Oder geht es für Sie darum, einer stetigen Stefanie zu vermitteln, dass Sie es gut meinen und Ihr Handwerk beherrschen? Oder ist es eher zielführend, wenn Sie einer gewissenhaften Gabriela beweisen, dass Ihre Methoden hieb- und stichfest sind und wirkungsvoll greifen?

Dem Avatar aufs Maul schauen

Sie können davon ausgehen, dass Ihr passender Kunde – und ich meine damit auch die Kolleginnen und Kollegen in Ihrem Unternehmen – auf die eine oder andere Art in einer Notsituation ist. Sonst bräuchte er Ihre Leistung nicht. Er oder sie hat ein Problem und erhofft sich durch Sie eine Lösung. Je genauer Sie dieses Problem kennen, desto besser können Sie schon vorab entscheiden, ob Sie überhaupt die richtige Person für diese Aufgabe sind – und ob und wie Sie zu einer Lösung beitragen könnten. Wenn Sie in seinen oder ihren Kopf gucken könnten, was für Ängste und Hoffnungen könnten Sie finden?

Hier ein paar Beispiele:

»Wenn ich bis Monatsende nicht mindestens drei neue Kunden kriege, muss ich eine Hypothek auf unser Haus aufnehmen.«

»Wenn der Flughafen nicht bis 2017 fertig ist, ist meine Reputation gefährdet.«

»Mir passt keine Hose mehr!«

»Warum fällt mir nix Kreatives mehr ein? Was ist los mit mir?«

»Ich hab's satt, hier den Kaffee zu kochen, während der Heini aus dem Vertrieb groß rumschwallt.«

»Warum will sich keine Frau ein zweites Mal mit mir verabreden?«

»Muss ich eine Kur machen oder reicht ein Wochenende?«

Um Ihren Kunden-Avatar richtig kennenzulernen, brauchen Sie nicht Gedanken zu lesen, sondern sich lediglich empathisch in ihn hineinzuversetzen. Je emotionaler und umgangssprachlicher die Worte sind, die Sie für ihn oder sie finden, desto besser. Diese Sätze sind Gold wert. Sie werden Ihren Avatar nicht nur besser verstehen, Ihre Kundinnen und Kunden werden sich später auch besser verstanden fühlen.

(47) Übung: Den Gedanken des passenden Kunden lauschen

Gähnen Sie, dehnen und strecken Sie sich für eine Minute. Nun setzen oder legen Sie sich hin und stellen sich vor, Ihr Kunden-Avatar wird um drei Uhr nachts wach, weil er wegen seines Problems nicht durchschlafen kann. Was für Gedanken gehen ihm bezüglich des wichtigsten Problems durch den Kopf, während er in Richtung Zimmerdecke starrt? Hören Sie genau hin. Fühlen Sie hin. Notieren Sie sich diese Sätze. Sie wissen jetzt genauer, wie sehr und für was Ihre Leistung gebraucht wird.

Sie halten Ihre eigenen Leistungen für zu prosaisch, als dass sich jemand darüber nachts Gedanken machen würde? Auch z. B. für einen

Koch oder Restaurantbesitzer gibt es einen Avatar, der sich überlegt, ob und wo er eine Familienfeier oder ein Firmenfest ausrichten sollte. Oder ein Treffen für eine heimliche romantische Verabredung. Ein anderer Avatar, der passende Kunde für einen Organisationsberater oder Interimsmanager, ist enorm überlastet, kann aber nicht delegieren. Was könnte durch seinen Kopf gehen? Immer noch keine empathischen Gedanken, die in Ihnen entstehen? Kein Problem. Lassen Sie los. Unternehmen Sie was Schönes. Sie haben schon genug getan, vielleicht sagt Ihnen die nächste Übung wieder mehr zu. Gehen Sie zu Kapitel 4: »Rekreation«, dort finden Sie Anregungen fürs Nichtstun. Kommen Sie dann zurück. Sie verpassen sonst wirklich was.

Springen Sie aus Ihrer Egozentrizität: Archetypen

>»I really wanna be with you, cause you just my type.«
>
> *Rihanna*

Ihre Vorstellungskraft ist nach wie vor gefragt. Mit Ihrer Persona, dem Dieter, der Iris, dem Stefan, der Gabriela und einem Avatar ist es nicht getan. Carl Gustav Jung, geistiger Vater aller Introvertierten, hat uns ein weiteres Konzept geschenkt: die Archetypen[42], die uns einen Zugang zum Unbewussten gewähren. Mit Archetyp (griechisch: Urbild) bezeichnete C. G. Jung die im kollektiven Unbewussten angesiedelten Urbilder menschlicher Vorstellungsmuster. Archetypen beeinflussen und strukturieren nach Jung das Bewusstsein aller Menschen gleichermaßen.

In seiner Lehre erwähnt er u. a. die Archetypen des Schatten, den des Weisen oder der Weisen und nicht zuletzt den Archetyp der Anima und des Animus, die Verkörperung des gegengeschlechtlichen Anteils, den jeder Mensch in sich trägt. Theatermacher, besonders deutlich in der Commedia dell'Arte, haben dieses Konzept auf ihre

Art schon lange vor Jung verwendet. Sie verwenden Charaktere, die einen leicht wiedererkennbaren Klischeecharakter haben: das süße Mädchen, die komische Alte, der Diener oder der Trickser, ob er nun Arlecchino, Till Eulenspiegel oder Mephisto heißt. Archetypen werden auf der ganzen Welt verstanden.

Gibt es eine wissenschaftlich anerkannte Liste der Archetypen? Nein. Doch es gibt Psychologen und Marketingexperten, die sich dazu explizit Gedanken gemacht haben. Zu den interessantesten zählen Margaret Mark und Carol S. Pearson. Sie unterscheiden insgesamt zwölf Archetypen (siehe Abbildung 6) zur Markenbildung.[43] Warum sollte das überhaupt für Sie interessant sein? Es ist nicht allein die Tatsache, dass es auch »menschliche Marken« gibt und wir gerade im beruflichen Bereich an unserer Markenbildung bewusst arbeiten müssen. Denn das kann in manchen Situationen den Unterschied machen zwischen dem »Hansel« und einem »Hans, der's kann«. Doch dieser Aspekt ist an dieser Stelle nahezu Nebensache. Der Ansatz der amerikanischen Autorinnen ist aus einem anderen Grund genial. Er bringt uns endgültig aus unserer Egozentrizität. Denn es geht nach diesem Ansatz nicht darum, was wir darstellen *wollen*, sondern darum, welchen Typen wir verkörpern *können*, um auf die Bedürfnisse passender Kunden einzugehen. Eine erfolgreiche Marke erfüllt mehr als die materielle Notwendigkeit des Kunden, sie orientiert sich an den Motivationen der Menschen, um eine tiefere Wirkung zu erreichen.

Vier Grundmotivationen und zwölf Archetypen

Stellen Sie sich bitte ein Modell mit zwei Achsen vor, also ein Kreuz:

Auf der horizontalen Achse steht am linken Pol die Motivation »Dazugehören und genießen«, also Mitglied einer Gruppe zu sein, und auf dem rechten Pol die Motivation »Unabhängigkeit und Erfüllung«, also der Wunsch nach Selbstverwirklichung, »sein eigenes Ding« zu machen. Auf der vertikalen Achse geht es einerseits um »Kontrolle und Stabilität«, also Sicherheit, den Komfort von Routine und Verlässlichkeit, andererseits um »Risiken meistern«, also darum, es zu etwas zu bringen, indem Risiken eingegangen und überwunden werden. Diese vier Dimensionen sind nach Mark und Pearson Grundmotivationen eines jeden Menschen. Er strebt nach Selbstverwirklichung, will andererseits aber nicht allein sein. Er will in der Gemeinschaft leben. Die beiden anderen Dimensionen stehen sich genauso gegenüber. Volle Kontrolle und Sicherheit haben zu wollen, ist nicht vereinbar damit, Neues auszuprobieren, zu lernen und Risiken einzugehen, um sie zu meistern.

Spüren Sie das jeweilige Dilemma der Triebe und Sehnsüchte, die jeweils in verschiedene Richtungen ziehen? Es ist ein echtes Kreuz. Das ist menschlich. Die Figuren, die Mark und Pearson in diesem Modell dazu definiert haben, sind archetypische Figuren.

Die Verbindung mit einem Archetyp weckt dessen typische Kraft in unserer Seele. So wie wir in einem Traum oder Tagtraum oft Wünsche ausleben, die im Alltag zu kurz kommen. So ist zum Beispiel eine bestimmte Form von Energie, die uns nach einem Tag im Büro meist fehlt, die des Abenteurers. Könnte sie durch eine Fahrt in einem Geländewagen oder – ökologischer – mit einem Mountainbike über wilde Feldwege ausgelebt werden? Ein Teil davon bestimmt.

Sinnvolle Markenbildung setzt an diesem Punkt an. Ein Archetyp ermöglicht es einem Menschen, etwas Bestimmtes zu leben oder zu entwickeln: einen Teil seiner selbst. Sie wiederum können dieses Wissen, da Sie vermutlich weder Geländewagen noch Mountainbikes verkaufen, nutzen, indem Sie das Prinzip verstehen. Ob Sie nun Ihre eigene menschliche Marke bewusst gestalten oder einfach Ihren Kunden und die eigene Kommunikation verstehen wollen. Wenn nicht: Sehen Sie die Beschäftigung mit Archetypen einfach als Gehirnjogging. Tatsächlich habe ich selber eine episch lange Zeit gebraucht, um die Theorie praktisch zu verstehen. Einige meiner intelligentesten Klientinnen und Klienten waren zunächst ebenfalls ziemlich irritiert. Doch spätestens, als wir diese Theorie mit einer Aufstellung im Raum inszenierten und durchspielten, hatten sie Aha-Erlebnisse – und zwar solche, die sich karrierefördernd und alltagsentspannend auswirkten. Das schönste Ende der Egozentrik.

Lassen wir uns also von den Archetypen locken. Rein rechnerisch kommen diese – bei zwölf Figuren und vier Motivationen – jeweils in Trios auf uns zu. Jeder dieser drei Typen verkörpert eine Nuance, um die speziellen Ängste auszudrücken, die hinter der Grundmotivation liegen. Da die Anzahl der Archetypen mit den zwölf Stunden des Zifferblatts einer Uhr korrespondiert, werde ich zur Orientierung Uhrzeiten verwenden.

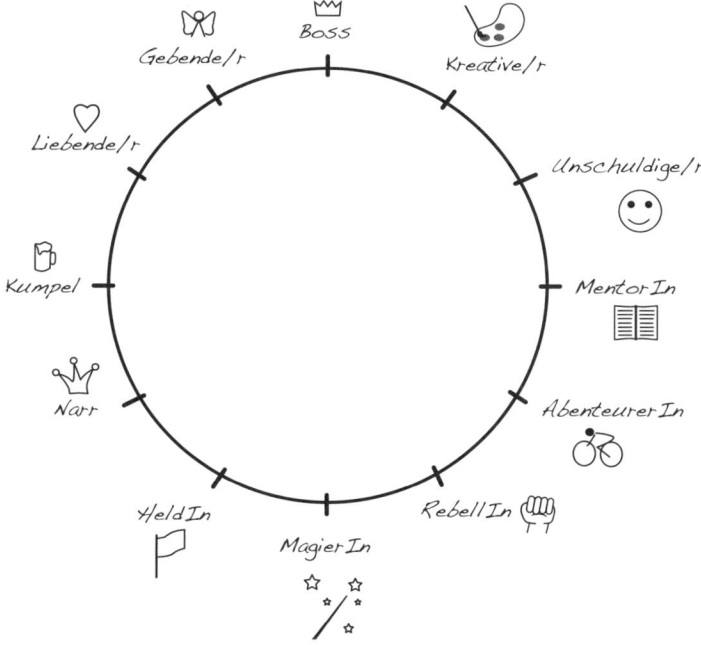

Abb. 6: Rad der Archetypen

Beginnen wir mit dem ersten Trio: Hinter der Motivation »Kontrolle« steht die Angst vor finanziellem Ruin, unzureichender Gesundheit und unkontrollierbarem Chaos.

Im Zentrum dieses ersten Trios quasi auf zwölf Uhr steht der **Boss**. Er stellt sich auch als König oder Königin dar. Dieser Archetyp hilft Kunden, die die Motivation haben, eine wohlhabende Firma oder Familie zu schaffen und Kontrolle auszuüben. Die spezielle Angst des Kunden, die ihn zu diesem Archetyp führt, ist es, gestürzt zu werden, bevor er oder sie diese Aufgabe erfüllen kann.

Dem Boss zur Seite auf elf Uhr steht der oder die **Gebende**. Dieser Archetyp kann auch durch Vater, Mutter, Helfer oder gar einen Heiligen repräsentiert werden. Als spezielle Angst des Menschen, der sich an ihn wendet, gilt – neben finanziellem Ruin, unzureichender Gesundheit und unkontrollierbarem Chaos – die Selbstsucht, nicht nur die Selbstsucht anderer, sondern auch die eigene. Denn der Mensch, der sich an den Gebenden wendet, möchte Unterstützung bei seinem eigenen Anliegen, für andere zu sorgen. Seine spezielle Motivation ist es, Menschen vor Schaden zu bewahren.

Zur anderen Seite des Bosses auf ein Uhr steht die oder der **Kreative**, auch Künstler oder Innovator genannt. Er hilft, etwas Neues zu gestalten. Menschen, die sich an diesen Archetypen wenden, haben besonders Angst vor einer mittelmäßigen Vision oder Durchführung. Das hindert sie daran, ihrer speziellen Motivation nachzukommen, nämlich etwas wirklich Wertvolles zu schaffen und einer Vision Form zu geben.

Bewegen wir uns auf dem Motivationskreis weiter: Gegenüber dem oberen Trio, dem es ja um Kontrolle geht, steht der andere Pol: Meisterschaft auf fünf Uhr, sechs Uhr und sieben Uhr. Die diese drei Archetypen ergreifende Angst des Menschen ist Ineffektivität und Ohnmacht. Denn oft ist Kontrolle gut, Vertrauen auf die Naturgesetze aber besser: Um sechs Uhr hat der **Magier** oder die **Magierin** ihren Auftritt. Er oder sie wird oft auch Visionär oder Visionärin genannt. Seine bzw. ihre Aufgabe ist es, Transformationen anzustoßen. Die Menschen, die sich an diesen Archetypen wenden, möchten um die Gesetze des Universums wissen, die Vertrauen in Entwicklung ermöglichen. Sie befürchten unerwartete negative Konsequenzen. Eine Magierin oder ein Magier kann ihnen diese Ängste nehmen.

Auf sieben Uhr finden wir den Archetyp **Held oder Heldin**, der auch als Retterin oder Krieger bezeichnet wird. Dieser Archetyp hilft Menschen, ihren Selbstwert durch mutiges Handeln zu beweisen. Die spezielle Angst, die diesen Menschen im Weg steht, ist es, feige zu sein oder als feige zu gelten.

Auf der anderen Seite des Magiers auf fünf Uhr steht der Archetyp **Rebell,** der wilde Mann, die wilde Frau, die den Menschen helfen, Regeln zu brechen. Die spezielle Motivation, sich an den Rebell oder die Rebellin zu wenden, ist Rache oder Revolution. Die spezielle Angst dahinter ist, trivialisiert oder lächerlich gemacht zu werden.

Kommen wir nun zum nächsten Trio »Dazugehören«. Alle drei hier angesiedelten Archetypen besänftigen die Angst davor, aus der Gruppe ausgeschlossen oder verlassen zu werden. Im Mittelpunkt des Trios auf Punkt neun Uhr steht der Junge bzw. das Mädchen von nebenan. Dieser Archetyp wird auch Jedermann oder Jedefrau oder **Kumpel**-Typ genannt. Auch wenn das Wort »Kumpel« durchschnittlich klingt, leistet er oder sie doch Großes: Er unterstützt einen Menschen, so zu sein, wie er ist, und sich dabei okay zu fühlen. Sie sorgen für Akzeptanz, ohne große Transformation anzustoßen, wie sie der Archetyp MagierIn verspricht, und ohne Beweise des Selbstwerts, wie der Archetyp HeldIn verspricht. Die spezielle Motivation eines Menschen, sich an den Archetyp Kumpel zu wenden, ist die Herstellung der Verbindung zu anderen. Die größte Angst in diesem Quadranten, man glaubt es nicht, ist es, arrogant zu wirken!

Auf acht Uhr steht der Archetyp des **Narren**. Bei ihm wird die Funktion besonders deutlich: andere zum Lachen bringen. Ein Narr oder eine Närrin hilft anderen Menschen, eine gute Zeit zu haben. Die spezielle Motivation, die direkt zu ihm oder ihr führt, ist es, den Moment zu erleben, Freude zu haben. Die spezielle Angst ist es, Langeweile erleben zu müssen.

Auf zehn Uhr, zwischen dem Kumpel und dem Gebenden, steht der oder die **Liebende**. Funktion dieses Archetyps ist es, anderen Menschen zu helfen, Liebe zu finden und zu geben – sich selbst und anderen. Die spezielle Motivation der Menschen, die sich an diesen Archetypen wenden, ist ihr Wunsch, Intimität und Sinnlichkeit erleben zu wollen. Die spezielle Angst dahinter ist, nicht geliebt und/oder nicht verstanden zu werden.

Kommen wir nun zu dem vierten Trio, dem Gegenpol zu dem vorherigen: Hier siedeln die Archetypen, zu denen die Motivationen Unabhängigkeit und Erfüllung führen. Die Angst, die hinter diesem Feld liegt, ist die vor Gefangenschaft, dem Sich-ausverkauft-Fühlen und der inneren Leere, die Angst, sich um jeden Preis anzupassen und dabei die Selbstverwirklichung zu vernachlässigen.

Im Zentrum dieses Trios auf drei Uhr steht der Archetyp des **Mentors**. Er wird auch als Weiser oder Weise bezeichnet. Dieser Typ hilft Menschen, die Welt zu verstehen. Die spezielle Motivation, die zu ihm führt, ist es, die Wahrheit finden zu wollen. Es geht um eigenständiges Denken und darum, zu erfahren, welcher Quelle wirklich zu trauen ist. Die spezielle Angst, die sich während der Suche nach der Mentorin zeigt, ist es, in die Irre geführt zu werden.

Auf zwei Uhr steht der Archetyp des **Unschuldigen**. Dieser Archetyp wird auch als Naiver, Naive oder als Romantiker bezeichnet. Er oder sie hilft Menschen, Vertrauen und Einfachheit zu finden bzw. wiederzufinden. Die spezielle Motivation, die zu diesem Archetypen führt, ist es, das Paradies erleben zu wollen und die spezielle Angst hinter sich zu lassen, dass »etwas falsch zu machen« Strafe nach sich zieht.

Auf vier Uhr gleich neben dem Rebell steht der Archetyp **Abenteurer**. Er oder sie wird auch Wanderer oder Sucherin genannt und hilft, die Unabhängigkeit zu erhalten. Die spezielle Motivation, die Menschen zu diesem Archetypen führt, ist es, frei zu sein, um in der Welt zu entdecken, wer sie sind. Die spezielle Angst ist die vor Konformität. Also: unnötigerweise und ungeprüft genau so sein zu müssen wie alle anderen Menschen.

Diese Typen nach Pearson und Mark sind ein Angebot, in dem Sie persönlich sich wiederfinden können. Jeder dieser Archetypen hat eine bestimmte Fähigkeit und Grundeinstellung, die anderen Menschen nützlich sein kann. Es geht darum, dass Sie erkennen, mit welchem Typ sie welche Bedürfnisse bei anderen Menschen bedienen. Erkennen Sie Ihr spezifisches Angebot an andere Menschen in einem dieser Archetypen wieder? Oder? Selbst C. G. Jung[44] empfahl, sich nicht vollkommen mit einem Archetypen zu identifizieren. Insofern ist es nur gut, wenn Sie noch ein wenig fremdeln, bevor Sie sich für einen oder zwei Archetypen entscheiden. Niemand sagt, dass Sie voll in der Rolle aufgehen müssen. Vielleicht versuchen Sie es nur in einem Bruchteil Ihrer Arbeitszeit und auch dann mit der nötigen Distanz, um wieder herauszufinden aus dieser Rolle. Das Archetypen-Modell liefert die Schnittstelle für das, was Sie zu bieten haben und andere Menschen von Ihnen brauchen könnten. Auf jeden Fall ist das Wissen um diese Archetypen hilfreich.

Da alle Archetypen ihre Berechtigung haben, müssen Sie nicht zwingend den König spielen, wenn es weder gefordert ist noch Ihrem Charakter entspricht. Was ist mit dem Narren? Vielleicht ist es gerade eine Stärke von Ihnen, andere zu unterhalten, auch wenn Sie meinen, dass diese Rolle nicht Ihrem akademischen Anspruch gerecht wird. Können Sie ihn möglicherweise als Ihren Neben-Archetypen mitlaufen lassen?

Mit der folgenden Übung können Sie ausprobieren, was es konkret bedeutet, einen bestimmten Archetypen zu verkörpern. Sie schlüpfen in verschiedene Rollen und spielen selber mal einen der verschiedenen Archetypen und mal einen möglichen Kunden, der sich mit einem konkreten Bedürfnis an einen dafür passenden Archetypen wendet.

(48) Übung: Die Archetypen-Aufstellung

Sie brauchen:

a) Mindestens einen an derartigen Spielen interessierten Menschen. Das kann Ihre Mentorin sein, aber auch jemand (oder mehrere gleichzeitig) aus Ihrem Kollegen- oder Freundeskreis.

b) Freie Fußbodenfläche, zweieinhalb Quadratmeter mindestens. Bei gutem Wetter können Sie diese Übung auch nach draußen verlegen.

c) Vorbereitungszeit – ca. 15 Minuten – für die Erstellung der Karten:

➤ Zwölf Archetypenblätter. Schreiben Sie den Namen jedes Archetypen auf ein Din-A4-Blatt.

➤ Auf zwölf »Handzetteln« notieren Sie die jeweiligen Funktionen sowie die Motivation und die Angst der Menschen, die sich an ihn wenden.

➤ Nun erstellen Sie zahlreiche *Handlungskärtchen*: Auf kleine Zettel oder Karteikarten schreiben Sie Handlungen wie z. B.: ein Bier mit jemandem trinken wollen, essen gehen wollen, Rat in Liebesdingen benötigen, einen aufregenden Urlaub erleben wollen, einen erholsamen Urlaub erleben wollen, ein Haus bauen, ein Motorrad kaufen, sich massieren lassen, eine Fortbildung machen, einen technischen Rat brauchen. Schreiben Sie auch mindestens zwei und maximal fünf Handlungen auf, von denen Sie wissen oder vermuten, dass Sie andere Menschen dabei am besten unterstützen können. Mischen Sie diese kleinen Zettel nun wie Spielkarten.

Legen Sie die großen Archetypenblätter sichtbar in einen Kreis auf den Boden. Orientieren Sie sich bei der Reihenfolge an Abbildung 6. Bitten Sie Ihre Mentorin, aus den verdeckt angebotenen Handlungskärtchen eins zu ziehen und damit in die Mitte des Archetypen-Kreises zu treten. Nun liest Ihre

Mentorin den Text des Handlungskärtchens vor. Sie überlegen nun, welchen Archetypen sie für diese Handlung zur Unterstützung wählen würde? Stehen Sie auf, stellen Sie sich auf das Archetypen-Blatt und lesen Sie ihr vom Handzettel die jeweilige Funktion des Typen sowie die Motivationen und Ängste der Person, die sich an ihn wendet, vor. Erörtern Sie mit Ihrer Mentorin, ob Ihre Wahl sinnvoll ist. Oder möchte sich Ihre Mentorin doch lieber an einen anderen Archetypen wenden?

Probieren Sie ruhig gemeinsam eine paar Archetypen aus. Dann lassen Sie sie das nächste Handlungskärtchen ziehen. Notieren Sie sich speziell die Archetypen, die Ihre Mentorin für die Handlungen gewählt hat, bei denen Sie Ihre Kunden gerne unterstützen würden. Wenn Ihnen die Wahl nicht gefällt, diskutieren Sie ruhig und stellen sich auf einen alternativen Platz dafür. Gehen Sie mit Tempo und Spaß vor. Wenn Ihre Mentorin alle Kärtchen abgespielt hat, kommen Sie dran mit Kärtchen-Ziehen und Archetypen-Auswählen.

Zum Abschluss darf sich jeder einen Archetypen aussuchen, sich auf die Position stellen und in dieser Rolle eine ein- bis zweiminütige Festrede zu einem vorher festgelegten »tragenden Thema« halten, z. B. »Tag der Deutschen Einheit« oder »Die Bedeutung von Weihnachten«. Es wird Ihnen Spaß machen.

Überlegen Sie sich nun, ob und wie der Archetyp, den Sie für andere darstellen, Einfluss hat auf Ihre Persona, Ihr bestes Selbst.

Haben Sie durch die Übung mehr Klarheit über Ihren Archetyp gewonnen? Wenn nicht: Lassen Sie die Informationen noch sacken. Selbst wenn Sie lediglich erkennen, dass Sie für andere lieber die Rebellin sind als der Boss, ist möglichen Erfolgen keine Grenze gesetzt: Nach den Autorinnen Mark und Pearson[45] liegt dem Archetyp Madonna die Rebellin zugrunde. Sie meinen, ein solcher Archetyp passt nicht zu Ihnen ins Großraumbüro? Überlegen Sie noch einmal: Könnten innovative Veränderungsvorschläge nicht auch innerhalb Ihrer Organisation benötigt werden?

Die Qualität des Narren kann in der Kommunikation und Fortbildung gefordert sein, der Mentor, der Liebende, der Gebende auch im Vertrieb. Alle Archetypen haben ihre auch wirtschaftliche Berechtigung.

Sie können mit der ganzen Archetypen-Thematik wenig anfangen? Dann bleiben Sie ganz bei Ihrem besten Selbst, Ihrer Selbstmarketing-Persona. Wichtig ist lediglich, dass Sie wissen, dass Sie mit Ihrem Angebot, Ihrer Leistung nicht nur in einen materiellen Austausch treten, sondern auch tiefere menschliche Bedürfnisse erfüllen.

Ihre Transformation in Worte fassen

Sie haben jetzt Ihre Ziele bestimmt, Ihr Warum und Ihre Werte entdeckt, Ihre Selbstmarketing-Persona entwickelt und die Kunden oder Kollegen definiert, die Sie am besten unterstützen können. Das Zusammenspiel zwischen den Motiven Ihrer Kunden und Ihrem Angebot haben Sie gegebenenfalls über die Archetypen erprobt und Sie sind dabei vermutlich zu weiteren Erkenntnissen gekommen. Jetzt geht es darum, Ihre Mission zu entwickeln. Halten Sie die Ergebnisse Ihrer bisherigen Übungen griffbereit. Sie werden sie gebrauchen können.

Ihre persönliche Mission

Viele Unternehmen haben Unternehmensleitbilder. Manche davon erfüllen ihre Funktion nach innen und außen, manche sind – da verhält es sich wie mit den Werten – cher leere Worthüllen. Sie haben es in der Hand, das überzeugendste Leitbild der Welt zu verfassen: Ihr eigenes. Eins, das Sie inspiriert und Ihnen immer wieder klarmacht, warum Sie morgens aufstehen und was Sie anderen zu bieten haben. Gibt es eine Formel für Ihr persönliches »Mission Statement«, Ihre Firmenphilosophie, Ihre Botschaft – wörtlich übersetzt – Missionsaussage? Nein, Sie haben Gestaltungsfreiheit. In den folgenden Übungen werden wir aber ein paar Ansätze verfolgen, die Ihnen als Vorlage dienen können. Vorab ein kleines Quiz.

(49) Quiz: Missionen und Menschen

Lesen Sie sich bitte die folgenden fünf Missionsaussagen (1 bis 5) durch und ordnen Sie sie den Personen (A bis E) zu

1. »Auf meinem Weg Spaß haben und dabei von meinen Fehlern lernen.«

2. »Als erste Handlung des Tages folgenden Entschluss fassen: Ich werde niemanden auf der Erde fürchten. Ich werde nur Gott fürchten. Ich werde nicht übelwollend zu jemand anderem sein. Ich werde mich nicht der Ungerechtigkeit anderer fügen. Ich werde Unwahrheit durch Wahrheit bezwingen. Und im Widerstand gegen die Unwahrheit werde ich Leid ertragen.«

3. »Wir werden bis zum Ende des Jahrzehntes einen Menschen auf den Mond bringen.«

4. »Ich setze meine Model-Karriere als Werkzeug ein, um andere Frauen dazu zu bewegen, ihre Art, die Schönheit und sich selbst zu sehen, zu verändern.«

5. »Ein Lehrer sein. Und dafür bekannt sein, meine Studenten dazu zu inspirieren, mehr zu sein, als sie dachten, dass sie sein könnten.«

A) Oprah Winfrey; B) Tyra Banks; C) Mahatma Gandhi; D) Sir Richard Branson; E) John F. Kennedy

Im Anhang zu Kapitel 2 finden Sie die Auflösung.

Ob Sie nun richtig lagen oder nicht: Sie sehen, wie formal und inhaltlich unterschiedlich eine Missionsaussage ausfallen kann. Nun sind Sie dran. Formulieren Sie Ihre Mission in ein bis drei Sätzen.

Sie sind frei. Sie müssen Ihre Missionsaussage niemandem mitteilen, nicht einmal Ihrer Mentorin. Sie ist nur für Sie bestimmt. Sie können so emotional, hoffnungsfroh, weltverbesserisch, von der eigenen Selbstwirksamkeit überzeugt sein, wie Sie wollen.

Ich gebe Ihnen ein Beispiel:

»Meine Mission ist, mit meiner Arbeit dazu beizutragen, dass die Welt von integren, produktiven und friedliebenden Personen geführt wird.«

(50) Übung: Frei gestaltete Missionsaussage

Öffnen Sie Ihr Tagebuch bzw. Ihre Computerdatei und formulieren Sie Ihre Missionsaussage. Diese Fragen können Ihnen zur Orientierung dienen: Was wollen Sie warum und für wen auf der Welt bewirken? Welche Ihrer Stärken und Talente können Sie dafür einsetzen? Was sind Ihre Werte? Was treibt Sie an? Was ist das Ziel, das Sie damit für sich und andere erreichen? Formulieren Sie möglichst in Ich-Botschaften. Sprechen Sie von »Ich« oder »Meine Missionsaussage ist …«. Geben Sie sich für Ihre Missionsaussage mindestens zehn Minuten Zeit. Das ist nur die erste Fassung. Sie haben den Rest Ihres Lebens Zeit, sie zu bearbeiten.

Wenn Sie nach der freien Formulierung Ihrer Missionsaussage zusätzlich einer Methode folgen möchten, wählen Sie die folgende Variante.

(51) Übung: Missionsaussage mithilfe einer Methode

1. Was für eine Berufsbezeichnung haben Sie im Sinne Ihrer Mission? Lehrer? Menschenfreund? Ingenieurin? Gärtner? Stratege? Meinungsmacherin? Diese Bezeichnung muss nicht mit der übereinstimmen, die auf der Visitenkarte steht, die das Unternehmen, in dem Sie arbeiten, für Sie drucken ließ. Sie können hier auch eine eher metaphorische Berufsbezeichnung wählen oder eine Kombination Ihrer bisherigen Berufe wählen.

2. Finden Sie nun bitte aktive Verben für Tätigkeiten, die Sie besonders gut und gerne ausführen: lehren, kochen, führen, verkaufen, inspirieren, bauen, gestalten, verändern, unterstützen, stärken etc.

3. Beschreiben Sie, wie die durch Ihre Mitwirkung veränderte Welt dann aussehen würde. Machen Sie also deutlich, warum Sie im Sinne Ihrer Mission handeln: damit der CO_2-Ausstoß verringert wird; damit alle, die lernen wollen, auch eine Chance dazu haben; damit kein unschuldiger Mensch sich länger mit Schuldgefühlen abplagen muss; damit Männer und Frauen sich besser verstehen; damit Kindern die Angst vor der Schule genommen wird; damit es in unserer Nachbarschaft einen Park gibt, in dem die Anwohner sich erholen können; damit ....

Fügen Sie nun Ihre drei Aussagen zusammen:

Meine Mission ist:

Als 1.............................. 2................................ damit 3.................................... .

Ergänzen Sie ggf. Worte und Inhalte. Geben Sie sich noch fünf Minuten Zeit, Ihre Missionsaussage so zu formulieren, dass Sie sich damit herausgefordert, aber wohlfühlen.

So sieht meine Missionsaussage aus:

>>*Meine Mission ist: Als ganzheitliche Kommunikationsberate-rin eher zurückhaltende Menschen zu inspirieren und zu stärken, damit die Welt von integren, produktiven und friedliebenden Personen geführt wird.*<<

Eine Missionsaussage ist ein wichtiger Schritt, das Unsichtbare spürbar zu machen und tatsächlich in die Welt zu bringen. Müssen Sie sie jetzt in güldenen Lettern auf einem Schild über Ihrem Schreibtisch anbringen und anderen Menschen freudig zurufen? Mitnichten. Diese Missionsaussage ist Ihre innere Richtschnur, der Sie sich auch bewusst sind, wenn sie nicht an der Wand hängt.

Auf den nächsten Seiten gehen wir spezifischer auf Botschaften ein, die Sie auch aus einer auf den ersten Blick abgehobenen Missionsaussage entwickeln können. Es sind Aussagen, mit denen Sie Ihre passenden Kunden, Arbeitgeber und Kollegen überzeugen und dabei bei Ihrer Wahrheit bleiben können.

Ihre Botschaft an passende Kunden

Sie wollen in der Kommunikation nicht den Eindruck erwecken, frisch einem Seminar für Persönlichkeitsentwicklung entsprungen zu sein, und dennoch so originell formulieren, dass andere Menschen nicht gleich auf Durchzug schalten? Sie haben die Vorarbeit dazu schon geleistet. Die Worte, die Sie mit den folgenden Übungen finden, werden Sie nicht nur im Gespräch als >>Elevator-Pitch<< (eine kurze zusammenfassende Definition Ihrer Leistungen und Ihres Angebots), sondern auch für Ihre Webseite, Ihr XING- und LinkedIn-Profil und andere infrage kommende Marketingmaßnahmen verwenden können.

Wie sagen Sie Ihren passenden Kunden, was Sie für sie tun können? Da Sie Ihren Kunden-Avatar ja schon näher kennengelernt haben, können Sie sich zielgerichtet an ihn oder sie wenden. Je gezielter, desto stärker fühlen sich Ihre passenden Kunden angesprochen bzw. desto eher merken sich die Menschen, denen gegenüber Sie diese Aussage machten, Ihr Angebot und erwähnen es gegenüber den für Sie passenden Kunden.

Hier das simpelste Schema:

1. Berufsbezeichnung
2. spezifische Zielgruppe
3. Problem
4. Lösung
5. Aktion/Kontaktmöglichkeit

Spielen wir das einmal an meiner Botschaft als Beispiel durch:

1. Berufsbezeichnung: Ganzheitliche Kommunikationsberaterin und Coach

»Ganzheitlich« ist nicht besonders originell, doch auf Rückfragen antworte ich immer, dass das Buzz-Wort in meinem Fall wirklich etwas bedeutet.

Versuchen Sic also, Ihre Berufsbezeichnung so spezifisch wie möglich unterzubringen. Das kann ruhig auch originell sein, wenn es passt. Zum Beispiel klingt »Baumeisterin für Infinity-Pools« ein einer Konversation interessanter als Diplom-Architektin, »Tischler für ergonomisch flexible Arbeitsmöbel« konkreter als Schreiner und »Zauberer des strahlenden Lächelns« magischer als Zahnmedizinischer Prophylaxeassistent. Wenn eine solche Bezeichnung den Tatsachen entspricht und Ihnen gefällt, verwenden Sie sie ruhig. Der offizielle Titel gehört natürlich dennoch auf die Visitenkarte und Webseite.

2. Spezifische Zielgruppe: eher zurückhaltende FreiberuflerInnen und Führungskräfte

Warum sage ich nicht nur FreiberuflerInnen und Führungskräfte? Kann ich für weniger Zurückhaltende nichts tun? Ja, klar. Doch im Sinne meiner Mission arbeite ich lieber mit eher zurückhaltenden Menschen.

3. Problem: Diese Personen erkennen oft noch nicht ihre Einzigartigkeit, Stärke und Führungskraft. Sie können sich gegen weniger qualifizierte, aber weniger zurückhaltende Mitbewerber nur schwer durchsetzen. Sie haben Selbstmarketing-Blockaden und müssen oft unterbezahlt und unter ihrem Niveau arbeiten. Das macht auf Dauer mürbe.

Zu viel! Ich reduziere das Problem: sich durchsetzen und Selbstmarketing-Blockaden überwinden.

4. Lösung: Mit beruflicher Erfahrung und Techniken aus Werbung, Spielfilmregie und Körperpsychotherapie unterstütze ich diese Personen dabei, ihre Einzigartigkeit, Stärken und Ziele zu erkennen und zu erreichen, Selbstmarketing-Blockaden aufzulösen und sich dabei wohler zu fühlen.

5. Aktion/Kontaktmöglichkeit: Meine Visitenkarte in die Hand drücken, auf die Webseite verweisen und bereit sein, Fragen zu beantworten.

Insgesamt ist die Botschaft in meinem Fall folgende:

>*Als ganzheitliche Kommunikationsberaterin und Coach zeige ich eher zurückhaltenden FreiberuflerInnen und Führungskräften, die sich durchsetzen und in passendere Positionen kommen wollen, wie sie ihre Einzigartigkeit und Stärken erkennen und vermitteln, Selbstmarketing-Blockaden auflösen und in Kom-*

munikation und Führung erfolgreicher sind, damit sie ihre Ziele leichter erreichen und sich auf dem Weg dorthin wohler fühlen.«

In einer längeren Version kann ich auch meine Berufserfahrung aus den verschiedenen Bereichen einfügen. Oder ich kann den konkreten Nutzen ausmalen, den der passende Kunde von meinen Leistungen hat. Doch viel länger als 30 Sekunden, die Länge eines herkömmlichen Werbespots, braucht Ihr Pitch nicht zu dauern. Wenn Ihre Botschaft interessant ist bzw. Sie den passenden Zuhörer haben, werden Sie ohnehin noch nach Details gefragt.

(52) Übung: Ein Pitch für Ihre passenden Kunden

Öffnen Sie Ihr Tagebuch oder Ihre Computerdatei, schreiben Sie zunächst die Antworten zu den Punkten 1 bis 5 auf. Formulieren Sie dann daraus nicht mehr als einen oder zwei Sätze. Formulieren Sie diese um, bis Sie mit Ihrem Pitch zufrieden sind.

Gibt es Alternativen zu dieser Struktur? Jede Menge. Hier eine, die ich entwickelt habe, damit Sie Ihre Botschaft möglichst natürlich klingend an die passenden Kunden bringen können:

1. Ich bin davon überzeugt … … …

2. Doch leider … … …

3. Deshalb: … … …

An meinem Beispiel heißt das konkret:

1. Ich bin davon überzeugt, dass gerade eher zurückhaltende Freiberufler und Führungskräfte das Potenzial dazu haben, wesentlich erfolgreicher zu sein.
2. Doch leider wissen das die infrage kommenden Personen selber oft nicht. Sie haben Selbstmarketing-Blockaden, verkaufen

sich unter Wert und bleiben in unwirksamen Positionen hängen.

3. Deshalb habe ich als Kommunikationsberaterin und Coach STORYdynamics entwickelt. Mit dieser Methode zeige ich ihnen, wie sie ihre Einzigartigkeit, Stärken und Leistungen erkennen und vermitteln können, um Ziele zu erreichen, die sie bisher nicht zu setzen wagten.

(53) Übung: Drei-Schritte-Pitch

Öffnen Sie Ihr Tagebuch oder Ihre Computerdatei und beenden Sie die Halbsätze mit Fokus auf Ihre passenden Kunden und dem, was Sie ihnen zu bieten haben:

1. Ich bin davon überzeugt, dass ....

2. Doch leider ....

3. Deshalb habe ich ....

Formulieren Sie ggf. Ihre Botschaft um, bis Sie damit zufrieden sind.

Fertig mit Ihrer Botschaft? Seien Sie nicht zu streng mit sich. Ihre Botschaft muss nicht perfekt sein. Sie wird sich im Laufe der Zeit in den Gesprächen mit potenziell passenden Kunden vermutlich ohnehin noch ändern.

Sie haben das Kapitel jetzt fürs Erste beendet. Gratulation! Folgen Sie mir nun in das nächste. Es wird ein Abenteuer.

3. ORGANISATION – Entwickeln Sie Strukturen und Strategien

Sie wissen nun, warum Sie auf der Welt sind und wie Sie Ihre Einzigartigkeit zu Ihrem eigenen und dem Wohl anderer einsetzen wollen. Sie haben sogar schon das Gefühl, wie es ist, Ihre Vision zu leben. Nun müssen Sie nur noch aufbrechen und Ihren Weg gehen. Bei aller Gelassenheit möchten Sie dennoch eine etwas genauere Wanderkarte? Das ist verständlich. Die wichtigsten Stationen sind in Abbildung 7 bezeichnet.

Abb. 7: Abenteuer Selbstmarketing: X = Sie befinden sich hier; 1 = Planen und entscheiden; 2 = Proben, Profil, Partner; 3 = Vorbereitung auf die große Herausforderung; 4 = Die große Herausforderung; 5 = Annehmen und stärken; 6 = Kommunikation verfeinern

Sie werden bald Ihren gewöhnlichen Alltag verlassen und das Abenteuer Selbstmarketing antreten. Das ist ein großer Schritt, meinen Sie jetzt? Ja. Ihnen wird schon mulmig? Ihr Abenteuer muss nicht in den Dschungel führen. Sie können auch im heimischen Mischwald oder in einem Kurpark Neues erleben. Je gezielter Sie sich vorbereiten, je besser Sie organisiert sind, desto entspannter können Sie Ihre Reise antreten. Und: Gut zu wissen, dass Sie – wenn Sie anschließend zu der jeweiligen Station zurückkommen – eine Wohlfühlpause in Kapitel 4: »Rekreation – Entspannen Sie, um zu optimieren« einlegen dürfen.

Wir planen und dann – führen wir den Plan durch? Das klingt sehr vernünftig, doch Selbstmarketing ist ein Abenteuer. Um sich darin zu orientieren, unterstützt es Sie,

➤ wenn Sie entspannt bei sich bleiben,
➤ wenn Sie Ihre Strukturen und Strategien kennen.

Strukturen wollen – so wie Ihre Ziele – entwickelt werden. Von wem? – Von Ihnen.

Was sind Strukturen und Strategien? Die Wörter klingen abschreckend hochtrabend. Dabei kann Struktur so etwas Simples wie ein Tagesablauf sein. Wie lange schlafen Sie? Hoffentlich nicht unter sieben Stunden. Aber wann? Beim Schlaf sind die Rhythmen individuell. »Mich persönlich amüsiert nach Mitternacht überhaupt nichts mehr«, sagte Coco Chanel zu dem Thema. Was sagen Sie? Wie strukturieren Sie die Zeit nach dem Aufstehen? Finden Sie Zeit, Ihre Ziele zu visualisieren? Oder checken Sie gleich Ihre E-Mails und verschwinden im Sog sozialer Netzwerke? Welche Struktur hat der Rest Ihres Arbeitstags? Wie produktiv können Sie innerhalb der Struktur sein?

Struktur bedeutet auch eine gewisse Ordnung, egal, ob das nun eine alphabetische Hängeordnerablage ist, die sorgfältig mit den Terminen in Ihrem Kalender verknüpft ist, oder ob Ihnen eine andere Ordnung aus dem Chaos hilft. Ein bekannter Komponist sortierte und beschriftete seine Musiksequenzen zu *Natural Born Killers* laut Aussage eines Bekannten nach den Kategorien »Fuck«, »FuckFuck« und »FuckFuckFuck«. Hauptsache, Sie finden das wieder, was Sie brauchen, um produktiv arbeiten zu können.

Das Wort »Struktur« hat innerhalb von hierarchisch geordneten Unternehmen noch eine weitere Bedeutung. Hier ist Struktur mit Macht verbunden. Ein Organigramm zeigt die Hierarchie auf. Bestenfalls: wer wem berichtet. Schlimmstenfalls: in welche Richtung gebuckelt und in welche getreten wird.

Der Neurologe, Primatenforscher und Stressexperte Robert Sapolsky[46] untersuchte Pavianhorden in einem Reservat in Ostafrika. Sie leben dort im Überfluss, könnten die Zeit damit verbringen, sich zu kraulen, doch was tun sie? Sie zerfleischen sich wegen jedes Fitzelchens Fleisch gegenseitig und lassen Status-Niedrigere gewalttätig spüren, wer der Status-Höhere ist. Was der Status-Niedrigere keinesfalls auf sich sitzen lässt, sondern umgehend an einen noch Status-Niedrigeren weitergibt. Zuletzt bekommen es die Kinder ab. Der soziale Stress ist entsprechend hoch. Sapolsky beobachtete dort auch eine Paviankolonie, in der die aggressiven Alphamännchen starben, da sie alle gleichzeitig und unwissentlich vergiftete Nahrung zu sich genommen hatten. Nun blieben nur die weniger aggressiven Männchen und die Weibchen und Kinder übrig. Die Hierarchie wurde weiter eingehalten, doch ohne Gewalt. Innerhalb von ein paar Monaten hatte sich dieses neue Prinzip durchgesetzt. Der soziale Stress war niedrig. Kam ein neues Alphamännchen dazu und benahm sich wie in den anderen Kolonien gewohnt, wurde ihm der nun übliche Verhaltenskodex kommuniziert. Gewaltfrei, versteht sich.

Für Angestellte innerhalb einer Hierarchie stellt sich also die Frage: Fühlen Sie sich innerhalb der gegebenen Struktur wohl? Und wenn ja, wie können Sie innerhalb dieser Struktur aufsteigen? An wen können Sie sich bei einem solchen Wunsch wenden? »Schlussendlich ist es in Unternehmen die disziplinarische Führungskraft, die einen Mitarbeiter dazu ermutigt, neue Wege zu gehen«, sagt Peer Bieber (TalentFrogs). Disziplinarische Führungskraft? Diese juristisch einwandfreie Bezeichnung macht deutlich, wie wichtig es ist, dass Sie Vorgesetzte haben, die Sie zumindest respektieren können. Ist Ihr Chef oder Ihre Chefin auch bereit, Sie innerhalb der Organisation aufsteigen zu lassen, wenn Sie hervorragende Leistung bringen? Christiane Storz, Leiterin der strategischen Personalentwicklung bei Hubert Burda Media, sagt dazu:

> *»Die Benennung eines Mitarbeiters zur Führungskraft erfolgt in der Regel über den Vorgesetzten oder im Rahmen des unternehmensinternen Netzwerkes. Wir sprechen hier von Nachfolgeplanung – wird diese konsequent betrieben, gibt es normalerweise auch Plattformen, auf denen der Führungskräftekreis über Mitarbeiter, Talente und Potenziale spricht, und es wird damit Transparenz geschaffen. Als formellen Prozess gibt es das bei uns leider noch nicht – das ist aber ein Thema, welches wir auf jeden Fall auf der Agenda haben. Die Frage ist doch: Wen schlägt ein Vorgesetzter als Talent, Nachfolger oder für eine Führungsfunktion eigentlich vor? In der Regel fällt die Wahl auf Personen, die einem selbst am ähnlichsten sind, und in Führungsfunktionen finden wir häufig Menschen, die gerne >vorne‹ stehen. Und Schüchterne gehören eben meist nicht dazu. Um eine bunte Vielfalt an Mitarbeitern und Führungskräften zu haben, ist es daher sinnvoll, Stellenbesetzungen in einem größeren Rahmen zu diskutieren und gute Mitarbeiter, ob schüchtern oder nicht, auch sichtbar werden zu lassen. Die transparente Diskussion über Talente fördert die Weiterentwicklung von Mitarbeitern, deren Vorgesetzte sich schwerer tun, gute Mitarbeiter gehen zu lassen, sondern diese eher bei sich behalten wollen. Wenn es also eine Plattform gibt, auf der man über entsprechende Mitarbeiter*

spricht, werden diese Personen sichtbar, und sie macht transparent, wo wir bestimmte Talente haben.«

Sie sehen also, wie wichtig es ist – vor allem wenn Sie im eigenen Unternehmen aufsteigen wollen –, auch außerhalb der eigenen Abteilung sichtbar zu werden. Da Sie vermutlich nicht darauf warten können, bis es Talentscout-Plattformen in Ihrem Unternehmen gibt, machen Sie sich sinnvollerweise selber sichtbar. Dafür gibt es grundsätzlich zwei Möglichkeiten:

1. Diskret bis raffiniert und nachvollziehbar Kontakt zu der Ebene über Ihrem Vorgesetzten aufnehmen. Außergewöhnliche Projekte und sinnvolle Fragen bieten sich dafür an.
2. Über abteilungsübergreifende Projekte, im Sinne Ihrer Abteilung und ohne dort Ihre Produktivität zu vernachlässigen. Das kann z. B. eine Zusammenarbeit mit der PR-Abteilung durch freiwilliges Engagement sein oder das Vorantreiben des Unternehmensauftritts im Social-Media-Bereich. Oder Sie machen sich als Botschafter Ihrer Abteilung in persönlichen und produktiven Kontakten mit Kolleginnen und Kollegen anderer Abteilungen zukunftsweisend unersetzlich.

(54) Übung: Für Angestellte innerhalb von Hierarchien

Beantworten Sie sich die folgenden Fragen:

➤ Wie (unnötig) hoch ist der soziale Stress in Ihrer Organisation? Möchten Sie, schon aus gesundheitlichen Gründen, in ein anderes Unternehmen wechseln, in dem dieser (gut recherchiert) niedriger ist?

➤ Wie können Sie die Struktur Ihres Arbeitsalltags hin zu mehr beruflicher Produktivität ändern?

➤ Wie gestaltet sich in Ihrem Unternehmen das Organigramm? Falls es kein offizielles gibt, zeichnen Sie sich die Hierarchie in Ihrem Unternehmen auf. Wer hat das Sagen? Welche Position möchten Sie?

➤ Ist Ihr Vorgesetzter bereit, Sie aufsteigen zu lassen – vorausgesetzt, Sie bringen die erforderliche Leistung? Und wenn nicht: Werden Sie für Ihr Bleiben finanziell anerkannt?

> ➤ Wie können Sie sich im Sinne Ihrer Mission und Ihres Ziels schon jetzt im Unternehmen sichtbarer machen? Welche Personen aus anderen Abteilungen können Sie ansprechen, um ggf. Projekte, vielleicht aber auch nur einen regelmäßigen Austausch zu initiieren?

Strategie ist ein Begriff aus dem Militär. Das altgriechische *stratégos* bedeutet »Feldherr«, »Kommandant«. Es geht darum, unter Berücksichtigung der vorhandenen Mittel und Ressourcen ein längerfristig angestrebtes Ziel zu erreichen. Das heißt einen Plan zu machen, in dem sowohl Zwischenziele festgelegt werden als auch Platz für Flexibilität bleibt.

Sie haben das Wesentliche Ihrer Strategie durch Ihre Zielsetzung schon gestaltet. Jetzt zerlegen Sie diese Zielsetzung in kleine Häppchen, die Sie handlungsfähiger machen.

Station 1: Planen und entscheiden

Ihr großes Ziel wirkt in Visualisierungen und für Ihre Mission motivierend. Doch um es tatsächlich aktiv zu erreichen, sind Zwischenziele hilfreich. Dafür fünf Beispiele:

Wenn Ihr Hauptziel ist: »Mit meiner Familie eine Weltreise machen«, könnte Ihr Zwischenziel lauten: »Mit meinem Vorgesetzten darüber sprechen, wie lange ich am Stück Urlaub machen darf« und/oder »Eine Gehaltserhöhung verhandeln«. Ihre ersten Handlungsschritte: »Mir über meine bisherigen Leistungen und meinen Mehrwert für das Unternehmen bewusst werden«, »Mich über marktgerechte Entlohnung informieren« und »Mit Menschen Kontakt aufnehmen, die schon eine Familienweltreise gemacht haben«.

Wenn Ihr Hauptziel ist: »Führungskraft in einem Unternehmen sein, dessen Ziele und Kultur mich begeistern«, könnte Ihr Zwischenziel »Vorstellungsgespräche in geeigneten Unternehmen« heißen. Ihre ersten Handlungsschritte: »Mich selbst, alte und neue Kontakte aktivieren«, »Mit meinen Vorgesetzen/dem Personalchef reden« und »Stellengesuche online- und offline lesen«, »Mich über gute Personalberater informieren«.

Wenn Ihr Hauptziel ist: »Meine Angestelltentätigkeit hinter mir lassen und mein eigenes Unternehmen aufbauen«, könnte Ihr Zwischenziel lauten: »Mit meinem Vorgesetzten darüber sprechen, ob ich auf befristete oder unbefristete Teilzeit reduzieren kann«. Ihre Handlungsschritte: »Mir meinen Arbeitsvertrag genau anschauen«, »Grundsätzliche Fragen mit der Personalabteilung oder dem Betriebsrat absprechen«, »Meine Geschäftsidee prüfen und reifen lassen«, »Mich über Fördermöglichkeiten erkundigen«, »Einen Businessplan erarbeiten«.

Wenn Ihr Hauptziel ist: »Freischaffende Webdesignerin sein, zu der die interessantesten Kunden kommen, weil sie wissen, dass ich technisch und ästhetisch Avantgarde und menschlich integer bin«, könnte Ihr Zwischenziel heißen: »Mich bei passenden Kunden vorstellen«. Ihre nächsten Handlungsschritte könnten sein: »Mich über den Markt informieren«, »Mich technisch und ästhetisch up to date bringen« oder auch »Meine eigene Webseite überarbeiten«.

Wenn Ihr Hauptziel ist: »Meine Produktidee mit den geeigneten Vertriebspartnern zu einem Millionen-Euro-Erfolg führen«, könnte Ihr Zwischenziel sein: »Meine Produktidee schützen lassen«. Ihre Handlungsschritte könnten sein: »Patentschutz- oder Markenschutz prüfen« und »Den Markt bezüglich vorhandener Patente und möglicher Konkurrenzprodukte prüfen«.

Ihrem individuellen Zwischenziel und den erforderlichen und zielführenden Handlungsschritten kommen Sie mit der nächsten Übung produktiv näher:

(55) Übung: Das nächste Zwischenziel – die nächsten Schritte

Begeben Sie sich mit allen Sinnen in Ihre Vision. Verstärken Sie Ihre Gefühle mit Ihrer Anker-Geste und Ihrem Lautstärkeregler. Jetzt fragen Sie sich von dort aus der imaginierten Zukunft zurückblickend: Welche Schritte habe ich unternommen, welche Begegnungen initiiert, um hierherzukommen? Vielleicht tauchen die Antworten sogar bereits chronologisch auf einer Zeitlinie auf. Vielleicht auch in ungeordneter Reihenfolge.

Bringen Sie in Ihrem Tagebuch oder Ihrer Computerdatei die Zwischenziele in eine Reihenfolge. Wie viel Zeit geben Sie sich für das Erreichen Ihres großen Ziels? Zeichnen Sie sich einen Zeitstrahl als horizontale Linie, und fügen Sie hier Ihre Zwischenziele als Etappen ein. Vor jedes Etappenziel notieren Sie jeweils die Handlungsschritte, die Sie selbstverantwortlich unternehmen können, um diese zu erreichen. Schreiben Sie alles auf, was Ihnen während und nach der Übung einfiel. Falls die Handlungsschritte nach dem ersten Zwischenziel noch unvollständig sind, lassen Sie sie offen. Anschließend schauen Sie sich den gesamten Plan an. Nun fokussieren Sie sich auf Ihr erstes Zwischenziel und damit auf Ihre nächsten Handlungsschritte. Sprechen Sie eventuell mit Ihrer Mentorin darüber und entscheiden Sie dann: Was ist das erste Zwischenziel? Was sind die nächsten Handlungsschritte?

Jetzt ist es so weit. Ihre Entscheidung ist gefragt. Es geht um die Entscheidung, mit Blick auf Ihr Ziel und Ihre Mission auf Ihr Zwischenziel zuzugehen und das Abenteuer Selbstmarketing zu wagen.

Das ist tatsächlich der einzig wirklich herausfordernde Schritt, alles Weitere sind Stationen. Auch wenn Sie Ihre lähmende Komfortzone jetzt verlassen, Ihren persönlichen Bannkreis haben Sie jederzeit um sich. Ihr Höheres Selbst, Ihr innerer Vorstandsvorsitzender, wird Sie führen. Sie brauchen lediglich den Kontakt aufzunehmen.

Entscheiden Sie also, dass Sie den gewöhnlichen Alltag zurücklassen und sich voll und ganz dafür engagieren, erst Ihr Zwischenziel und dann Ihr Ziel zu erreichen. Machen Sie keine halben Sachen. Legen Sie jetzt los.

Nach Ihrer Entscheidung

Am liebsten würden Sie gleich wieder zurück vor den heimischen Fernseher. Denn es sind Hindernisse aufgetaucht. Absehbare und nicht absehbare. Seien Sie ehrlich: Wenn Sie das gewusst hätten, wären Sie gar nicht erst losgezogen. Doch ein Teil von Ihnen, der beste, weiß, dass Sie an Hindernissen wachsen.

(56) Übung: Hindernisse benennen und aufzeichnen

Erstellen Sie eine Liste der Hindernisse, die sich Ihnen auf dem Weg zum Zwischenziel in den Weg stellen oder in den Weg stellen könnten.

Innere Hindernisse: Ihre altbekannte Angst oder neue Ängste. Das Gefühl der Hilflosigkeit. Ideenlosigkeit. Schwäche. Was ist es bei Ihnen?

Äußere Hindernisse: Geldprobleme. Familiäre Anforderungen. Schwierige Freunde oder Kollegen. Wissenslücken. Konkurrenten. Wie stellen sich bei Ihnen die äußeren Hindernisse dar?

Zeichnen Sie eine horizontale Linie. Ganz links zeichnen Sie ein Kreuz, das markiert, wo Sie jetzt stehen. An den rechten Rand der Linie schreiben Sie Ihr Zwischenziel. Dazwischen tragen Sie die möglichen Hindernisse ein. Überwältigend, was? Atmen Sie dreimal tief bis unter den Bauchnabel und schauen Sie sich diese Hindernisse noch einmal an. Welche können Sie umgehen? Z. B.: Bei familiären Hindernissen in Gesprächen mit anderen Angehörigen und Freunden Problemlösungen finden? Bei noch vorhandenen Ängsten einen schriftlichen Dialog mit dem Höheren Selbst führen? Bei Geldproblemen eine günstigere Lösung für die jeweils notwendige Investition finden? Oder jemanden um Unterstützung bitten?

Wie Angst am produktivsten umgedeutet werden kann

»Angst ist Erregung minus Sauerstoff.«

Fritz Perls

Der Psychologe Fritz Perls machte diese Feststellung Mitte des letzten Jahrhunderts.[47] Im Jahr 2013 wurde sie von Alison Wood Brooks[48] von der Harvard Business School durch eine Studie bestätigt. Angesichts von Auftrittsängsten und Ängsten vor und während eines wichtigen Gespräches hilft es entgegen konventioneller Weisheit wenig, sich »Ich bin ganz ruhig« einzureden. Der Körper, dessen System ja im Stressmodus ist, fühlt sich dann nämlich nur veräppelt. Er weiß es ja besser. Zielführend ist es nach dieser Studie, sich zu sagen: »Ich bin aufgeregt.« Denn das kann der Körper in einem solchen Zustand als wahr akzeptieren. Die Auftritte der Versuchspersonen, ob beim Karaoke-Singen oder bei einer öffentlichen Rede, waren überzeugender, nachdem sie sich zuvor laut den Satz »Ich bin aufgeregt« gesagt hatten. Sie wirkten auf objektive Beobachter kompetenter und selbstbewusster und fühlten sich auch so. Die Angst hatte sich in eine ganz ähnliche Emotion gewandelt: in Aufregung. Und Aufregung kann sehr produktiv sein.

Angst als Aufregung umzudefinieren und so mit der stressenden Situation umzugehen, hat noch einen weiteren Vorteil. Der konkrete Inhalt einer Angst kann nämlich, wenn wir den Fokus darauf richten, wie eine sich selbst erfüllende Prophezeiung wirken. Denn wir erschaffen oft genau das, was wir am meisten fürchten. Wenn wir beispielsweise befürchten, verlassen zu werden, verhalten wir uns bald derart misstrauisch und klammernd, dass einem Partner oder einer Partnerin kaum eine andere Wahl bleibt, als zu gehen. Oder wenn wir uns ängstlich darauf konzentrieren, dass wir einen Job verlieren könnten, werden wir zunehmend gelähmt, eigenbrötlerisch und unproduktiv, sodass unser Verhalten tatsächlich karriereschädigend ist.

Natürlich gibt es Angst auch als medizinische Diagnose, und sicher ist es in solchen Fällen sinnvoll, sich professionelle Hilfe zu suchen. Mehr dazu finden Sie im Anhang unter dem Stichwort »Psychotherapie«. Doch für akute (nicht chronische) leichtere und mittlere Angstzustände – auch die können sich ja überwältigend anfühlen – ist die Umdeutung als Aufregung den Versuch wert. Sagen Sie sich: »Ich bin aufgeregt«, und atmen sie dreimal bewusst ein und aus. Dann unternehmen sie etwas, was Sie Ihrem Zwischenziel näherbringt.

Erlernte Hilflosigkeit abtrainieren

»Es ist nie zu spät, eine glückliche Kindheit zu haben.«

Milton H. Erickson

Es ist gut möglich, dass Sie unter Ihren inneren Hindernissen neben schrillen Ängsten das dumpfe Gefühl der Hilflosigkeit vorfinden. In diesem Fall wird die Erkenntnis des US-amerikanischen Psychologen Martin Seligman[49] die Situation erhellen. Er hält Hilflosigkeit nämlich für erlernt und diese erlernte Hilflosigkeit für eine mögliche Ursache von Depressionen. 1967 unternahm er mit einem Kollegen ein Elektroschock-Experiment – nicht mit dem Kollegen, sondern mit Hunden.

Es gab drei Kontrollgruppen in zwei Phasen: Die A-Hunde wurden kurzen elektrischen Schocks ausgesetzt, die sie mit einer Handlung (Betätigen eines Hebels) verhindern bzw. verkürzen konnten. Diese Hunde lernten schnell, diese Handlung einzusetzen. Die B-Hunde wurden zeitgleich diesen Schocks ausgesetzt, hatten aber keine Möglichkeit, diese zu verhindern, und so auch keine, etwas zu lernen. Die C-Hunde befanden sich in der gleichen Apparatur, erfuhren aber keine Elektroschocks. In der zweiten Phase gab es jeweils einen Ausweichraum, also zwei Räume mit Verbindungsgang, in beiden Räumen wurden abwechselnd die kurzen Elektroschocks (für alle drei Gruppen) eingesetzt. Die A-Hunde erweiterten nun sogar ihr Repertoire: Sie lernten nicht nur von einem in den anderen Raum zu flüchten, sobald dort ein neuer Schock gesetzt wurde, sondern auch, rechtzeitig die Räume zu wechseln, bevor der Elektroschock überhaupt ausgelöst wurde.

Die B-Hunde, die zuvor nicht gelernt hatten, dass sie Schocks verkürzen oder sogar verhindern konnten (weil man ihnen ja keine Möglichkeit dazu gegeben hatte!), blieben hingegen meist lethargisch in der Box liegen und erlitten die Elektroschocks, obwohl sie hätten flüchten und sie vermeiden können.

Die C-Hunde, die Kontrollgruppe, die vorher in der Apparatur war, ohne Elektroschocks erfahren zu haben, lernte das Flucht- und Vermeidungsverhalten der A-Hunde zwar auch, aber langsamer.

Was bedeutet das nun für Ihr Selbstmarketing-Abenteuer? Nun, bleiben wir zunächst mal bei Ihrem Selbst. Seligman, Leiter des Positive Psychology Center der University of Pennsylvania, sagt, dass ein Mensch, der Hilflosigkeit gelernt hat, geradezu erwartet, einen Kontrollverlust zu erleiden. Er verhält sich, als würde sein Verhalten Situationen und Sachverhalte sowieso nicht beeinflussen können und sein Handeln keinerlei Wirkung haben. Das schränkt die Wahrnehmung und die Verhaltensflexibilität derart ein, dass es wiederum zu emotionalen und geistigen Defiziten führt. Von Inspiration oder Motivation kann hier also in einem solchen Kreislauf gar keine Rede mehr sein: Ein Mensch, der Hilflosigkeit gelernt hat, bleibt lethargisch. Er erwartet wehrlos weitere Schmerzen, die er nicht verhindern zu können glaubt, z. B. an einem unpassenden Arbeitsplatz, bei einem unerträglichen Chef oder in einer unzuträglichen Partnerschaft. Er unternimmt nichts, um nach Möglichkeiten zu suchen, die Situation zu ändern. Er versucht nicht die Situation zu ändern, zu kämpfen oder zumindest zu flüchten.

Mir selbst hilft es, wenn ich mit einer Herausforderung konfrontiert werde, die mich in lähmende Starre mit Nebel im Hirn und Finsternis im Herzen versetzt, dieses Gefühl als erlernte Hilflosigkeit zu erkennen und zu benennen. Z. B. wenn ich eine neue Software lernen muss. Ich komme dann beim besten Willen nicht auf die Idee, in einen Dialog mit meinem Höheren Selbst zu treten. Deshalb ist das Üben so wichtig. »Erlernte Hilflosigkeit!«, flüstert mir dann eine innere Stimme zu, und ich setze neue erwachte Energien daran, eine Lösung zu finden. Wenn nicht in der Gebrauchsanleitung, dann eben per Internetrecherche. Erst dann frage ich Freunde.

Was ist aber nun, wenn wir trotz der umgesetzten Erkenntnis des Herrn Seligman beim ersten Hindernis auf unserem Selbstmarketing-Abenteuer wie gelähmt verzagen? Dann können wir – im Hier und Jetzt – die Ursachen für diese Wirkung finden. Kontrollierbarer Stress produziert ja bekanntlich weniger Stress als unkontrollierbarer. Und diese Ursachen liegen meist in der Kindheit. Wo hätten wir sonst so einen Quatsch wie Hilflosigkeit so tief greifend lernen können?

Meist haben die Eltern den Kindern die Hilflosigkeit beigebracht. Diese Kinder waren emotional oder körperlich schmerzhaften Situationen ausgeliefert, die sie nicht kontrollieren konnten. Mami und Papi müssen deshalb nicht unbedingt Sadisten gewesen sein. Sie waren vielleicht nur cholerisch, selber depressiv, übersahen die Einzigartigkeit ihres Kindes oder wollten es vielleicht so angepasst formen, dass es später nicht auffallen würde. Zu seinem Besten, versteht sich. Ihre Eltern waren nicht so? Sie sind sicher, dass Sie nichts verdrängen? Sie sagen: »Ich liebe meine Eltern, sie haben ihr Bestes getan. Ich bin ihnen dankbar für alles, was ich gelernt habe. Ich bin kein Opfer. Ich wollte auf die Welt kommen und will das wirklich Beste für mich und andere aus der Zeit machen, die mir hier noch bleibt.« Wenn Sie sich mit einer derart positiven Einstellung dennoch angesichts von herausfordernden Situationen hilflos anstellen, statt sich ihnen freudig zu stellen, kann die Ursache dennoch in Ihrer Kindheit liegen: in Ihrem Kinderhirn, das sich im Alter bis zu etwa sechs Jahren die Welt noch anders zusammenreimte als jetzt. Magisches Denken lief in Ihrem Köpfchen auf Hochtouren. Und so trafen Sie Entscheidungen über sich und die Welt, die sich als Nervenbahnen in Ihr Gehirn eingruben. Noch heute beeinflussen diese völlig unwissenschaftlich ermittelten Thesen eines Vorschulkindes Ihr Leben und können die Ursache der unfreiwilligen Lektion in Hilflosigkeit sein.

Ein persönliches Beispiel: Meine erste Erinnerung an lähmende Hilflosigkeit führt mich in mein fünftes Lebensjahr zurück – ins Auto, auf dem Weg zur Schule, zum ersten Schultag. Mit fünf in die Schule? Das ging damals, wenn die Kinder vorher einen Eignungstest abgelegt hatten. Ich hatte diesen Test bestanden, war ein sogenanntes Kann-Kind. Ich fühlte mich aber weniger geehrt als von zu Hause vertrieben, denn ich hatte zwei jüngere Geschwister, einen blonden blauäugigen Bruder und eine süße Babyschwester, die mehr Aufmerksamkeit brauchten. So viel zum Hintergrund, zurück in die Situation. Ich saß mit den Geschwistern auf der Rückbank rechts am Fenster und sah draußen die Kinder mit ihren Eltern, die einen kürzeren Schulweg hatten und zu Fuß gingen. Sie trugen große Zuckertüten im Arm. Die Geschwister in ihrer Begleitung hatten ebenfalls welche, wenn auch etwas kleinere. Ich und meine Geschwister hatten gar keine. Obwohl ich nicht überdurchschnittlich wild auf Süßigkeiten war, war ich geschockt. Was für eine Blamage stand mir bevor? Ich wies meine Eltern darauf hin, dass die anderen Kinder Zuckertüten hatten und ich nicht. Meine Eltern sahen sich an und lachten. Es waren nur noch 300 Meter zur Robert-Schumann-Schule. Immer mehr Kinder, immer mehr Zuckertüten. »Ich bin alleine« war die Entscheidung, die ich über mich, »Ich gehöre nicht dazu« die, die ich über mich im Kontakt mit anderen traf. Mein Vater parkte, meine Mutter öffnete den Kofferraum und gab mir eine große Zuckertüte und meinen Geschwistern jeweils eine kleine. Doch meine Entscheidung war schon gefallen.

Wie ich diese Situation verarbeitete? Mit der Übung, die ich Ihnen gleich ans Herz lege. Es kann im Übrigen sogar sein, dass Sie dadurch Ihre tiefste Wunde kennenlernen, die oft auch gleichzeitig Ihre größte Gabe hervorbrachte. Warum, glauben Sie, kann und will ich Menschen unterstützen, die glauben, nicht wirklich dazuzugehören?

(57) Übung: Die Lektion neu lernen

Denken Sie an Ihr Zwischenziel. Dann an eine aktuelle Herausforderung, vor der Sie sich hilflos fühlen. Was genau ist das für ein Gefühl? Wann hatten Sie dieses Gefühl zum ersten Mal? Erinnern Sie sich so weit zurück, wie Sie können. Es wird Ihnen spontan einfallen.

Viele Menschen können sich bis zum Alter von etwa drei Jahren zurückerinnern. Vielleicht waren Sie aber auch schon fünf oder sechs Jahre alt. Was genau war das für eine Situation? Wo in Ihrem Körper spüren Sie sie? Und jetzt die wichtigste Frage, für die Sie Kontakt mit dem Teil Ihrer selbst aufnehmen, der damals Kind war: Was ging damals durch Ihren Kopf? Als Aussage über Sie selber? War es etwas wie: *Ich bin allein.* Oder: *Ich bin zu viel.* Oder: *Ich bin wertlos.* Oder: ... Welcher Satz war es bei Ihnen?

Atmen Sie dreimal bewusst bis in Ihren Bauch ein und aus, spüren Sie Ihren persönlichen Bannkreis, nehmen Sie Kontakt mit Ihrem Höheren Selbst auf, atmen Sie es ein. Bis tief unter Ihren Bauchnabel. Nehmen Sie nun von dort als heute verantwortungsvoller Erwachsener den Dialog mit Ihrem inneren Kind auf. Was fühlt es, was braucht es? Geben Sie dem kindlichen Anteil von Ihnen, das in dieser als unkontrollierbar erscheinenden Situation steckt, Zeit und Mitgefühl. Sprechen Sie liebevoll mit ihm. Vermitteln Sie dem Kind Verständnis und sagen Sie ihm, dass das, was es in dem Moment damals dachte, nicht die »Wahrheit« ist. Erklären Sie die Situation so objektiv wie möglich und versichern Sie ihm, dass Sie ab jetzt für es da sind. Mit all Ihrer Erfahrung, Ihren Ressourcen und Ihrer Liebe.

Auf welchen Satz können Sie sich jetzt mit ihm einigen? Bleiben Sie im Dialog. Versprechen Sie dem Kind, dass Sie sich wiedertreffen. Kommen Sie zurück in das Jetzt. Notieren Sie sich den neuen Satz des Kindes. Halten Sie Ihr Versprechen und besuchen Sie es regelmäßig.

Station 2: Proben, Profil, Partner

> »Der Mensch kennt die Lösung seines Problems, er weiß nur nicht, dass er sie kennt.«
>
> *Milton H. Erickson*

Nach der Begegnung mit den ersten Hindernissen sind Sie auf Ihrem Weg zum Ziel geblieben. Wunderbar. Doch es ist beileibe noch keine Erholung in Sicht. Es sei denn, Sie blättern kurz vor ins Kapitel 4: »Rekreation«. Sie werden auf Ihrem Selbstmarketing-Abenteuer auf Proben und vor Rätsel gestellt. Hier ist aber gleichzeitig die Station, in der Sie Freunde und Partner finden. Sie werden auch auf Ihrer individuellsten Reise nicht ohne die Unterstützung anderer Menschen zum Ziel kommen.

Wie verhält sich Ihre Familie und Ihr Freundeskreis zu Ihrer Mission, zu Ihren Zielen? Können Sie ihnen davon erzählen oder behalten Sie Ihre Mission lieber für sich? Sie können jede Unterstützung gebrauchen: emotionale, organisatorische und vielleicht sogar finanzielle. Worauf Sie auf Ihrem Weg verzichten können, sind Menschen, die Sie, Ihre Ziele und Ihre Mission kleinmachen. Gerade jetzt, da Sie selber angefangen haben, das nicht mehr zu tun und nach Höherem und Größerem für sich streben, ist es an der Zeit, auch Ihr Umfeld einzuweihen. Von Ihrem persönlichen Bannkreis geschützt, können Sie sich die Reaktionen der anderen auf Ihre Aussagen anschauen.

Es kann tatsächlich sein, dass Ihr Partner oder Ihre Partnerin zunächst irritiert reagiert. Dann sagen Sie ihm oder ihr, wie wichtig er oder sie für Sie ist, und bitten Sie ganz offen um Unterstützung. Kommt nichts als Kritik, dann nehmen Sie diese vor allem nicht persönlich und reagieren so sachlich wie möglich. Bleiben Sie in Ihrer Mitte. Lassen Sie sich durch häusliche Dramen nicht von Ihrem Weg abbringen. Sie haben ja kein egoistisches Ziel, sondern eins, das das Wohl aller einbezieht. Die Zeit wird zeigen, ob diese Beziehung eine lebenslängliche sein wird oder doch ein Verfallsdatum hat. Daran wird sich kaum etwas ändern, wenn Sie jetzt klein beigeben. Eventuell brauchen Ihr Partner oder Ihre Partnerin auch nur eine Gewöhnungsphase und sind dann, wenn es drauf ankommt, doch auf Ihrer Seite.

Ihren schon existierenden Freundeskreis, der bei Introvertierten, Hochsensiblen und Schüchternen ohnehin nicht ausufernd groß ist, können Sie überprüfen: Gibt es darunter Menschen, die eher Ihr altes Ego spiegeln, als Sie auf Ihrem Weg zu Ihrem neuen Ziel zu unterstützen? Oder gibt es sogar solche, die Sie entmutigen? Akzeptieren Sie die anderen so, wie sie sind. Veranstalten Sie kein Drama, Sie brauchen Ihre Kräfte. Z. B. um neue Verbündete zu finden.

Laden Sie positiver gesinnte Menschen in Ihr Leben ein. Das geht nicht so einfach, wenn man immer nur arbeitet, Blickkontakt meidet und am liebsten ungestört ist? Stimmt. Und genau damit werden wir uns als nächstes beschäftigen. Sie werden das, was Sie brauchen und wollen – Ihr Zwischenziel und Ihr großes Ziel – nämlich vor allem durch Kommunikation mit Menschen erreichen. Ob das nun mehr Gehalt, ein neuer Job, ein neues Team oder ein neuer Auftrag ist.

Also: Gerade wenn Sie Kontaktangst haben, nehmen Sie Kontakte auf. Die Verhaltenstherapie, eins von drei Verfahren, deren Kosten auch von gesetzlichen Krankenkassen in Deutschland auf Antrag übernommen werden, verfährt nach genau diesem Prinzip: Phobische Menschen werden mit den Auslösern ihrer Angst konfrontiert. Eine Diplom-Psychologin erzählte mir von einer Intervention aus der Verhaltenstherapie, bei der Menschen mit ihrer Höhenangst auf besonders spektakuläre Weise konfrontiert werden: Die Klienten werden mit einem Kran in die Höhe gehoben und – bleiben dort. Etwa 40 Minuten lang. Es ist ihre Aufgabe, gegenüber der Situation neugierig und präsent zu bleiben und die Angsterfahrung offen zu durchleben. Warum so lange? Weil die Stresshormon-Schwemme, ausgelöst durch das Angstzentrum des Gehirns, der Amygdala, mindestens 20 Minuten braucht, um sich zu erschöpfen. Danach ist alles wieder gut. Als durchlebte Erfahrung bleibt dann, dass selbst die größte Angst nicht endlos anhält. Was bedeutet dieser verhaltenstherapeutische Ansatz für Schüchterne in Bezug auf das Selbstmarketing?

Soziale Kompetenz wird als Durchsetzungs- und Beziehungsfähigkeit definiert. Gehen wir zunächst auf die zweite Hälfte ein, die Beziehungsfähigkeit. Auch hierfür wird von Experten die Konfrontation mit der Angst als zielführend gesehen. Schon bei der Wahl des Berufs wird schüchternen Menschen von verhaltenstherapeutisch denkenden Autoren eine Tätigkeit mit möglichst viel Kundenkontakt empfohlen.[50] Und im Alltag wird ihnen angeraten: Menschen ansprechen und sich dafür öffnen, sich ansprechen zu lassen.

(58) Übung: Hilfreiche Menschen finden und wiederfinden

Gestalten Sie sich in Ihrem Tagebuch oder Ihrer Computerdatei eine Liste (oder eine Mindmap) und schreiben Sie alle Menschen auf, zu denen Sie jemals Kontakt hatten. Brainstormen Sie mindestens drei Minuten lang, bis Sie möglichst viele Namen oder Erinnerungshilfen notiert haben. Welche davon sind Ihnen sympathisch? Und – unabhängig von Sympathie – welche könnten auf dem Weg zu Ihrem Ziel hilfreich sein? Sie können diese beiden Personengruppen mit unterschiedlichen Farben markieren. Vermutlich gibt es Überschneidungen, d. h. Personen, die Ihnen sowohl sympathisch sind als auch hilfreich sein könnten.

Nun schauen Sie auf Ihre Liste: Welche von diesen Menschen haben Kontakte zu Menschen, die auf dem Weg zu Ihrem Ziel hilfreich sein könnten? Wie heißt dieser Kontakt zweiten Grades? Notieren Sie ihn sich neben der Person, die Sie mit dieser zusammenbringen könnte. Dann wird auch diese Person (Ihr Kontakt ersten Grades) als hilfreich markiert.

Nun schauen Sie Ihre Liste durch: Welche Personen stehen in der Schnittmenge von sympathisch und hilfreich? Nehmen Sie mit diesen Personen Kontakt auf. Am besten mit einem Telefonanruf oder mit einem Brief. Da gibt es jetzt keine Ausrede mehr. Auch wenn Sie schon lange keinen Kontakt mehr hatten. Sie haben eine neue Geschichte, Ihr Kontakt vielleicht auch. Allein deswegen kann es für beide interessant sein, sich zusammenzusetzen. Müssen Sie Ihre Kontaktaufnahme begründen? Manchmal reicht ein »Ich habe an dich gedacht«, oder weiterführend »Wie geht es dir? Bei mir hat sich einiges getan«, »Ich habe mich erinnert, dass du ein interessanter Gesprächspartner bist« oder »Ich könnte deinen Rat gebrauchen«.

Vereinbaren Sie möglichst ein Treffen mit dieser Person. Und dann? Tun Sie das, was Sie ohnehin gut können: zuhören. Achten Sie dabei ruhig auch auf die Art, wie Sie zuhören: Sind Sie wirklich ganz dabei oder beschäftigen Sie sich mit protektiver Selbstbeobachtung? Seien Sie voll beim anderen. Wie viel Sie der Person von Ihrem Ziel und Ihrer Mission schon beim ersten Treffen erzählen können, ist Ermessenssache.

Es sollte Ihnen nie peinlich sein, um Unterstützung zu bitten. Wenn Sie die sympathisch-hilfreichen Personen kontaktiert haben, wenden Sie sich an die, die Sie lediglich für hilfreich halten. Treffen Sie sie. Wer weiß: Vielleicht haben Sie sich nur eine Geschichte über diesen Personenkreis erzählt, und die als hilfreich eingeschätzten sind inzwischen auch sympathisch und hilfsbereit.

Was ist, wenn Sie, gleich in welchem Stadium der Kontaktaufnahme, einen Korb bekommen? Halten Sie es aus. Ihre Liste ist lang genug, sodass Sie umgehend die nächste Person kontaktieren können. Gut, meinetwegen dann auch eine, die »nur« sympathisch ist. Lassen Sie sich überraschen, vielleicht müssen Sie Ihre Geschichte auch in diesem Fall revidieren und diese Person erweist sich inzwischen als besonders hilfreich.

Nehmen Sie sich vor, zumindest für die nächsten drei Monate, jede Einladung anzunehmen. Ob Sie aus der Verwandtschaft angesprochen werden, von früheren oder jetzigen Kollegen oder ob Ihnen eine Vereinseinladung ins Haus flattert: Partys und Veranstaltungen jeder Art sind eine gute Umgebung, um seine Beziehungsfähigkeit zu trainieren.

Sie wollen gar nicht? Dann überreden Sie sich. Z. B. damit, dass Sie vorab einen zeitlichen Rahmen festlegen. Spielfilmlänge, mindestens 90 Minuten also. So lange wie ein Fußballspiel, Pause nicht mitgerechnet. Sie können bei einer Abendesseneinladung nicht schon vor dem Nachtisch verschwinden? Natürlich können Sie das, Sie sind ein freier Mensch. Und es gibt ja auch Spielfilme, die 120 Minuten lang sind und die Sie trotzdem zu Ende geguckt haben. Es gibt aber auch Weltmeisterschaftsspiele mit Verlängerung, sogar Elfmeterschießen. Länger brauchen Sie wirklich nicht zu bleiben. Dann können Sie sich, auch mit passender Erklärung, die Sie sich vorab formuliert haben (z. B. Migräne, Skype-Telefonat mit Übersee, regelmäßiges Meditieren um 22 Uhr), entfernen.

Es ist übrigens möglich, dass Sie auf derartigen Partys und Veranstaltungen Menschen treffen, denen es ebenfalls guttun würde, Beziehungsfähigkeit zu üben. Sie stehen meist vereinzelt rum. Sprechen Sie sie an. Vielleicht sind sie dankbar. Lächelnd und mit Augenkontakt können Sie tatsächlich sagen: »Sie sehen interessant aus, ich würde mich gerne mit Ihnen unterhalten.« Oder: »Hallo, ich bin Doris Müller, ich kenne den Gastgeber noch aus der Grundschule. Woher kennen Sie ihn?« Generell eignen sich übrigens offene Fragen (z. B. die sechs Ws – wer, wie, wo, was, wann, warum) für Gespräche besser als geschlossene Fragen, die auf Ja/Nein oder Entweder/Oder abzielen.

Und was machen Sie auf derartigen Veranstaltungen, wenn Sie nicht ununterbrochen mit Menschen reden möchten? Bei Partys können

Sie vorübergehend dem Gastgeber helfen. Bei Veranstaltungen können Sie sicherheitshalber Rückzugsmöglichkeiten auskundschaften, dort das »Power-Posen« (siehe Kapitel 1) oder das »Mona-Lisa-Halblächeln« (siehe Kapitel 3, Übung: Stift-Lächeln vs. Mona-Lisa-Halblächeln) anwenden, um dann gestärkt und freundlich zurückzukommen.

Besonders geeignet zum Üben der Beziehungsfähigkeit sind Situationen, in denen Sie Ihre »Zielobjekte« regelmäßig wiedersehen. Wollten Sie nicht ohnehin etwas Neues lernen? An den Volkshochschulen gibt es gute Dozenten und Dozentinnen und interessante Kurse. Auch die regionalen Industrie- und Handelskammern bieten Veranstaltungen, bei denen Sie dazulernen können. Vielleicht gibt es auch branchenspezifisch interessante Angebote in Ihrer Nähe? Wählen Sie unter dem Aspekt des Kennenlernens Kurse, die sich nicht auf ein Treffen beschränken, sondern über mehrere Wochen gehen. Beobachten Sie die anderen Teilnehmer zunächst. Wer ist Ihnen sympathisch? Wie reagiert er oder sie in unterschiedlichen Situationen? Was haben die anderen jeweils für Angewohnheiten? Wie kleiden sich diese Menschen für diese Treffen? Malen Sie sich den Alltag dieser Menschen aus, statt über sich selber nachzugrübeln. So kommen Sie aus Ihrer protektiven Selbstbeobachtung und können in einem passenden Moment das Wort ergreifen. Wenn Ihnen Small Talk zu oberflächlich erscheint: Er ist nicht als intellektuelles Gefecht gedacht, sondern ist ein Wärmeaustausch unter Menschen, der – wenn Sie Blickkontakt halten – sogar das Belohnungssystem im Gehirn aktiviert. Aufmerksamkeit fühlt sich gut an. Und wenn Sie dann übers Wetter reden, können Sie immer noch zwischen Kumulus- und Zirruswolken differenzieren. Sagen Sie einfach einen wahren und freundlichen Satz. In einem Fortbildungskurs können Sie Wahrheiten im Lernstoff, in den positiven Eigenschaften der Dozentin und sogar in Gaststättenempfehlungen finden.

(59) Übung: Lange Blicke, schweifende Blicke

Auch wenn Blickkontakt nicht zu Ihren Ängsten zählt, die Erfahrung, die man bei dieser Übung macht, ist für jeden interessant. Sie brauchen ein Gegenüber, also Ihre Mentorin oder eine sympathische Ersatzperson.

Setzen Sie sich direkt gegenüber, sodass Sie sich in die Augen sehen können. Spüren Sie Ihren persönlichen Bannkreis. Nun stellen Sie einen Wecker oder den Timer Ihres Smartphones auf eine Minute.

➤ a) Schauen Sie sich geradewegs in die Augen, atmen Sie dabei ruhig, beobachten Sie Ihre Gefühle, bleiben Sie dennoch mit der Person im Blickkontakt. Eine Minute kann sehr lang sein. Sie müssen nicht lächeln, dürfen es aber. Hauptsache, Sie halten diese 60 Sekunden durch. Wenn nicht, beginnen Sie einfach noch mal von vorn. Wie war die Erfahrung für Sie?

Im wahren Leben werden Sie wohl kaum einem Menschen so lange so direkt in die Augen schauen. Der alltägliche Blick schweift in der Augen-Nasen-Mund-Region hin und her, ist nicht starr. Die Augenlider sind dabei nicht aufgerissen, sondern möglichst entspannt, sogar bis zu 50 Prozent geschlossen.

➤ b) Stellen Sie den Timer wieder auf eine Minute ein. Bitten Sie Ihr Gegenüber, Sie direkt anzuschauen, während Sie Ihren entspannten Blick, die Augenlider bis zu 40 Prozent geschlossen, durch die Landschaft des Gesichtes schweifen lassen. Jeweils ein paar Sekunden um die Augen herum, um die Nase, die Wangen, die Stirn und wieder zurück. Selbstverständlich brauchen Sie sich nicht an die Reihenfolge zu halten.

Nach einer Minute fragen Sie sich: Wie fühle ich mich jetzt? Und bedanken sich bei Ihrem Gegenüber.

Lächeln – Pro und Kontra

>>Ein Lächeln ist die kürzeste Verbindung zwischen zwei Menschen.<<

Victor Borge

Lächeln eignet sich offensichtlich zur Kontaktaufnahme. Vor und während eines Gespräches bildet ein sanftes Lächeln Vertrauen. Es ist die entspannteste Haltung der Gesichtsmuskulatur und gleichzeitig genau die, die für ein jüngeres und attraktiveres Aussehen sorgt.

Nach einem Lächeln fühlen wir und unsere Gesprächspartner uns glücklicher.

Warum lächeln Sie also nicht öfter? Weil Sie schüchtern sind? Gerade ein »schüchternes Lächeln« ist besonders attraktiv. Sie meinen, Sie hätten hässliche Zähne? Machen Sie dann doch bitte einen Realitätscheck, fragen Sie andere Menschen, was diese von Ihren Vorderzähnen halten. Sie müssen ja nicht gleich als Zahnpasta-Modell arbeiten können. Ein verkrampfter Gesichtsausdruck, um ein natürliches Lächeln zu unterdrücken, wirkt auf jeden Fall merkwürdiger als leicht verfärbte oder schiefe Zähne. Bei einem echten Lächeln bewegen sich ohnehin die Muskeln um die Augen mit, sodass der beobachtende Blick nicht nur auf Ihre Zähne fokussiert. Dass Sie tägliche Zahnpflege betreiben, versteht sich von selbst. Falls Ihr kosmetischer Zahnbedarf darüber hinausgeht, können Sie immer noch einen seriösen Zahnarzt fragen, was er Ihnen raten würde. Ihr Lächeln ist Ihr wertvollstes mimisches Kommunikationsmittel.

Der Ausgewogenheit halber ein Gegenargument: Im Machtkampf eines schwierigen Meetings mit dominanten Menschen wird Lächeln, vor allem von Frauen, eher als Unterwerfungsgeste gewertet. Eine Studie der TU München[51] befand sogar, dass oft lächelnden Managerinnen von ihren Mitarbeitern und Mitarbeiterinnen weniger Führungsbereitschaft zugetraut wird. Bei Männern sei das nicht so. Doch durch Doppelmoral lassen wir uns die Laune nicht verderben. Flexibilität im emotionalen Ausdruck ist bei der Frage des Lächelns wohl der richtige Schlüssel. Lächeln ist sogar heilsam. In Kirgisien gab es ein Kloster mit dem Namen »Das Kloster der Feueranbeter«, in dem schlechte Laune als Sünde galt und Lächeln Pflicht war. Die Erfolge waren so überzeugend, dass angeblich[52] sogar Professoren aus der Ex-DDR dorthin zur Kur fuhren. Ich freue mich über jedes Lächeln, das mir auf deutschen Straßen entgegenkommt. Was am ehesten passiert, wenn ich als Erste lächle.

(60) Übung: Stift-Lächeln vs. Mona-Lisa-Halblächeln

a) Lächeln von außen: Stellen Sie sich vor einen Spiegel, nehmen Sie einen dünnen Stift (oder ein asiatisches Essstäbchen) horizontal zwischen die Zähne, lassen Sie ihn zwei Minuten dort, während Sie sich anschauen. Schon nach etwas über einer Minute werden Sie merken, dass Sie sich anders fühlen. Denn Sie haben über den Körper Ihre Chemie beeinflusst. Glückshormone wurden freigesetzt. Diese Übung können Sie im Alltag natürlich auch ohne Spiegel machen.

b) Lächeln von innen: Ein echtes Lächeln, das auch aus den Augen kommt, können Sie auch ohne jedes äußere Hilfsmittel üben. Den meisten Menschen reicht es, die Augen zu schließen und an jemanden oder etwas zu denken, den, die oder das sie lieben. Nehmen Sie sich dafür eine Minute Zeit.

Mark Robert Waldman, ein amerikanischer Neurowissenschaftler, empfiehlt eine ausführlichere Entspannungsübung[53], aus der das »Mona-Lisa-Halblächeln« resultiert:

Gähnen Sie eine Minute lang, strecken Sie dabei den Körper und dehnen Sie sich (wenn Sie wollen auch Hände und Unterarme dabei streicheln). Fragen Sie sich innerlich: »Was ist jetzt gerade für mich der höchste Wert?« Denken Sie an dieses Wort (ggf. auch an jemanden, etwas oder eine Tätigkeit, die Sie lieben). Und schon breitet es sich aus: Ihr Mona-Lisa-Halblächeln.

Freunde, Neid und Netzwerke

Freundinnen und Freunde freuen sich mit Ihnen über Erfolge, so wie Sie sich über deren Fortschritte freuen. Wenn bei Ihnen dennoch gelegentlich Neid aufkommt, sehen Sie es als Hinweis auf einen noch nicht verwirklichten Wunsch. Mich z. B. würde zurzeit die Vorstellung, dass ein Freund vier Wochen am Stück Urlaub macht, grün vor Neid werden lassen. Das zeigt mir, auf was ich sonst nicht gekommen wäre, nämlich dass ich genau das brauche. Ich plane also, mir demnächst ebenso viel Zeit für mich zu nehmen, und schon kann ich ihm ehrlichen Herzens gute Erholung wünschen. Eine Freundin, die mit einem neuen Cabrio vorfährt, bringt meine Galle hingegen gar nicht erst zum Gären. Ich kann auf der B1 in Richtung Wannsee auch auf dem Beifahrersitz jubeln. Neid, diese unangenehme und auf Dauer sogar ungesunde Emotion, kann also als Kompass für mögliche neue Ziele dienen und umgehend ausgeatmet werden.

Mit der Bezeichnung »Freund« wird seit der Verbreitung von Facebook inflationär umgegangen. Im wirklichen Leben reichen Ihnen vielleicht schon drei bis vier gute Freundinnen oder Freunde, mit denen Sie sowohl Ihre Sorgen besprechen als auch Spaß haben können. Sympathie und Vertrauen gelten seit Aristoteles' Zeiten als Basis für die damals sogar noch höher als Gerechtigkeit bewertete Freundschaft unter Gleichen. Freunde können Sie leichten Herzens um einen Gefallen bitten. Zum Beispiel können Sie sie bitten, mit Ihnen gemeinsam darüber nachzudenken, wie Sie Ihren Zielen näherkommen können. Sie können – fachlich und menschlich qualifiziert wie Sie sind – einen guten Freund auch direkt um eine Empfehlung bitten oder um einen Kontakt zu jemanden, der Sie und Ihr Projekt unterstützen könnte. Selbstverständlich würden Sie vergleichbaren Einsatz zeigen, wenn er oder sie Ihrer Unterstützung bedarf.

Doch wie sieht es jetzt mit dem erweiterten Freundschaftsbegriff im Rahmen sozialer Netzwerke aus? Diese Menschen kennen Sie nicht seit dem Kindergarten und wissen nicht, was für ein prima Kumpel Sie sind. Sie ahnen nichts davon, dass Sie schon mal von Ihren Hausaufgaben haben abschreiben lassen und Ihr Humor sich dadurch auszeichnet, dass Sie über sich selber die besten Witz reißen. Wie können diese neu hinzugewonnenen Menschen Ihnen also vertrauen? An dieser Stelle kommt sowohl Ihr Mut, auch der, den Ihnen Ihre Persona macht, als auch Ihre Wahrhaftigkeit ins Spiel: Sie beschreiben Ihre Leistungen, Auszeichnungen und Stärken, ohne in irgendeiner Weise »runterzulügen«. Selbstmarketing beginnt mit Selbstdarstellung – mit akquisitiver Selbstdarstellung statt defensiver.

Beginnen wir bei der Selbstdarstellung, für die Sie Ihren Computer nicht verlassen müssen, bei der Erstellung Ihres digitalen Profils. XING und LinkedIn, für Freiberufler auch Google+ und eventuell Facebook sind gerade für Menschen mit Selbstmarketing-Blockade wichtig. Auf diesen Portalen können Sie gefunden werden, Kontakte (wieder) aufnehmen und sich auch aktiv nach Chancen umschauen bzw. solche prüfen. Beschäftigen Sie sich also ruhig ein bisschen genauer damit.

Profile: XING und LinkedIn

Haben Sie schon Ihr Profil in den beruflich relevanten sozialen Medien? Im deutschsprachigen Raum gibt es sieben Millionen Profile auf XING[54] und inzwischen über fünf Millionen LinkedIn-Profile (Stand: Mai 2014[55]).

Sie haben noch kein Profil, weil Ihnen angst und bange wird, wie gläsern wir durch die digitalen Medien werden? Verständlich. Doch spätestens durch die Informationen von Edward Snowden wissen wir ja, dass ohnehin wenig privat bleibt. Kontrolle über seine Daten zu bewahren, ist eine Illusion. Machen Sie sich dennoch, wenn Sie sich für berufliche Profile im Internet entscheiden, gut mit den Sicherheitseinstellungen vertraut. Frau Yee Wah Tsoi, Manager Corporate Communications bei XING, sagt zum Thema Datenschutz:

> *»Dass wir unseren Hauptsitz in Deutschland haben, hat für unsere Mitglieder mehrere Vorteile: Wir unterliegen den deutschen Datenschutzbestimmungen, die zu den striktesten der Welt gehören. Das bedeutet beispielsweise, dass wir grundsätzlich vor jeder Datenverarbeitung die Einwilligung der Nutzer einholen. Für Anbieter mit ihrem Firmensitz z. B. in den USA gelten diese strengen Standards nicht. Unsere Nutzer können sich außerdem darauf verlassen, dass wir keine personenbezogenen Daten an Dritte weitergeben. Davon abgesehen, geben wir unseren Mitgliedern alle nötigen Werkzeuge in die Hand, damit sie die volle Kontrolle über ihre Daten haben. Sie können individuell einstellen, welche Mitglieder welche ihrer Daten sehen dürfen und welche nicht oder ob ihr Profil für Suchmaschinen auffindbar ist.«*

Die wichtigsten Sicherheitsüberlegungen sind:

➤ Ein ordentlich langes Password (zwölfstellig), das aus verschiedenen Satzzeichen besteht, das Sie sich aber dennoch merken können. Z. B. indem Sie die Anfangsbuchstaben von Wörtern nehmen, die für Sie einen Sinn ergeben, z. B. Internet? Für XING gebe ich mir 15 Minuten wöchentlich Zeit. Daraus wird dann: I?FXgim15MwZ. Genau dieses Beispiel sollten Sie jetzt natürlich nicht mehr verwenden. Denken Sie sich also sicherheitshalber ein anderes aus.

➤ Darf Ihr Profil für Suchmaschinen auffindbar sein? Wer darf was und wie viel von Ihrem Profil sehen? (Z. B. auch Ihre Kontakte?). Bei XING können Sie derartige Einstellungen per Klick auf das Zahnrad-Symbol – das steht im »Ansicht für Profilbesucher«-Modus links unten, im »Editiermodus« rechts – unter Privatsphäre einstellen. Bei LinkedIn finden Sie es in der oberen Leiste ganz rechts, indem Sie auf das kleine Miniaturfoto von sich (wenn schon vorhanden) klicken. Dann weiter zu »Datenschutz & Einstellungen«.

➤ Achten Sie – wenn Sie anfangs an Ihrem Profil basteln, aber auch wenn Sie in einem Unternehmen angestellt und per Profil aktiv auf Jobsuche sind – besonders darauf, dass Ihr Netzwerk nicht alle Ihre Aktivitäten einsehen kann. Bei XING mit dem Zahnrad-Symbol, dann »Privatsphäre«, dann unter »Ihre Aktivitäten« auszuwählen. Bei LinkedIn finden Sie, während Sie Ihr Profil bearbeiten, derzeit auf der rechten Seite die Frage »Ihr Netzwerk darüber informieren?«. Besser erst einmal nicht.

➤ Geben Sie die Namen (und ggf. E-Mail-Adressen) der Personen, die Sie schon kennen und mit denen Sie Kontakt aufnehmen möchten, sicherheitshalber per Hand ein. Vor allem sollten Sie LinkedIn nicht Ihr gesamtes digitales Adressbuch zur Verfügung stellen.

➤ Machen Sie Änderungen an Ihrem Profil und den Einstellungen und auch Ihre Kontakteinladungen besser von Ihrem Computer aus als von Ihrem Mobiltelefon. Auch weil Sie dann mehr Übersicht und Ruhe haben.

Sie haben keine Bedenken, dass Sie zu viel von sich preisgeben, bzw. Sie sind mit den Privatsphären-Einstellungen vertraut und haben bereits ein Profil? Dann brauchen Sie sich hier nur zwei Fragen zu stellen: Ist mein Profil auf der für mein berufliches Ziel richtigen Plattform? Ist mein Profil schon optimal? Die Wahrscheinlichkeit, dass Sie sich besser präsentieren könnten, liegt bei 98 Prozent.

Der Unterschied zwischen XING und LinkedIn besteht darin, dass XING eher auf den deutschsprachigen Raum bezogen, LinkedIn hingegen internationaler vernetzt ist. Für beide Plattformen reicht zunächst ein kostenloses Profil. Sollte sich diese Form des Selbstmarketings für Sie später als eine der wenigen sinnvollen und als echte Leidenschaft entpuppen, können Sie das immer noch ändern. Und Google+? Für Freiberufler und Unternehmer ist diese Plattform ebenfalls relevant. Facebook? Das ist das einzige Portal, auf dem Sie sind? Dann ist es Zeit, das zu ändern. Falls Sie Facebook beruflich nutzen wollen, was tatsächlich für Freiberufler (und Unternehmen) sinnvoll sein kann, dann überprüfen Sie Ihre Chronik. Das heißt die Fotos und Einträge, die Sie bisher dort veröffentlicht haben. Sind die gesellschaftsfähig? Dass Sie sich keinen Gefallen damit tun, Fotos vom letzten Grillfest und sich selbst in Badehose online zu stellen, brauche ich Ihnen nicht zu sagen. Ausnahme: Sie sind Metzger bzw. Bademoden-Model. Beruflich brauchen Sie, ob angestellt, freiberuflich oder unternehmerisch tätig, ein bewusst auf Ihr Ziel und Ihre Mission ausgerichtetes Profil.

Das Porträtfoto

>>Ich verabscheue Narzissmus, aber Eitelkeit billige ich.<<
Diana Vreeland

Vorbereitung: Was möchten Sie mit Ihrem Porträtfoto darstellen? Hier kommt Ihr Ziel ins Spiel. Wenn Sie als selbstständiger Unternehmer Abenteuerreisen in Tansania anbieten, können Sie legerer gekleidet sein als jemand, der seinen Führungswillen innerhalb eines mittelständigen Unternehmens beweisen möchte. >>Dress for Success<< heißt in diesem Fall: sich auf diesem Foto schon für die gewünschte Position zu kleiden. Das will Ihre Persona, Ihr bestes Selbst, doch auch, oder? Jetzt ist der richtige Zeitpunkt, die Frisur, das Brillengestell und das Make-up zu überdenken.

Professionelle Fotografen kosten ab 200 Euro für eine Sitzung mit zwei bis drei Fotos, die Ihnen anschließend zur Verfügung gestellt werden. Nach oben gibt es kein Limit. Fragen Sie ruhig, ob eine Stylistin im Paket mit drin ist. Vergleichen Sie die Preise, aber auch den Stil der Fotografen. Können Sie sich in diesem Licht vorstellen?

Kein Geld ist keine Ausrede für ein schlechtes Porträt. Nehmen Sie die obigen Kleidungs- und Styling-Tipps ernst. Ein privat wirkendes Foto aus Ihrer Schublade, auch wenn Sie darauf noch so hübsch aussehen, ist ungünstig. Befindet sich in Ihrem Familien- oder Freundeskreis jemand, dem Fotografieren Spaß macht und der geduldig genug ist, Ihren Anweisungen zu folgen? Dann machen Sie einen Termin aus. Wählen Sie am besten natürliches Tageslicht, das schmeichelt und ist unkompliziert. Sonnenaufgang und die Zeit vor Sonnenuntergang bieten das weichste Licht. Blitzlicht hingegen wirkt, wenn nicht professionell eingesetzt, oft unvorteilhaft. Vielleicht finden Sie noch eine dritte Person, die mitkommt und einen Reflektor (oder ersatzweise ein großes Stück weißes Styropor) so hält, dass Sonnenlicht aufhellend auf Ihr Gesicht reflektiert. Als Location eignet sich schon ein größerer Balkon. Sie würden in diesem Fall aus der Wohnung auf den Balkon hinaustreten, während der Fotograf Sie von außen fotografiert. Gut wirken bei Businessfotos auch Orte mit modernen Fassaden im Hintergrund. Natürlich kann der Ort freier gewählt werden, z. B. wenn Sie im Motorrad-, Musik- oder Modegeschäft tätig sind. Experimentieren Sie ruhig mit mehreren Kleidungsstücken und Hintergründen. Wichtig ist vor allem Ihr Ausdruck. Entspannt, freudig und führungswillig. Denken Sie einfach freundlich lächelnd an Ihre Mission.

Lassen Sie sich bei der Auswahl des Fotos von Freunden beraten: Minimale Ausdrucksunterschiede können auf Fotos zu komplett unterschiedlichen Eindrücken führen. Nehmen Sie das Foto, das am ehesten die Person darstellt, die Sie sind und auch sein wollen.

Digital beschreiben und kontakten

Tragen Sie auf Ihrer Profilseite zunächst Ihre bisherigen beruflichen Stationen, Ausbildungen und jeweiligen Erfolge ein. Falls Sie im Zweifel sind, ob Sie zu dick auftragen, was Ihre Kompetenzen angeht, sind Sie wohl gerade dabei, das Nicht-Runterlügen zu üben. Die Zusammenfassung, »Über mich« bei LinkedIn bzw. das Textfeld unter dem Foto bei XING, sind die Orte, wo Sie sich freier vorstellen können. Hier ist Raum für Ihre Botschaft oder Ihr Angebot, darauf ausgerichtet, was Sie einzigartig zu bieten haben und in welche Richtung Sie in Zukunft möchten. Achten Sie generell darauf, auch einige Keywords zu verwenden, also Begriffe, nach denen Ihre Wunschkontakte auf den Plattformen suchen könnten.

Nehmen Sie sich ruhig Zeit für diese Zusammenfassung bzw. Botschaft, und zeigen Sie Ihr Ergebnis Ihrer Mentorin oder einer anderen vertrauenswürdigen Person. Nun ist die Basis gelegt und Sie können sich überlegen, wen Sie sich in Zukunft in Ihr Netzwerk holen. Neben Freunden und ehemaligen Kollegen sicher auch solche Menschen, denen Sie vertrauen und die Sie eventuell auf Ihrem weiteren Berufsweg unterstützen können. Ein paar freundliche Worte in der Einladung in Ihr Netzwerk erhöhen die Chance, dass sie angenommen wird. Sie können auch Gruppen beitreten, selber welche gründen und Unternehmen folgen, die Sie auch als künftige Arbeitgeber interessieren. Ihr selbst gebildetes Netzwerk ermöglicht es Ihnen eventuell, Kontakte zu Mitarbeitern solcher Unternehmen aufzunehmen. XING und LinkedIn spielen inzwischen eine wachsende Rolle auch im Stellenmarkt[56] – sei es, dass Unternehmen hier ihre Stellenangebote ausschreiben oder Recruiter sich die Profile anschauen, darunter auch das Ihre.

Gerade wenn Ihr Netzwerk sich vergrößert, wird es wichtig, dass Ihr herkömmliches E-Mail-Postfach nicht mit Benachrichtigungen verstopft wird. Sie wählen diese bei LinkedIn über »Konto & Einstellungen« (auf der Leiste oben ganz rechts) unter »Datenschutz & Einstellungen«, bei XING unter »Einstellungen« (dem Zahnrad) unter »Benachrichtigungen«.

Nun können Sie Ihr Netzwerk über relevante Inhalte informieren. Müssen Sie selber dazu Inhalte produzieren? Wenn Sie ohnehin etwas schreiben, einen Blog oder einen Artikel, an einer Veranstaltung teilnehmen oder sogar selber eine planen, wäre das »Content«, der andere interessieren könnte. Wenn das nicht der Fall ist, können Sie auch auf Blogs und Artikel anderer Autoren hinweisen, die Sie selber für relevant halten. Das ist, wenn wirklich interessant, großzügig und damit im Sinne Ihrer Mission.

Eine weitere Funktion, die Sie auf Ihrem persönlichen Profil nutzen können – ob Sie nun fest angestellt oder freiberuflich arbeiten – sind Referenzen. Das heißt: Sie lassen sich von ehemaligen oder derzeitigen Kunden und Kollegen Ihre Leistungen bzw. Kenntnisse bestätigen. Bei LinkedIn gibt es eine Möglichkeit, das (im angezeigten Profil unter »Kenntnisse und Kenntnisbestätigungen«) einfach per Klick zu machen. Andere Menschen um diesen Gefallen zu bitten, ist nicht gerade das, womit sich Menschen mit Selbstmarketing-Blockade leichttun. Doch: Dieser aus Amerika kommende Trend wird auch hierzulande zunehmend üblich.

Wer kann Ihnen nun Ihre Kenntnisse bestätigen? Zunächst mal diejenigen, mit denen Sie diese gemeinsam erworben haben: Ihre Mitschüler, andere Kursbesucher und die Lehrer. Darüber hinaus gibt es Menschen, die wissen, dass Sie diese Kenntnisse haben, darunter natürlich Ihre Kollegen und Kunden. Eine gute Gelegenheit, eine Person um eine derartige Gefälligkeit (und am besten gleich um weitere schriftliche Referenzen) zu bitten, ist der Moment, in dem der Kunde oder Kollege Sie gerade begeistert lobt. Wenn jemand das in der Vergangenheit getan hat, dieser Moment bisher aber völlig undokumentiert verpuffte, trauen Sie sich, ihn noch einmal darauf anzusprechen. Auch wenn es Ihnen peinlich erscheint: Es ist Ihr gutes Recht, darum zu bitten.

Ihr Netzwerk spinnen

Jetzt haben Sie ein digitales Profil, das jeder, den Sie dazu ermächtigen, bei Interesse betrachten kann. Ihre möglichen neuen Kollegen und passenden Kunden würden gerne auch Ihr Gesicht sehen. Sind Sie in Berufsverbänden, Gewerkschaften, Vereinen? Welche Netzwerke gibt es sonst noch, die für Ihre Mission interessant sein könnten? Das könnten Businessnetzwerke sein, auch Businessfrauennetzwerke (mehr dazu im Anhang unter »Sich über Businessnetzwerke informieren«), aber auch solche Veranstaltungen, Wettbewerbe und Branchentreffs, bei denen es vor lauter potenziell passenden Kunden bzw. zukünftigen Kollegen nur so wimmelt.

Was ist Netzwerken überhaupt? Es klingt überwältigend und kalt, doch im Grunde ist es nichts anderes, als Menschen vor einem beruflichen Hintergrund kennenzulernen und Informationen mit ihnen auszutauschen. Da ist es natürlich gut, dass Sie inzwischen Ihre Botschaft und Ihre Mission im Kopf und im Herzen verankert haben und wissen, was Sie wollen. Sobald Sie sich an einem solchen Ort befinden, umgeben von derartig interessanten Personen, können Sie entspannen. Sie sind als ganzer Mensch da und die anderen auch. Keiner sieht sich gerne ausschließlich als Objekt für die Karrierebeschleunigung eines anderen. »Wie bitte? Mein Ziel soll nicht mehr sein, Kunden und neue Arbeitgeber zu finden? Warum tue ich mir das dann an?«, fragen Sie jetzt. Sie verfolgen an solchen Orten ein paralleles Zwischenziel: neue Menschen kennenlernen, mit denen Sie Beziehungen aufbauen, die zum beiderseitigen Nutzen sind. Da ist es manchmal sinnvoller zuzuhören und auf die Zwischentöne zu achten, als sich und sein Produkt stur zu verkaufen. Im Grunde sammeln Sie neue sympathische und hilfreiche Menschen, mit denen Sie sich bald offen austauschen können. Auch über technische Fragen, Empfehlungen oder darüber, was jetzt der nächste Schritt für Ihr Unternehmen sein könnte. Solche Beziehungen wachsen mit der Zeit. Wie Pflänzchen.

Natürlich können Sie bei einer solchen Veranstaltung auch prüfen, ob Sie dort konkret und öffentlichkeitswirksam etwas für Ihre berufliche Mission oder Ihr Zwischenziel erreichen können. Beginnen Sie mit kleinen Herausforderungen. Was könnten Sie für einen Beitrag leisten? Ein Amt übernehmen? Vorsicht vor allzu zeitfressenden Ehrenamts-Aschenputteltätigkeiten! Einen Artikel für den Blog dieser Organisation schreiben? Das könnte, vor allem wenn Sie keinen eigenen pflegen, ein guter Anlass sein, überhaupt etwas zu schreiben. Einen Vortrag halten? Öffentliches Reden? Aua. Damit sind wir gleich bei einer der größten Ängste überhaupt gelandet. Wie kommt es nun, dass gerade die introvertierte Susan Cain, die hochsensible Elaine Aron und die schüchterne Amy Cuddy so besonders gute

Rednerinnen sind? Können Sie sich vorstellen, für Ihre Mission auf die Rednerbühne zu steigen? Ich lasse Ihnen Zeit, sich das auszumalen. Wir kommen später darauf zurück.

Warum Ihre Visitenkarte nicht die wichtigste ist

Nun ist es Zeit, Ihre Visitenkarte zu prüfen. Wenn Sie angestellt sind, haben Sie überhaupt eine? Bei wem könnten Sie die beantragen? Wenn Sie Freiberufler oder Unternehmerin sind: Auf Ihrer Visitenkarte könnte nicht nur Name, Position, Webseite, Adresse und Telefonnummer stehen, sondern auch – dazu bietet sich die Rückseite an – die Kurzversion Ihrer Botschaft. In ein bis drei Sätzen nennen Sie Ihre Zielgruppe, was Sie für diese tun und welchen Nutzen diese davon haben.

Wichtiger, als Ihre eigene Visitenkarte inflationär zu verteilen, ist es, die von anderen Menschen zu bekommen. Annehmen will gelernt sein. Eine solche angebotene Karte umgehend einzusacken und mit der eigenen zu kontern, ist nicht die passendste Reaktion. Lassen Sie Ihre Blicke ruhig auf diesen wenigen Quadratzentimetern schweifen. Nehmen Sie die Informationen entspannt auf. Die wichtigste ist der Name. Im Zweifelsfall können Sie gleich fragen, wie der Name richtig ausgesprochen wird. Auf jeden Fall ist es die Gelegenheit, die Person ab diesem Moment mit Namen anzusprechen, sobald Sie wieder den Blickkontakt aufnehmen. Sie können sicher sein: Jeder und jede hört gerne den Wohlklang des eigenen Namens und Sie lernen ihn dabei. Jetzt können Sie noch konkreter herausfinden, was Sie für diese Person tun können. Viele Networking-Berater empfehlen – zumindest Verkäufern und Freiberuflern – direkt zu erfragen, ob Sie etwas zuschicken können, vielleicht einen interessanten Artikel, ob Sie den nun selber geschrieben haben oder nicht, oder einen Beratungstermin anzubieten oder eine konkrete Dienstleistung. Wie fühlt sich das für Sie an? Nicht so verlockend? Gut, dann können Sie eine neue Bekanntschaft auch sanfter beginnen. Warum? Um eine Beziehung aufzubauen und beiderseitiges Vertrauen zu entwickeln. Wenn es im Gespräch aber darum geht, was Sie überhaupt beruflich machen, so drücken Sie das klar und positiv nutzenbezogen aus.

Auf jeden Fall macht es Sinn, mit der Person, die Ihnen Ihre Karte gegeben hat, weiterzusprechen (und falls Sie das noch nicht getan haben: Ihre eigene Visitenkarte zu offerieren), bevor Sie sich an die nächste Person wenden. Falls Ihnen eine interessante, sympathische Person keine Visitenkarte geben kann, weil sie keine dabeihat, notieren Sie sich die Kontaktdaten auf einem Notizblock oder in Ihrem Mobiltelefon. Denn auch wenn Sie eine Ihrer Visitenkarten überreicht haben: Sie können sich nicht darauf verlassen, dass diese nicht – gewohnheitsmäßig – in der großen Ablage landet: dem Papierkorb.

Nun kommt etwas, wozu auch sensible Netzwerkexperten raten: am Tag nach dem Treffen, spätestens nach drei Tagen, Ihre neue Bekanntschaft kontaktieren. Warum? Minimal: um einfach nur zu sagen, dass Sie sich gefreut haben, sie kennenzulernen. Besser noch: um nun ein erneutes Treffen auszumachen, einen Bürobesuch, ein Treffen im Café, Mittag essen oder eine weitere Veranstaltung.

Entscheiden Sie selber, ob Sie lieber anrufen möchten oder eine E-Mail schreiben. Ein Telefonat wird in den seltensten Fällen als aufdringlich empfunden. Sonst hätten Sie diese Karte kaum bekommen. Falls Sie doch ein Nein erhalten auf Ihren Vorschlag, sich zu treffen, gilt das meist auch nicht für alle Ewigkeit. Engagement haben Sie jedenfalls schon bewiesen. Und wenn ein derartiges Gespräch danebengeht? Es muss nicht an Ihnen liegen. Vielleicht hatte der beim ersten Treffen so sympathische Mensch jetzt keine Zeit oder einfach nur schlechte Laune. Das kann dem kompetentesten und smartesten Profis passieren. Sie wollen trotzdem die Verantwortung dafür übernehmen? Gut, das können Sie haben: Sie haben noch nicht genügend geübt und sind ab jetzt voll verantwortlich dafür, das zu tun. Greifen Sie zur nächsten Karte, rufen Sie an oder, okay, schreiben Sie eine E-Mail.

Die zweite Hälfte der Sozialkompetenz: Durchsetzungsfähigkeit

>>Hüte dich, deine Feinde zu hassen, denn es trübt dein Urteilsvermögen.«

Mario Puzo und Francis Ford Coppola[57]

Feinde zu Lehrern zu machen ist eine der effektivsten Fortbildungsmaßnahmen. Eigenschaften, die wir an ihnen ablehnen, sind – genau wie die, die wir bei unseren Vorbildern bewundern – in uns selbst angelegt. Die Spiegeltheorie sagt: Wir sehen und leben diese abgelehnten Eigenschaften zwar nicht bewusst, oft kommen sie jedoch unter Stress heraus oder werden erfolgreich unterdrückt (heißt: auch die positiven Aspekte der Eigenschaft werden nicht gelebt) und auf die Umgebung projiziert. Urteile über andere Menschen fallen also letztlich auf einen selbst zurück.

Sie haben gar keine Feinde? Dann ist das vielleicht ein Zeichen dafür, dass Sie noch immer viel zu nett zu allen sind und sich beruflich noch nicht genug profiliert haben. Sie wollen gar nicht erst in solchen Kategorien denken? Dann nennen wir diese Menschen ganz sportlich: Gegner, oder professionell: Mitbewerber.

Bei Verteilungskämpfen ist Wettbewerb eine ganz reale Situation, der Sie auf dem Weg zu Ihrem Ziel, in der Verwirklichung Ihrer Vision kaum ausweichen können. Dabei sein ist alles. 80 Prozent des Lebens, sagte Woody Allen. Dabei sein heißt darüber hinaus, seine körperliche Hülle nicht nur spazieren zu führen, sondern sie zu bewohnen, vor allem auch den Bereich unterhalb des Bauchnabels. Denn das ist es, was ein Gegner herausfordert: Ihre volle Wachsamkeit und Präsenz. Nicht nur die wirklich ebenbürtigen Gegner, sondern auch die täglichen Miesepeter. So unauffällig und freundlich können wir uns gar nicht verhalten, dass sie uns nicht mit offenen und versteckten Attacken angreifen wollen. Warum? Bestenfalls weil sie uns offen schaden möchten, vielleicht aber auch nur, weil sie ihr nicht zufriedenstellendes Intimleben kompensieren, indem sie andere mehr oder weniger subtil niedermachen. Gibt es in Ihrem Umfeld solche Menschen? Was für ein Geschenk! Ja, genau. Sie können im Zusammensein mit ihnen üben, bei Angriffen entspannt zu reagieren. Nehmen Sie es sportlich. Es ist ein Spiel, das Ihnen bald schon Spaß machen wird.

Müssen Sie auf Angriffe so souverän reagieren wie ein Comedian, der auf der Bühne immer bereit sein muss, Zwischenrufe verbal brillant zu kontern? Bzw. sein Programm gerade darauf aufbaut? Nein. Schlagfertigkeit lässt sich üben. Meine minimale Empfehlung, um auf dumme bis gemeine Angriffe im Alltag zu reagieren: Stellen Sie sich umgehend ihren persönlichen Bannkreis vor, atmen Sie gut durch und wenden Sie sich einem solchen Angreifer frontal und in aufrechter Körperhaltung zu. Schauen Sie ihm selbstbewusst in die Augen und lächeln Sie ihn entspannt an. Sind das nicht alles Tätigkeiten, die Sie ohnehin üben wollten?

Wenn Ihr Gegner daraufhin nachfragt oder Sie weiter provoziert, bleiben Sie weiter stumm, entspannt und gerade stehend lächelnd. Wenn Sie ein besonders guter Mensch sind und aktiver werden wollen: Bleiben Sie stehen, besinnen Sie sich Ihres persönlichen Bannkreises, atmen Sie Liebe ein und schicken Sie diese von Ihrem Herz in Richtung Angreifer.

Wenn der Scherzkeks mit seiner Äußerung einen Vortrag von Ihnen unterbricht, wird Lächeln allein nicht reichen. Bleiben Sie aufrecht und sagen Sie ganz ruhig: »Danke für Ihren Beitrag. Wir werden im Anschluss Zeit für sachliche Fragen haben.« Natürlich gibt es für die verschiedensten Situationen noch weitere Schlagfertigkeitstechniken (z. B. Ich-Botschaften, Übertreibung, offene Fragen), doch bevor Sie sich die anlesen, empfehle ich Ihnen, erst einmal die folgenden Übungen zu machen. Einen geeigneten Kurs, um die Basis für Durchsetzungskraft zu trainieren, empfehle ich Ihnen anschließend.

(61) Übung: Rüpeln für Anfänger

a) Gehen Sie auf einen bevölkerten Bürgersteig, z. B. eine Fußgängerzone, und machen Sie sich Ihren persönlichen Bannkreis bewusst. Gehen Sie geradeaus, Schultern zurück, Blick nach vorn, und weichen Sie bewusst niemandem aus, der Ihnen in die Quere kommt. Lassen Sie es darauf ankommen, in jemanden reinzurempeln. Lediglich ältere Menschen, Kinderwagen und Rollstuhlfahrer nehmen Sie aus.

Wird Ihnen klar, wie schnell Sie den Impuls haben auszuweichen? Gehen Sie in ein Schwimmbad, ziehen Sie Ihre Bahnen, gerade Bahnen, wie sollen Sie sonst wissen, ob Sie exakt 25 Meter oder 50 Meter zurückgelegt haben? Nicht ausweichen! Ein weiteres Übungsfeld bieten Flugreisen. Juristisch ist es nicht geklärt, wem die Armlehne zwischen den Sitzen zusteht. Also: Bestehen Sie auf dieses Territorium. Gerade wenn Ihr Sitznachbar die Armlehne auch beansprucht, lassen Sie sich nicht davon abbringen. Hier ist vertikales Armdrücken angesagt. Überraschen Sie ihn mit der Frage, ob er immer noch nicht auf, bitten Sie die Stewardess, ihm Vernunft beizubringen. Bleiben Sie entspannt. Lassen Sie sich die Rechtslage erklären, detailliert. Dann gehen Sie höher in der Hierarchie. Bitten Sie um ein Gespräch mit dem Piloten.

b) Werden Sie probeweise richtig unverschämt. Im Sinne der Verhaltenstherapie, sich genau mit dem zu konfrontieren, was man befürchtet: Gehen Sie, möglichst in der Kleidung Ihrer Persona, in ein exquisites Modegeschäft, lassen Sie sich mindestens fünf Modelle in Ihrer Größe bringen und probieren Sie sie an. Mäkeln Sie unsachlich herum. Überlegen Sie dann kurz und lassen Sie sich drei Modelle davon zurücklegen. Sagen Sie, Sie müssten noch mit Ihrer Frau bzw. Ihrem Mann darüber sprechen. Und gehen Sie. Ruhig und aufrecht. Überlegen Sie sich, allein oder mit Ihrer Mentorin, weitere Mutproben. Nutzen Sie die nächsten Tage jede kleinste Chance, sich zu beschweren und die Menschheit über juristische Sachverhalte aufzuklären. Fragen Sie Hundebesitzer, die hinter ihrem Liebling nicht sauber machen, nach dem Personalausweis und machen Sie zur Beweisaufnahme Fotos mit Ihrem Smartphone. Drohen Sie einen DNA-Test an. Wenn in einem Lokal der Kaffee zu kalt oder zu heiß ist, lassen Sie ihn zurückgehen und fragen Sie, ob nicht mindestens ein Stück Kuchen für diese verlängerte Wartezeit drin ist. Üben Sie dabei entspannte Souveränität und haben Sie Spaß. Loben Sie sich für Ihren Mut und schreiben Sie Ihre Erlebnisse in Ihr Tagebuch.

Bei allen Selbstversuchen: Natürlich möchte ich nach wie vor, dass Sie Kurse besuchen. Möglichst solche, bei denen sich die Gruppe im wöchentlichen Rhythmus wiedersieht. Ich schlage Ihnen Improvisationstheater vor. Nichts übt die Präsenz und geistige Beweglichkeit besser. Nebenbei lernen Sie noch das Geschichtenerzählen und im Schutz einer wohlwollenden Gruppe, die meist gemeinsam auf der Bühne ist, überlisten Sie die Angst vor dem öffentlichen Reden. In den meisten deutschen Städten werden inzwischen Improvisationstheater-Kurse angeboten: Informieren Sie sich unter: www.impro-theater.de

Station 3: Vorbereitung auf die große Herausforderung

>>Suchen Sie bei Menschen, die Sie anstellen möchten, nach drei Qualitäten: Integrität, Intelligenz und Energie. Wenn diese die erste Qualität nicht besitzen, werden die anderen beiden Sie umbringen.<<

Warren Buffet

Sie haben sich im Abenteuer Selbstmarketing schon orientiert, die ersten Proben bestanden, Profile erstellt und Freunde, zumindest Bekannte, und vielleicht sogar Partner gefunden. Sie haben sich selbst regelmäßig für Ihre beruflichen Leistungen anerkannt. Es ist wichtig: Notieren Sie sich, *wie* Sie täglich – und *womit* genau – zum Erfolg von eigenen Projekten und/oder des Unternehmens beitragen. Nun fokussieren Sie sich, um auf Ihr Zwischenziel zuzugehen. In den meisten Fällen, wenn auch nicht allen, wird das Zwischenziel mit einem geschäftlichen Gespräch verbunden sein. Ob das mit Ihrem Vorgesetzten ist, um eine Gehaltserhöhung auszuhandeln, oder es sich um ein Vorstellungsgespräch bei Ihrem Wunsch-Arbeitgeber oder ein Treffen mit passenden Kunden oder möglichen Kooperationspartnern handelt – Sie können sich darauf vorbereiten.

Für Angestellte

Spätestens jetzt ist es Zeit, Ihre Bewerbungsunterlagen zu erstellen und einen Termin mit Ihrer Vorgesetzten oder der Personalabteilung zu vereinbaren. Parallel dazu können Sie den Stellenmarkt beobachten und Ihre Bewerbungsunterlagen vorbereiten. Erzählen Sie vertrauenswürdigen Freundinnen, Bekannten und ehemaligen Kollegen davon, dass Sie an einer neuen Position interessiert sind. Viele offene und interessante Positionen werden über private Kontakte vergeben.

Neben den Stellenangeboten in Zeitungen und den Möglichkeiten, die XING und LinkedIn bieten, eignen sich auch Karrierebörsen wie www.Monster.de und www.Stepstone.de dazu, den Markt zu sondieren. Für diese Korrespondenz legen Sie sich am besten eine gesonderte E-Mail-Adresse zu, eine, aus der Ihr Name deutlich hervorgeht. Es kann auch eine kostenlose gmail-, gmx- oder yahoo-Adresse sein. Adressen mit Fantasienamen wirken auf zukünftige Arbeitgeber nicht sehr seriös.

Gut, dass Sie inzwischen vorbereitet sind, was Ihre Karrierevorstellungen angeht. Nicht nur weil Sie ein konkretes, herausforderndes und realistisches Karriereziel nennen können, sondern auch, weil Sie jetzt Vorstellungen davon haben, wie Sie Anschreiben, Lebenslauf und eine »dritte Seite«[58] (die Darstellung Ihrer weiterführenden Kompetenzen und Motivationen) inhaltlich gestalten können. Mit Ihrem Profilfoto von XING oder LinkedIn haben Sie auch schon ein mögliches Bewerbungsfoto. Sie können es, wenn Sie möchten, auch digital in ein Schwarz-Weiß-Foto umwandeln.

Erarbeiten Sie Ihre Bewerbungsunterlagen zunächst inhaltlich. Für die Optik lohnt es sich später, wenn Sie selber keine Geduld oder kein Talent für digitale grafische Arbeit haben, einen Designer oder einen begabten Bekannten zu bezahlen.

Passen Sie die Inhalte des Anschreibens und auch einzelner Schwerpunkte des Lebenslaufs dem ausgeschriebenen Bedarf an.

Haben Sie sich Gedanken über die »Wechselmotivation« gemacht, über die Sie spätestens im Vorstellungsgespräch befragt werden? Bei den meisten Arbeitgebern wirkt am überzeugendsten: »Nach langjähriger Tätigkeit in demselben Unternehmen habe ich den Wunsch nach neuen Herausforderungen und hervorragender Leistung, doch aufgrund von langfristig besetzten Stellen gibt es dort keinerlei Aufstiegschancen«. »Wegen Geld« oder »Weil der Chef mich nicht mag und die Kollegen inkompetent sind« hingegen schreckt ab. Objektiv für neue Arbeitgeber nachvollziehbar ist z. B. auch ein Ortswechsel der Firma, für die Sie bisher loyal arbeiteten, den Sie aber aufgrund Ihrer familiären Wurzeln nicht mitmachen möchten. Oder ein Partner oder eine Partnerin, die eine Stelle in der Stadt Ihres möglichen neuen Arbeitgebers bekommen hat, der Sie hinterherziehen. »Wirtschaftliche Schieflage des bisherigen Unternehmens« ist ebenso ein Argument, das Sie aber bitte nur verwenden sollten, wenn darüber auch schon die Presse berichtet. Wenn Ihre Motivation, die Arbeitsstelle zu wechseln, überzeugend ist, können Sie diese auch schon in Ihrem Anschreiben oder auf der »dritten Seite« Ihrer schriftlichen Bewerbung erwähnen.

Haben Sie das Anschreiben an einen persönlichen Ansprechpartner innerhalb der Personalabteilung gerichtet? Wenn nicht, recherchieren Sie bitte diesen Namen. Oft empfiehlt sich, diese Person schon vorab anzurufen und möglichst kluge Fragen zu stellen, damit Ihre Bewerbung mehr Aufmerksamkeit bekommt. Vielleicht können Sie Ihre Bewerbung sogar persönlich bei diesem Ansprechpartner abgeben?

Parallel zu direkten Reaktionen auf ausgeschriebene Stellen können Sie natürlich auch Initiativbewerbungen an Firmen schreiben, für die Sie besonders gerne arbeiten würden. Stellen Sie dabei sicher, dass aus dem Anschreiben hervorgeht, warum Sie genau für dieses Unternehmen arbeiten wollen. Wichtig ist dabei, wie immer, dass Sie den Nutzen benennen, den Sie beitragen können und wollen.

Wie Sie Ihre Bewerbung nun genau inhaltlich und optisch gestalten, ist u. a. branchen- und positionsabhängig. Spezifische Literatur dazu finden Sie leicht über das Internet[59] oder in Buchhandlungen[60].

Gerade für Führungspositionen kann sich ein persönlicher Kontakt mit einem Personalberater oder einer Personalberaterin auszahlen. Auch wenn Sie glauben, dass Sie »noch nicht so weit« sind, hören Sie sich ruhig nach vertrauenswürdigen Vertretern dieser Branche um. Ein unverbindliches Gespräch heute, in dem Sie durchaus auch Ihre langfristigen Karrierepläne verraten, kann, wenn auch nicht sofort, schon in ein paar Monaten zu einem Angebot führen.

Für Freiberufler und Unternehmerinnen

Sie haben inzwischen andere Profis sondiert, mit denen Sie Kontakt aufnehmen könnten, um mögliche Formen der Zusammenarbeit zu erörtern? Dafür gibt es verschiedene Modelle:

➤ *Sie wollen mit jemand anderem als Partner zusammenarbeiten* und haben vor, sich den Ertrag zu teilen. Das kann von einer GbR bis zur GmbH in verschiedenen Rechtsformen geschehen. Eine GbR (Gesellschaft bürgerlichen Rechts) entsteht »fast automatisch« schon durch gemeinsame Rechnungsstellung. Machen Sie solche verantwortlichen Schritte also bewusst und mit einem Rechtsberater. Für eine GmbH (Gesellschaft mit beschränkter Haftung) ist eine finanzielle Einlage nötig. Bei allen Freuden und Profitmöglichkeiten der Zusammenarbeit gilt jedoch: Vorsicht bei der Wahl des Partners! Wenn Sie sich nicht gut kennen (und selbst dann), ist es nur vernünftig, sich mindestens drei Referenzen von (nicht verwandten) Menschen geben zu lassen, die bereits berufliche Erfahrungen mit ihm machten. Der wichtigste Charakterzug ist die Integrität. Bei größeren finanziellen Unternehmungen kann auch eine Bankauskunft wertvoll sein.

➤ *Sie lassen sich verkaufen*: Für Berufsgruppen wie Programmierer, Künstler, Ingenieure und anderen Experten kann es sinnvoll sein, sich von einem »Makler« vertreten zu lassen, ob er oder sie sich nun Agent oder Agentin oder Berater oder Beraterin nennt. Die Prozentzahl, die er oder sie für die Vermittlungstätigkeit erhält, variiert je nach Branche. Informieren Sie sich darüber und lesen Sie einen Vertrag, den Sie abschließen wollen, daraufhin durch, dass Sie von selbst akquirierten Aufträgen nicht auch noch etwas abgeben müssen. Auch hier gilt: Suchen Sie sich, wenn überhaupt, eine seriöse, gut vernetzte Person. Er oder sie kann einiges für Sie tun, doch Ihr Selbstmarketing wird Ihnen auf Dauer niemand abnehmen können.

➤ *Sie lassen sich empfehlen*: Das ist eine der elegantesten Formen des Marketing. Bitten Sie zufriedene Kunden, Sie weiterzuempfehlen: mit einem »Referenz-Klick« auf LinkedIn, einer schriftlichen Referenz (z. B. für Ihre Webseite) oder auch persönlich in deren Familien-, Freundes- und Kollegenkreis. Oft verstehen diese Kunden nicht von selbst, was für einen großen Gefallen sie Ihnen damit tun können. Bitten Sie sie ganz offen darum. Falls diese Ihnen die Bitte abschlagen? Nehmen Sie es nicht persönlich! Es ist, wenn Sie gute Arbeit geleistet haben, eher eine Aussage über diese selber als über Sie. Auch Kollegen, gerade solche, die einen etwas anderen Schwerpunkt haben als Sie, können Sie empfehlen. Selbstverständlich würden Sie dasselbe tun. Wenn eine solche Empfehlung tatsächlich zu einem neuen Kunden führt, bedanken Sie sich dafür bei demjenigen, der Sie so erfolgreich vermittelt hat, mit einer Karte und/oder einem Geschenk. In manchen Branchen ist auch eine prozentuale Beteiligung üblich.

Sie haben nun Ihre Verbündeten versammelt, vielleicht ist Ihnen das Glück schon kurzfristig so hold, dass Sie umgehend die passenden Kunden magnetisch anziehen. Doch allein aus Übungszwecken: Nehmen Sie nun unmittelbar Kontakt auf mit den passend erscheinenden Kunden. Vor allem wenn diese in Unternehmen sitzen und Sie ihnen bisher weder bei Konferenzen noch Messen oder Netzwerktreffen begegnet sind – und niemand, den Sie kennen, Ihnen den Kontakt ebnen kann.

Ein Einkäufer in einem Unternehmen oder ein anderer Ansprechpartner dort hat ja die Aufgabe, offen für Kontakte von außen zu sein, den Markt zu sondieren. Wenn Sie ihn anrufen, ja, das ist erst mal besser als nur eine E-Mail oder gleich Arbeitsproben hinzuschicken, sollte dieser also offen und geduldig zuhören. Genauso wie es Ihre Aufgabe ist, den Nutzen Ihres Angebots für das Unternehmen verständlich zu formulieren. Wenn Ihnen ein sogenannter »kalter Erstkontakt« am Telefon zu extrem erscheint, können Sie vorab einen kurzen Brief an die Person schreiben, die Sie anrufen möchten. Formulieren Sie, *was* Sie für das Unternehmen tun können und möchten und *warum* Sie genau die richtige Person dafür sind. Erwähnen Sie messbare Erfolge, die Sie in der Branche bereits hatten. Und: Erwähnen Sie, dass Sie in den nächsten Tagen anrufen werden. Lassen Sie dann nicht länger als 14 Tage verstreichen. Auf jeden Fall können Sie sich bei Ihrem Anruf auf Ihr Schreiben, ob schon gelesen oder nicht, beziehen und der Erstkontakt fühlt sich nicht mehr ganz so kalt an.

Ziel Ihres Anrufs ist es, bei einem Ihrer passenden Kunden einen persönlichen Vorstellungstermin zu bekommen und zumindest Ihr Profil oder Arbeitsproben zuschicken zu dürfen. Per Mail oder Post. Da es sich bei Ihrer Zielperson ja um einen passenden Kunden handelt, ist Ihr Anruf gleichzeitig eine Marktuntersuchung. In manchen Branchen können Sie Ihre möglichen Auftraggeber auch gleich in die Entwicklung neuer Produkte und Dienstleistungen integrieren. Doch auch dazu müssen Sie erst einmal mit ihnen ins Gespräch kommen.

Zu schlimm für Schüchterne? Verständlich. Doch derartiges Engagement wird Ihnen in der freien Wirtschaft kaum erspart bleiben. Wenn manche Berater behaupten, dass Sie das durch »Positionierung« oder PR ganz umgehen könnten, entspricht das leider nicht der Marktrealität. Selbst definitiv Nicht-Schüchterne haben Angst vor Ablehnung. In vielen Fällen werden Sie (und jeder andere) sich genau das abholen. Das ist Statistik und damit nicht persönlich zu nehmen. Hier ein paar Tipps zur Vorbereitung Ihrer Anrufe:

➤ Stellen Sie sich die Frage: Warum fallen mir derartige Telefonate so leicht? Brainstormen, schreiben, meditieren Sie darüber. Und visualisieren Sie sich dann als Ihr bestes Selbst.
➤ Bereiten Sie Ihre Worte gut vor, üben Sie mit Ihrer Mentorin.
➤ Integrieren Sie u. a. Ihren Nutzen für das Unternehmen in das Gespräch. Wenn es irgendeine Möglichkeit gibt, sich auf Personen, Projekte oder Preise (im Sinne von Wettbewerben) zu beziehen, die Ihre Leistungen dem Unternehmen näherbringen können, erwähnen Sie das gleich anfangs.
➤ Erstellen Sie vorab eine Telefonliste mit den Namen der Ansprechpartner. Versuchen Sie die Durchwahlen zu bekommen. Ansonsten: Seien Sie darauf gefasst, dass Sie zunächst mit der Zentrale und anschließend mit dem Vorzimmer sprechen werden.
➤ Gehen Sie auf Masse. Entwickeln Sie, wissend, dass Sie nun für eine gewisse Zeit in Ihre Persona schlüpfen, eine Kaltakquise-Strategie. Machen Sie mehrere derartige Telefonate hintereinander, am besten morgens oder vormittags. Legen Sie gleich vorab die Zahl der Telefonate fest, die Sie an dem Tag führen werden. Zehn? Oder 20?
➤ Beginnen Sie bei den Telefonaten mit denen, die Ihnen vergleichsweise am leichtesten fallen.

➤ Bevor Sie tatsächlich zum Telefon greifen: Räumen Sie Ihr Arbeitszimmer (zumindest den Schreibtisch) auf und ziehen Sie sich gut an: Dann aufrecht hinsetzen, tief atmen, sich Ihren persönlichen Bannkreis vorstellen und anrufen.

Bleiben Sie auch bei den »Torhütern«, der Telefonzentrale und den Assistenten, freundlich bestimmt. Auch hier werden Sie mit der Darstellung Ihres Nutzens für das Unternehmen argumentieren können. Notieren Sie sich die Namen der Assistenten, Durchwahlnummern und eventuelle Verabredungen und auch wann genau Sie noch einmal anrufen sollen. Sammeln Sie die Notizen in einem Heftchen oder tragen Sie sie zu den Namen in die Adressdatei Ihres Computers ein. Diese Akquise-Adressen können Sie als eigene Gruppe benennen und abspeichern.

Absagen sollten Sie auf keinen Fall persönlich nehmen. Widerstehen Sie der Versuchung, der Person zu erklären, was ihr Job ist, nämlich sich potenziell passende Partner oder Zulieferer anzuschauen und ein positiver Botschafter für das Unternehmen zu sein.

Unabhängig davon, ob Sie während des Telefonats einen Termin erhielten (oder die Genehmigung erhielten, Kontaktdaten, Profil und ggf. Arbeitsproben zuschicken zu dürfen) oder nicht: Sichern Sie sich schon vorab eine Belohnung für Ihren Einsatz. Gönnen Sie sich möglichst eine Belohnung, die Sie sich noch am selben Tag erfüllen können.

Erkennen Sie sich in Ihrem Tagebuch für Ihre mutige Leistung bei den »kalten Telefonaten« an. Suchen Sie nach neuen Anrufmöglichkeiten. Machen Sie weiter, am besten gleich morgen. Bis Sie mindestens drei Termine haben. Wenn Ihre Zielpersonen zuerst nur an Ihrem Profil und Arbeitsproben interessiert sind, schicken Sie diese umgehend zu und telefonieren Sie weiter. Bis zehn Personen zumindest dieses Interesse äußern. Wenn Sie innerhalb von 14 Tagen keine

Reaktion bekommen haben, rufen Sie wieder an, fragen freundlich nach und machen ggf. einen Termin aus.

Für Freiberuflerinnen und Freiberufler sind auch Projektbörsen im Internet (z. B. auf XING) eine Möglichkeit, an Aufträge zu kommen. Welche dieser Projektbörsen ist für Ihr Berufsfeld interessant? Bereiten Sie Ihr digitales Bewerbungsprofil und Arbeitsproben vor (und passen Sie es dem jeweiligen Bedarf an), um prompt reagieren zu können.

Ihre Webseite

Fast jeder Freiberufler und so ziemlich jedes Unternehmen braucht heute neben einem gepflegten XING und/oder LinkedIn-Profil eine Homepage, unter der er/es zu finden ist. Wie aufwendig diese sein muss, ist branchen- und geschmacksabhängig. Inzwischen können auch technisch nicht besonders qualifizierte Menschen eine brauchbare Webseite gestalten. Internet-Provider liefern Vorlagen dazu, in denen sich sogar branchenübliche Textvorlagen befinden. Vorsicht wegen Abmahnungen: Einige Anwaltskanzleien haben sich darauf spezialisiert, juristisch ungebildete Webseiteninhaber zu verklagen oder zumindest damit zu drohen. Warum? Aus ungezügelter Geldgier. Sie fragen sich, warum diese Kanzleien glauben, damit durchzukommen? Weil einige juristische Sachverhalte im Internet für Laien schwer nachvollziehbar sind, vor allem die Impressumspflicht und die Datenschutzhinweise. Klären Sie die jeweiligen Inhalte bzw. Pflichtinhalte Ihrer Webseite am besten mit Ihrem Berufsverband oder einem Rechtsberater. Die Texte für Ihre Webseite ergeben sich aus Ihrem Nutzen für die Kunden, Ihrem Angebot und Ihrer Geschichte. Sorgen Sie dafür, dass Ihre Webseite gut verlinkt ist. Mit anderen seriösen Webseiten und Branchenverzeichnissen. Entscheiden Sie, ob Sie möglicherweise einen Blog oder einen Newsletter anbieten wollen. Das bedeutet für Sie: Mindestens 14-tägig neue Inhalte zu liefern. Halten Sie sich nicht allzu lange mit Ihrer Webseite auf. Sie wird nie perfekt sein können. Widmen Sie sich lieber wieder dem Teil des Selbstmarketing, der im realen Leben stattfindet.

Senden + empfangen = Kommunikation

>»Um effektiv zu kommunizieren, müssen wir verstehen, dass wir alle die Welt auf verschiedene Art wahrnehmen und uns von diesem Verständnis in unserer Kommunikation mit anderen führen lassen.«

Anthony Robbins

Können wir immer sagen, was wir denken? Wenn wir das tatsächlich tun würden, wären wir oft nicht nur unverschämt, sondern schlimmer noch: unverständlich. Ein Großteil unserer Gedanken nutzt nämlich den assoziativen »Primärprozess«[61], der u. a. wichtig für Kreativität ist. Beim Primärprozess geht es um die Vorgänge des unbewussten Seelenlebens. Um uns verständlich zu machen, brauchen unsere Gedanken jedoch eine gewisse Ordnung, den innerhalb unseres Bewusstseins ablaufenden »Sekundärprozess«. Dieser Vorgang klärt Ihre Gedanken vor dem Sprechen so, dass Sie nur noch das Ziel Ihrer Aussage wissen und dann den Mund aufmachen müssen. Zudem brauchen Sie noch jemanden, der zuhört – und versteht.

Paul Watzlawick war der Ansicht, dass jede Aussage unter einem Inhaltsaspekt und einem Beziehungsaspekt betrachtet werden kann. Friedemann Schulz von Thun gab noch zwei drauf und entwickelte ein Kommunikationsmodell[62], in dem von vier Seiten einer Nachricht die Rede ist:

➤ der Sachebene
➤ der Appellseite

➤ der Beziehungsseite
➤ der Selbstkundgabe

Das wird Ihnen langsam zu akademisch? Mir auch, doch was für uns daraus folgt, ist wirklich praktisch, vor allem was die erforderliche Umwandlung von defensiver zu akquisitiver Selbstdarstellung angeht.

Vier Seiten einer Nachricht

Stellen Sie sich vor, ein Abteilungsleiter sitzt in einem Meeting und sagt: »Es ist zehn nach zwölf.«

➤ Das kann auf der Sachebene ein Hinweis auf den aktuellen Stand der mitteleuropäischen Zeit sein.
➤ Es kann auf der Appellseite ein Hinweis sein, jetzt mal endlich auf den Punkt zu kommen.
➤ Es kann auf der Beziehungsseite bedeuten, dass alle anderen länger gesprochen haben als er oder dass er das Recht und die Position hat zu drängeln.
➤ Es kann aber auch die Selbstkundgabe sein, dass er Hunger hat und in die Kantine möchte.

Wir können nicht wirklich wissen, was der Sender senden wollte, aber uns bewusst darüber sein, mit welchem der vier Ohren (bezogen auf die vier Seiten) wir die Botschaft hören. Denn genauso wie jemand, der eine Botschaft sendet, mit vier möglichen »Schnäbeln« sprechen kann, so haben wir zum Hören die vier entsprechenden Ohren.

Menschen mit defensiver Selbstdarstellung neigen dazu, vor allem die Appellseite und die Beziehungsseite zu hören (und diese Nachricht sogar noch negativ zu färben), auch wenn die Nachricht auf der Sachebene oder gar als Selbstkundgabe gesendet wurde. Sie machten sich bislang, wie Sie inzwischen wissen (Stichwort: protektive Selbstdarstellung), auch zu viele negative Gedanken um die eigene Selbstkundgabe. Dabei ist es gerade diese Ebene, die vorbereitet und geübt werden kann. Hierhin gehört neben der Körpersprache und Wahl der Tonlage und Stimmungsfärbung schlicht und einfach der Inhalt des Gesagten. Sie haben die Wahl zwischen pessimistisch und optimistisch, knapp und ausufernd, egozentrisch und andere einbeziehend. Es ist Ihre Entscheidung, was Sie als Sender dem Empfänger senden möchten. Was er oder sie dann hört, können Sie sowieso nicht wissen.

---

(62) Übung: Die vier Schnäbel

Gehen Sie – mit Ihrer Mentorin oder allein – drei Äußerungen nach den vier Seiten einer Botschaft durch. Z. B. »Wirklich, eine schöne Jacke«, »Sie sind zu spät«, »Ganz schön warm hier«. Achten Sie auch im Alltag darauf, wie Sie Sätze interpretieren. Falls Sie sich nicht sicher sind, fragen Sie – anfangs in Ihrem Privatleben – einmal nach, mit welchem der »vier Schnäbel« Ihr Gegenüber gerade gesprochen hat: Auf der Sachebene? War es ein Appell? Ging es um die Beziehung zwischen Ihnen und dem Sender, also Position, Wertschätzung oder mangelnde Wertschätzung? Oder war es eine Selbstkundgabe des Senders?

Wenn eine an einer Kommunikation beteiligte Person mit der anderen genau diese Kommunikation thematisiert, nennt sich das Metakommunikation. Auch wenn das sehr intellektuell klingt, kann ein solches Gespräch über das Gespräch hilfreich sein. Ein offenes Gegenüber wird die Aufmerksamkeit schätzen, die Sie der Kommunikation entgegenbringen.

Von Stille zu Wasserfall?

Kommunikation bedeutet nicht nur reden. Körpersprache haben wir schon erwähnt und geübt. Ein Händedruck sollte fest, aber nicht brutal sein und möglichst so, dass sich auch die Handflächen berühren. Vor wichtigen Gesprächen sollten Sie sich lieber auf die Gästetoilette zurückziehen und Power-Posen üben, als sich über Ihr

Handy zu krümmen. Doch wie ist das jetzt mit dem Sprechen? Aktivierte Schüchterne laufen Gefahr, vom Schweigen die Flucht nach vorn in das Zu-viel-Reden anzutreten, leider oft noch getrieben von Angst. Ein solcher Monolog macht einen Dialog schwierig. Zumindest wenn das Gegenüber höflich genug ist, nicht zu unterbrechen.

Im Grunde ist ein Gespräch wie ein Musikstück, das von zwei Instrumenten gespielt wird: Sie geben sich Frage und Antwort, wobei die Rollen (außer bei einem Verhör) nicht festgelegt sind. Pausen gehören ebenfalls dazu. Sie sind nicht allein dafür verantwortlich, diese zu füllen. Sie können sie sogar als Atempause genießen. Nicht umsonst sind Schweigeminuten etwas Besonderes. Wenn eine solche Pause aber in einem Vorstellungsgespräch nicht enden will? Das wird kaum vorkommen. Die meisten Personalverantwortlichen sind, so wie die meisten Menschen, eher extravertiert. Und wenn doch? Dann könnte es sein, dass Ihr Gegenüber testet, wie Sie wohl unter Stress reagieren. Dann atmen Sie entspannt, rufen sich Ihren persönlichen Bannkreis ins Bewusstsein, schauen sich entspannt um und thematisieren lächelnd, was Ihnen vor die Augen kommt: »Das ist ein interessantes Gemälde«, »Oh, dieses Buch habe ich mir auch gerade gekauft«, »Das ist aber ein prächtiger Gummibaum. Wie düngen Sie ihn?« – je nachdem, was die Situation und Ihr präsentes Interesse zutage bringt.

Zielführende Schwächen

> »Niemand kann dir ohne deine Zustimmung das Gefühl geben, minderwertig zu sein.«
>
> *Eleanor Roosevelt*

Bei Erstgesprächen, ob Sie sich für eine Position bewerben oder bei einem möglichen Kooperationspartner vorstellen, steht eine Frage im Raum: Wie können Ihre Leistungen zum Nutzen für die anderen führen? Sie brauchen Ihren Lebenslauf nicht runterzubeten, den wird Ihr Gegenüber entweder direkt vor sich liegen oder zumindest überflogen haben. Wenn Sie Ihr individuelles Profil geschickt haben, machen Sie sich vor dem Treffen bewusst, welche Informationen Ihrem Gesprächspartner dadurch schon vorliegen und welche ein guter Rechercheur zusätzlich im Internet gefunden haben könnte. Kein anderer Mensch darf Sie dazu bringen, sich negativ über sich selbst zu äußern. Also bitte, vermeiden Sie das auch. Ihr persönlicher Bannkreis schützt Sie. Sie werden in einigen Vorstellungsgesprächen nicht nur nach Ihren Stärken gefragt werden, sondern auch nach Ihren Schwächen. Sie wissen selber, dass auf diese Frage keine Antworten wie »attraktive Männer«, »morgens aus dem Bett kommen«, »Ordnung halten generell« oder »mein zuweilen despotischer Charakter« erwartet werden. Ich selber habe diese Frage einmal mit »meine Sensibilität« beantwortet und den Job als Texterin bekommen. Doch das ist Jahrzehnte her. Inzwischen sehe ich zwei Möglichkeiten, mit dieser Frage umzugehen. Die inzwischen verbreitete frivol-zynische Variante und die wirklich wahrhaftige. Bereiten Sie sich am besten auf beide vor und entscheiden Sie in der Situation, welche Ihnen und Ihrem Gegenüber angemessen ist:

In der frivol-zynischen Variante bereiten Sie sich auf die Frage »Was sind Ihre Schwächen?« vor, indem Sie sich charmante Verpackungen Ihrer Stärken überlegen. Das sind die, die Sie allein schon deshalb haben, weil Sie introvertiert, hochsensibel oder schüchtern sind, und Ihre ganz individuellen Stärken.

(63) Übung: Verwertbare Schatten

Nehmen Sie Ihr Tagebuch oder Ihre Computerdatei und schauen Sie sich Ihre Stärken-Liste an. Was davon könnte – für Sie selber, weniger für andere (und speziell nicht in diesem beruflichen Umfeld) – problematisch sein?

Sie sind sehr konzentrationsfähig? Dann könnte Ihre »Schwäche« sein: »Ich bin manchmal ein bisschen zu angestrengt, wenn ich was erledigen will.«

Sie sind zielstrebig? Das könnte folgende Schwäche zur Folge haben: »Ich bin ganz schön ungeduldig mit mir selber, wenn ich ein Ziel erreichen will.«

Sie sind kreativ? Dann fällt Ihnen diese Schwäche ein: »Ich kann leider schlecht abschalten. Oft wache ich um drei Uhr nachts mit einer Idee auf.«

Lassen Sie Ihre Mentorin an Ihrem Ergebnis teilhaben. Formulieren Sie bei Bedarf um. Seien Sie auch auf weitergehende Fragen vorbereitet.

Was aber nun, wenn Sie sich auf eine wirklich interessante Stelle bewerben, in der es auch darum geht, mutig und rechtzeitig die Wahrheit zu sagen? Z.B. dass das Projekt nicht termingerecht fertiggestellt werden kann. Oder eine Idee oder ein Plan nicht durchführbar ist. Und die Firmenkultur Ihres Wunsch-Unternehmens Integrität und Transparenz fördert? Dann wäre eine Person interessanter, die sich nicht so raffiniert durch diese Frage laviert. (Glauben Sie etwa, die Personaler und möglichen Vorgesetzten wissen noch nichts von der »Stärke-in-Schwäche-Technik«?) Deshalb, überlegen Sie sich unabhängig von der Übung »Verwertbare Schatten«, was eine Ihrer Schwächen ist, die Sie zugeben – und bieten Sie ggf. auch gleich Lösungsmöglichkeiten an. Das sollte natürlich nichts sein, bei dem Sie in Tränen ausbrechen oder mit dem Sie sich kleinmachen. Oder eine Eigenschaft, die eine wirklich dringende Jobanforderung ist, die ihnen fehlt. Befassen Sie sich mit Ihren »wahrhaftigen Schwächen«, einfach für den Fall, dass Sie im Bewerbungsgespräch jemandem gegenübersitzen, der Integrität und Transparenz schätzt.

Ein STAR darf sich kurz fassen

Vorstellungs- und Kennenlerngespräche sind wie Interviews. Der Fragende möchte neben dem »persönlichen Eindruck«, den er sich verschaffen will, wissen, a) ob die in Ihrem Lebenslauf bzw. Profil erwähnten Leistungen, Fähigkeiten und Stärken mit der Realität übereinstimmen und b) ob darüber hinaus andere Fähigkeiten vorhanden sind, die für die Position nicht direkt ausgeschrieben wurden, aber gefordert werden. Ihr Verhalten in der Vergangenheit gilt Ihrem Gegenüber dabei als Indikator für zukünftiges Verhalten.

174

Nicht mehr und nicht weniger möchte er wissen. Sie können sich in Ruhe darauf vorbereiten, indem Sie sich Ihrer Leistungen aus der Vergangenheit noch einmal bewusst werden. Wie genau können Sie Ihre Leistungen – vor allem solche, die Sie in Ihrem Lebenslauf erwähnen – am überzeugendsten darstellen? Die Antwort ist einfach: als kurze Geschichte. Die simple Dramaturgie gibt Ihnen die STAR-Methode vor.[63] Das Wort »STAR« ist aus den Anfangsbuchstaben mehrerer englischer Wörter zusammengesetzt:

- ➤ Situation
- ➤ Task (Aufgabe)
- ➤ Action (Aktion im Sinne von Handlung)
- ➤ Result (Ergebnis)

Sie gliedern Ihre STAR-Kurzgeschichte Ihrer jeweiligen Leistungen also folgendermaßen:

- ➤ Sie beschreiben die Situation, die Sie vorfanden.
- ➤ Sie beschreiben die Aufgaben und die Funktion, die Sie bei der Lösung hatten.
- ➤ Sie beschreiben kurz und konkret die Handlungen, die Sie unternahmen.
- ➤ Sie beschreiben und beziffern das positive Endergebnis.

Benutzen Sie in Ihrer STAR-Kurzgeschichte möglichst konkrete Zahlen und andere messbare Ergebnisse. Ein erstes STAR-Beispiel:

Janina Müller, 39, Buchhalterin, jetzt Abteilungsleiterin:

> *»Ich verantwortete die Buchhaltung mit zwei Mitarbeitern und rund vier Millionen Euro zu verwaltendem Umsatz monatlich und stellte fest, dass die Software der Expansion des Unternehmens nicht gerecht wurde. In Kooperation mit der IT-Abteilung sondierten wir den Markt nach möglichen Lösungen. Ich war dafür verantwortlich, die Systeme auf Praktikabilität und*

Preis-Leistungs-Verhältnis zu testen. Mit einem komplizierten Abrechnungsbeispiel, das ich mit den verschiedenen Softwareprogrammen durchspielte, konnte ich den Geschäftsführer überzeugen, dass das in der Anschaffung etwas teurere, aber in der Pflege dann deutlich günstigere Produkt sich für uns rechnen würde. Nach einem Jahr ohne Wartungskosten und niedrigeren Lizenzgebühren hatte sich der Anschaffungspreis amortisiert, und wir haben in meiner Abteilung 20 Prozent weniger Überstunden.«

Sie können sich nicht vorstellen, dass Sie jemals eine solche Erfolgsgeschichte – und sei sie auch nur kurz – in Ihrem Berufsleben finden? Sie befürchten, lügen zu müssen? Brauchen Sie nicht. Es geht hier darum, dass Sie aufhören, Ihre Leistungen »runterzulügen«, und beginnen, die Realität so auszudrücken, dass sie allgemeinverständlich, objektiv und – ja, sagen wir: unneurotisch rüberkommt. Das ist zielführende akquisitive Selbstdarstellung. Die Geschichte, die Janina sich vorher selber und auch ihrem Mann und ihren Freundinnen erzählte, lautet nämlich so:

»Die haben mich da zwar Chefbuchhalterin genannt, das hieß aber nur, dass ich netto 50 Euro mehr im Monat kriegte und die dafür das Recht hatten, mich aus dem Urlaub zurückzurufen. Hätte ich mir die Mitarbeiter selber aussuchen können, wäre das ja noch was anderes gewesen. Ich bekam einfach nur zugeschoben, wen sonst keiner haben wollte, also blieb die ganze Arbeit sowieso an mir hängen. Als dann auch noch diese Dreckssoftware nach Feierabend mal wieder zusammenbrach, platzte mir der Kragen und ich rief diesen sogenannten Chief Information Officer an. Seine Handynummer hatte ich von unserer Praktikantin, mit der er mal eine Affäre hatte. Da es mitten in der Nacht war, beschwerte er sich beim Geschäftsführer. Der rief mich zu sich ins Büro, und ich sagte ihm, er solle mich doch feuern, weil sowieso nichts funktioniert. Wie soll ich denn bitte über seine ganzen Millionen Buch führen, wenn mir dauernd der Computer

abstürzt? Er fragte mich, ob ich einen neuen Computer brauche. Was nur zeigt, dass er überhaupt keine Ahnung hat. Ich erklärte ihm, dass es damit nicht getan ist. Er wollte Genaues wissen und holte diesen Chief Information Officer dazu. Er sagte dann noch, wir sollen uns gefälligst vertragen und dafür sorgen, dass der Laden läuft, ohne dass er über den Tisch gezogen wird. Der Chief Information Officer wollte es sich erst leicht machen und einfach einen Kumpel beauftragen. Da sagte ich, ich würde mich drum kümmern. Ich sah dann auch was Passendes, fanden natürlich alle zu teuer, bis ich denen das mal vorrechnete. Dann sagte der Geschäftsführer: >Auf Ihre Verantwortung, Frau Müller.< Ich hatte natürlich voll Schiss, habe nächtelang schlecht geschlafen. Aber wie durch ein Wunder hat alles geklappt. Also, ab jetzt gehe ich immer pünktlich aus dem Büro, die können mich mal. Ich such mir was Besseres.«

Diese Nicht-STAR-Geschichte entspricht von den Fakten her der STAR-Geschichte von oben. Es geht also letztlich nur um eine professionellere Darstellung der Zahlen, Daten, Fakten. Es geht darum, Indiskretionen auszufiltern und Selbstmitleid und andere persönliche Beleidigungen wegzulassen.

Hier noch ein Beispiel, diesmal in umgekehrter Reihenfolge. Erst die Geschichte von Viktor Hoffmann, damals 19, wie er sie seinen Kumpels erzählte, bevor er daraus eine STAR-Kurzgeschichte entwickelte:

»Irgendein Praktikum musste ich ja machen. Ich nahm dann das in der Möbelfabrik, weil ich da mit dem Rad hinkam. Der Laden war so daneben! Der Chef und die Juniorchefin haben sich die ganze Zeit nur gestritten. Die wussten auch gar nicht, wohin mit mir. Erst war ich im Lager, das müsstet ihr mal sehen. Alles voll mit deren Schrott. Ich weiß nicht, warum die die Sachen so lange aufheben. Ich schleppte also Möbel in den Laster, bis

ich dann den Hexenschuss kriegte. War dann zwar nach zwei Tagen wieder gut, aber der Doc hat mir verboten, schwere Sachen zu tragen. Diese Frau, die bei denen auch das Personal macht, hat mich dann zur Juniorchefin geschickt. Da saß ich dann am Computer im Vorzimmer. Die Chefin wollte auch noch, dass ich Kaffee koche. Sie merkte irgendwann, dass ich ganz gut mit Technik zurechtkomme. Sie hatte unheimlich Druck von dem Seniorchef, der diese Charity-Sache, die ihre Idee war, für Unfug hielt und absagen wollte. Das ginge doch nicht nach fünf Jahren von heute auf morgen, sagte sie. Die beiden schrien sich an. Als der Alte ging, sprach ich mit ihr und sie zeigte mir ihren Plan, das Highlight war der Chor. Musik fand ich ja gut. Und da dachte ich an die Mutter von Olli, die war ja vor 100 Jahren mal Opernsängerin. So in den 80ern oder früher. Hängen immer noch im Wohnzimmer, die Zeitungsausschnitte. Jedenfalls fragte ich die, ob sie mal wieder singen möchte. Sie wollte natürlich groß ihre Gage aushandeln, da war aber nix drin. Da kam ich auf die Idee mit den ollen Sofas aus dem Laden. So klappte der Deal. Ich machte noch ein bisschen was für meine Chefin auf Facebook über die Sache für das Krankenhaus. Die machte nämlich gar nix auf Facebook weil sie's affig fand und keine Zeit hatte. Und dann kamen viel mehr Leute als vorher. Die Juniorchefin war total froh, und um ihren Vater zu ärgern, spendete sie selber noch extra was im Namen der Firma.«

Und hier die STAR-Geschichte von Viktor Hofmann, heute 23 und Mitgründer einer Event-Agentur:

> *Ich machte noch während meiner Schulzeit ein vierwöchiges Praktikum bei einer Möbelfabrik, einem Familienunternehmen, in der Geschäftsführung. Sie planten gerade eine große Wohltätigkeitsveranstaltung für ein Krankenhaus. Ich sollte Vorschläge machen. Ich hatte die Idee, die Mutter meines Freundes, eine Sängerin, zu fragen, ob sie uns künstlerisch unterstützt. Ich rief sie*

an. Sie sagte zu, und ich verhandelte mit ihr, dass sie statt einer Gage das neuwertige 80er-Jahre-Gästesofa aus dem Möbellager bekommen würde. Sie sagte zu und aktivierte ihre Musikerkollegen. Ich entwickelte innerhalb von drei Tagen eine Social-Media-Kampagne, die Veranstaltung war mehr als voll, und wir bekamen 20 000 Euro für die Renovierung von Zimmern und der Kantine des Krankenhauses zusammen. Das waren 15 000 Euro mehr als in den Vorjahren. Die Juniorchefin legte dann noch mal 2000 Euro drauf.«

Mit derartigen STAR-Kurzgeschichten sind Sie gut vorbereitet. Sie brauchen mindestens drei davon – und Sie werden sie finden! Sie können damit Fragen beantworten, die Sie sonst ins Leere laufen lassen würden, wie etwa: »Nun erzählen Sie mal von sich, Frau Hammerstein …« Aber auch auf solche, die Sie unvorbereitet als bohrend, wenn nicht gar ziemlich unverschämt empfinden würden, wie: »Geben Sie mir bitte mal ein Beispiel dafür, wie entscheidungsfreudig Sie sind« – »In Ihrem Lebenslauf steht, Sie waren Leiter einer Abteilung mit 20 Mitarbeitern. Wie motivierten Sie die denn?« – »Sie sind zielstrebig? Wie hat sich das in Ihrem bisherigen Berufsleben gezeigt?« – »Sie hatten Englisch als Leistungsfach. Konnten Sie diese Sprache in schriftlicher Form schon beruflich einsetzen?« – »Geben Sie mir ein Beispiel dafür, wie Sie mit einem Kunden, den Sie persönlich nicht ausstehen konnten, zurechtkamen.«

Dass jemand Ihnen so konkrete Fragen stellt, ist für sich schon ein Kompliment! Ihr Gegenüber ist an Ihnen interessiert und will das einfach nur noch mit der Realität abklären, zumindest mit der, an die Sie sich erinnern. Ein erfolgreicher Personalchef oder eine hochpotente Kooperationspartnerin würde sich sonst die Puste sparen. Also: Hören Sie, wenn Sie eine solche Frage gestellt bekommen, genau hin, genießen Sie die Aufmerksamkeit und beantworten Sie sie dann vollständig und elegant nach dem STAR-Prinzip.

(64) Übung: Ihre STAR-Geschichten

Nehmen Sie sich den Lebenslauf, den Ihr Gegenüber während des Gesprächs vorliegen haben wird, und finden Sie Beispiele für Leistungen, Denkvermögen und Charaktereigenschaften, die Sie in den dort aufgeführten Stationen bewiesen haben. Auch Rettungsaktionen und wie Sie Ihren Urlaub verschoben oder das Wochenende durchmachten, um etwas Außerplanmäßiges hinzubekommen, zählen dazu. Suchen Sie nun nach Zahlen, Daten, Fakten, die damit zusammenhängen, und beschreiben Sie kurz die Situation, Ihre Aufgabe, Ihre Handlung und das Ergebnis. Schreiben Sie sich fünf STAR-Kurzgeschichten. Bitten Sie Ihre Mentorin, diese mit Ihnen durchzugehen, und überarbeiten Sie sie. Diese Arbeit ist auf jeden Fall lohnend. Und in Zukunft: Da Sie sich Ihre Anerkennungen und Erfolge ab jetzt notieren, wird es Ihnen noch leichter fallen, diese Geschichten zu entdecken und zu formulieren. Sie können nun für sich allein den positiven Ablauf eines solchen Gespräches visualisieren. Sie – als Ihr bestes Selbst – und ein kompetentes Gegenüber, das an dem Nutzen, den Sie für das Unternehmen haben könnten, interessiert ist.

Nachdem Sie in einem Gespräch Ihre STAR-Geschichte erzählt haben, kann es sein, dass Sie noch andere Dinge gefragt werden. Z. B. »Was ging in dem Moment durch Ihren Kopf?« oder »Sind Sie jemals an die Grenze Ihrer Belastungsfähigkeit gekommen, und wie sind Sie damit umgegangen?« oder »Haben Sie jemals von Ihrem bisherigen Vorgesetzten eine Arbeitsanweisung bekommen, die Sie für unrichtig hielten, und wie sind Sie damit umgegangen?«. Solche Fragen sind ebenfalls Zeichen, dass Sie interessant genug sind, um Sie näher kennenzulernen. Auf keinen Fall brauchen Sie sich zu verteidigen. Sie dürfen glänzen. Wenn Sie sich vorab, allein oder mit Ihrer Mentorin, mit solchen möglichen Fragen beschäftigt haben, wird Ihnen das noch leichter fallen.

Sie sind nun vorbereitet für Ihr nächstes berufliches Gespräch. Ob mit Ihrem/Ihrer Vorgesetzten, in einer Personalabteilung oder mit einem potenziell passenden Kunden: Haben Sie schon einen Termin? Wenn nicht: Höchste Zeit, einen oder gleich mehrere (in unterschiedlichen Unternehmen, versteht sich) zu machen.

Station 4: Die große Herausforderung

Jetzt ist es so weit. Ihr Termin steht bevor. Machen Sie sich klar, dass Sie zwar keine Kontrolle über den Gesprächsverlauf haben, doch bezüglich Ihrer eigenen Person in Führung sind. Sie haben inzwischen viel dazugelernt. Der Termin kommt näher. Sie können ihm entspannt entgegensehen.

Checkliste für das Gespräch

➤ Sie haben die für Sie zugänglichen Quellen (z. B. Ihnen bekannte Mitarbeiter/Ex-Mitarbeiter, Internet, Branchenangehörige) befragt, um auf Ihre Gesprächspartner und deren Umfeld vorbereitet zu sein.

➤ Sie wissen, was Sie wollen, und verkaufen sich nicht unter Wert.

➤ Sie haben sowohl Ihre Wechselmotivation als auch Ihre STAR-Geschichten und Ihre vermeintlichen Schwächen (und ggf. auch eine reale) formuliert und geübt.

➤ Fragen Sie sich: Warum fällt es mir so leicht, wichtige Gespräche zu führen?

➤ Sie kleiden sich passend, das heißt so, dass es zu der Position passt, die Sie erreichen möchten.

➤ Sie haben die Situation eines solchen Gespräches mit Ihrer Mentorin (oder auch jemand anderem) geübt und sich als Ihr »bestes Selbst« visualisiert.

➤ Sie haben, wenn es sich um ein Vorstellungs- oder Akquisegespräch handelt, möglichst nicht nur in einem Unternehmen einen Termin gemacht, sondern auch in mindestens zwei weiteren.

➤ Formulieren Sie für sich eventuelle Angst als Aufregung um. Sagen Sie sich laut: »Ich bin aufgeregt.«

➤ Nun sorgen Sie erst noch einmal für Entspannung. Als Anregung dienen dazu die Übungen und Vorschläge im Kapitel 4: »Rekreation«.

➤ Sie empfinden immer noch Angst statt Aufregung? Dann springen Sie an dieser Stelle ausnahmsweise vor ins nächste Kapitel, lesen Sie den Abschnitt »Strategisches Klopfen« und machen Sie die dazugehörige Übung. Kommen Sie anschließend bitte wieder hierher zurück.

➤ Wie möchten Sie zu Ihrem Termin anreisen? Mit Ihrem eigenen frisch gewaschenem Auto? Per Taxi? Mit öffentlichen Verkehrsmitteln? Suchen Sie sich rechtzeitig Route bzw. Verbindungen heraus, kalkulieren Sie Zeit für Staus, ausfallende Züge und Busse ein. Wenn Sie viel zu früh sind, führen Sie Ihr bestes Selbst noch mal spazieren. Zehn Minuten vor dem Termin können Sie das Gebäude betreten, sodass Sie noch Zeit für das Power-Posen finden. Nehmen Sie die Atmosphäre in dem Unternehmen bewusst wahr: Wirken die Menschen einigermaßen freundlich? Lächeln Sie ruhig zuerst. Gehen Sie noch einmal auf die Gästetoilette, um sich frisch zu machen durch Power-Posen (Gehen Sie zur Übung in Kapitel 1, Abschnitt »Ihre äußere Haltung ist Ihre Innere Haltung«). Für mindestens zwei Minuten schulterbreit dastehen, die Hände in die Hüften stemmen, Brustbein nach vorn und etwas heben, geradeaus gucken, dabei Ihren persönlichen Bannkreis spüren und entspannt bis unter den Bauchnabel atmen.

➤ Bei der Begrüßung einen festen Händedruck geben, möglichst so, dass die Handflächen sich berühren, lächeln, atmen und dann auf dem angebotenen Stuhl Platz nehmen. Die Sitzfläche einnehmend, gerade sitzend und Ihren Bannkreis spürend atmen. Schauen Sie sich ruhig um, benennen Sie innerlich die Farben, die Sie hier sehen, und schauen Sie Ihrem Gegenüber in die Augen. Sie wissen, es geht genauso sehr darum, dass dieses Unternehmen sich bei Ihnen qualifiziert, wie dass Sie sich für das Unternehmen qualifizieren. Bleiben Sie präsent, offen und selbstbewusst. So werden Sie Ihr Ziel erreichen.

Sie sind mein Held bzw. meine Heldin. Ich bin sehr stolz auf Sie.

Und ob Sie es glauben oder nicht, Sie sind nicht allein: Ihr Höheres Selbst, mit dem Sie jederzeit auch bewusst Kontakt aufnehmen können, ist bei Ihnen, damit Sie das Beste aus dem Gespräch machen.

Station 5: Annehmen und stärken

>>Life is what happens while you are busy making other plans.<<
John Lennon

Gratulation! Sie haben es geschafft. Sie haben einen wesentlichen Wendepunkt durchlebt, den untersten Punkt des Kreises von Abbildung 7. In der Dramaturgie ist ein Wendepunkt ein entscheidender Umschlag des Glücks oder auch des Unglücks. Ob Sie das, was während Ihrer großen Herausforderung passiert ist, zu Beginn als Glück oder Unglück werten, spielt keine Rolle. Sie werden es später in jedem Fall als Glücksfall sehen können. Die Reise geht nur noch aufwärts.

Fühlen Sie sich jetzt himmelhoch jauchzend nach Ihrem Gespräch? Oder war es einfach nur schrecklich? Ruhig Blut. Die Geschichte der Veränderung Ihrer Geschichte ist noch lange nicht vorbei. Hier finden Sie zwei Übungen. Die eine hilft Ihnen, einen scheinbaren Misserfolg zu verdauen, und die andere, den Erfolg zu verarbeiten. Entscheiden Sie sich für die, die zu Ihrer jetzigen Situation passt.

(65) Übung bei scheinbarem Misserfolg

1. Wie fühlen Sie sich? Begeben Sie sich in Ihren persönlichen Bannkreis und spüren Sie genau hin. Bleiben Sie präsent. Wenden Sie sich Ihren Emotionen zu, halten Sie sie für ein bis zwei Minuten aus. Dann benennen Sie die Emotion. Ist es Scham? Schuld? Wut? Traurigkeit? Verletztheit? Schreiben Sie im Dialog mit Ihrem Inneren Kind darüber.

2. Jetzt betrachten Sie sich die Situation, die Sie vorher als Misserfolg erlebten, mal ganz objektiv. Was genau ist passiert? Was war richtig an dieser Situation? Was lernen Sie für Ihre nächsten wichtigen Herausforderungen?

3. Sehen Sie die Chance in dieser Situation? Es könnte sein, dass Sie auf Ideen kommen, welche Leute Sie noch treffen sollten. Oder es kann sein, dass in dem Gespräch ein Hinweis auf andere Möglichkeiten steckte. Brainstormen Sie darüber oder dialogisieren Sie schriftlich mit Ihrem Höherem Selbst.

4. Welche Handlungen können Sie unternehmen, um wieder in Richtung Ziel zu kommen? Schreiben Sie auf, was Ihnen einfällt und wer Ihnen dabei helfen könnte. Wählen Sie drei davon aus.

5. Wie können Sie sich jetzt lieben und belohnen?

(66) Übung bei Erfolg = Belohnung

1. Akzeptieren Sie Ihren Erfolg. Atmen Sie ihn tief bis unter Ihren Bauchnabel ein. Sie haben Ihren Erfolg verdient. Erkennen Sie sich dafür an, was Sie geleistet haben.

2. Laden Sie Ihre Mentorin ein (falls diese nicht abkömmlich ist, einen Freund, eine Freundin oder Ihr Inneres Kind und Höheres Selbst). Feiern Sie sich und Ihren Erfolg. Gehen Sie lecker essen, gut trinken, auf die Kirmes oder auf ein Konzert. Was auch immer Sie wollen.

Sie haben die jeweilige Übung gemacht? Dann sind Sie, wie auch immer Ihre große Herausforderung sich anfühlte, mit beiden Füßen wieder auf derselben Station angelangt. Sie wissen ja jetzt bereits: Es geht nur noch aufwärts. Für diesen Aufstieg mobilisieren wir neue Kräfte.

»Wie bitte?!«, fragen Sie jetzt als erfolgsverwöhnter oder erfolgsverwöhnte Große-Herausforderungs-GewinnerIn: »Ich habe doch die große Herausforderung bestanden!« Ja, aber sie war nur ein Zwischenziel. Sie setzen ab jetzt den Fokus auf Ihr großes Ziel, Ihre Vision, Ihre Mission. Fragen Sie sich: Bin ich wirklich und wahrhaftig auf dem richtigen Weg? Oder lüge ich meine Leistungen noch immer runter, stehe nicht zu meiner Führungsstärke und meinen wirklichen Wünschen? Geben Sie sich hier also Zeit für eine eventuelle Kurskorrektur. Und: Sie sollten natürlich bei allem Erfolg dennoch die anderen ausgemachten Termine wahrnehmen, falls Sie welche gemacht haben. Denn Kontakte kann man immer dann am entspanntesten machen, wenn man sie nicht braucht.

Für den Fall, dass Ihre große Herausforderung nicht so glatt lief: Bei Ihnen geht es nach wie vor darum, Ihr Zwischenziel zu erreichen. Sie nehmen natürlich erst recht die anderen vereinbarten Termine wahr. Schon als Training. Sie haben aber bei der Übung neue Erkenntnisse über Ihre Möglichkeiten und vielleicht sogar ein neues Zwischenziel gefunden? Sie werden durch diese Treffen noch auf viel mehr Ideen kommen. Sagen Sie jetzt bitte nicht, dass Sie Angst haben. Dieses aufregende Gefühl weist – so fortgeschritten sind wir jetzt – genau auf das hin, was Sie als Nächstes tun müssen. Nämlich genau das, wovor Sie am meisten Angst haben.

Sie sind ja gar nicht ängstlich, sondern nur frustriert durch die vermeintliche Ablehnung, die Sie erfahren haben? Äußere Widerstände erleben die Besten jeden Tag. Und damit meine ich nicht etwa mich, sondern unter anderen J. K. Rowling, deren erstes *Harry Potter*-Manuskript von zwölf Verlagen abgelehnt wurde, und Abraham Lincoln, der fast ausschließlich Wahlniederlagen erlebte, bevor er amerikanischer Präsident wurde. Ja, selbst den Gesang des vermutlich extravertierten Dieter Bohlen wollte anfangs keiner hören.

Mal im Ernst: Ich kenne keinen Menschen mit substanziellem Erfolg, der nicht durch Misserfolge und Übung erst dorthin kam, wo er heute ist. Gerade wenn Sie etwas Neues in die Welt setzen möchten, werden Sie Widerstand erleben. Wie kommen Sie darauf, dass es Ihnen leichter fallen sollte? Weil ich Ihnen sagte, dass Sie einzigartig sind? Das sind Sie. Unbestritten. Sie haben ja DNA und Fingerabdruck als Beweis. Und Sie sind sich – dazu dienen die Übungen in diesem Buch – bewusst, dass Sie anderen Menschen wirklich Einzigartiges zu bieten haben. Doch – Sie sind jetzt stark genug, das zu ertragen – SIE SIND NICHTS BESONDERES! Sie sind lediglich auf Ihre Art einzigartig. So wie jeder andere. Auch wenn Ihnen die Medien weismachen möchten, dass es VIPs gibt, sehr wichtige Personen. Aber selbst wenn Sie zu denen zählen wollen oder schon zählen: Sie sind keine Märchenprinzessin und kein Märchenprinz. Sie verschwenden Ihre Zeit damit, darauf zu warten, entdeckt zu werden. Entdecken Sie sich also selbst, und dann gehen Sie nach vorn. Durch Ihre Angst hindurch.

Tatsächlich haben Untersuchungen gezeigt, dass besonders kreative Menschen sogar einen höheren Angstpegel haben als andere Menschen. Diese Kreativen nutzten dafür aber mehr Abwehrmechanismen[64] als die anderen und waren flexibler in der Wahl ihrer Strategien. Was sagt uns das? Augen auf und durch! Flexibilität kommt mit der Übung. Deshalb möchte ich Ihnen hier zwei Techniken vorstellen, mit denen Sie Ihre Flexibilität erweitern können.

Umpolung des Verlangens

Dieses Tool haben Phil Stutz & Barry Michels, die Autoren von *The Tools*[65], entwickelt. Sie nennen es »Umpolung des Verlangens«, weil es die natürliche Tendenz des Menschen, Schmerzen zu vermeiden, in das Gegenteil kehrt. Und wie wir ja wissen, machen sich Menschen mit Selbstmarketing-Blockade besonders viel Gedanken um Schmerz- und Straf-Vermeidung. Lernen Sie diese Übung also zu lieben. Sie ist nicht nur für den einmaligen Gebrauch gedacht, sondern dazu, wiederholt zu werden. Möglichst täglich.

(67) Übung: Umpolung des Verlangens

1. Denken Sie an Ihren nächsten Handlungsschritt in Richtung Ziel (bzw. Zwischenziel). Genau an den, den Sie am liebsten vermeiden würden. Vielleicht spüren Sie noch nicht einmal Angst, sondern Lähmung, auf jeden Fall – wenn Sie genauer hinfühlen – Schmerz.

2. Dieses Gefühl sehen Sie nun in verstärkter Form in einer dunklen Wolke vor sich. Sie konfrontieren diese Wolke nicht nur, Sie rufen sie innerlich zu sich: »Schmerz, komm her.« Spüren Sie in sich das Verlangen, diesen Schmerz zu fühlen. Es zieht Sie in diese Wolke hinein.

3. Sie sind in der Wolke und spüren den Schmerz. »Ich liebe den Schmerz!«, sagen Sie dabei innerlich und fühlen ihn, so tief Sie können. Sie sind jetzt eins mit diesem Schmerz. Lieben Sie ihn.

4. Nach einer Weile spüren Sie, wie von selbst, dass diese Wolke Sie ausspuckt, sich hinter Ihnen wieder verschließt, und Sie merken, dass Sie, nun in Licht verwandelt, weiterziehen. Zu Ihrem Ziel, zur Verwirklichung Ihrer Mission.

Ein ebenfalls effektives Selbsthilfe-Werkzeug – und für Sie vielleicht eine Alternative oder eine zusätzliche Übung zur Umpolung des Verlangens – ist das EFT (Emotional Freedom Technique). Beim EFT geht es um die Befreiung von als negativ empfundenen Emotionen. Sie kennen EFT vielleicht als »Klopfen«, aber haben Sie es schon probiert?

Strategisches Klopfen: Emotional Freedom Technique (EFT)

EFT ist eine Kombination von kognitivem Bewusst- und Messbarmachen innerer Widerstände mit Energiearbeit im Sinne der Akupunktur-Meridiane, die die Chinesen schon vor etwa 5000 Jahren entdeckt haben.[66] EFT geht davon aus, dass bei negativen Emotionen Blockaden in unserem Energiesystem vorliegen. Da – wie die Quantenphysiker schon seit Jahrzehnten sagen – sich letztlich alles aus Energie zusammensetzt, sind Blockaden hier so ärgerlich wie ein Stau auf der Autobahn. Gary Craig, der Erfinder von EFT, fand Meridianpunkte an Händen, Kopf und Körpern, die sich für diese psychologische Akupunktur besonders gut eignen und mit den Fingerspitzen von Zeige- oder Mittelfinger sanft und rhythmisch abgeklopft werden. Zehn bis 15 Minuten sind für eine EFT-Sitzung anzusetzen.

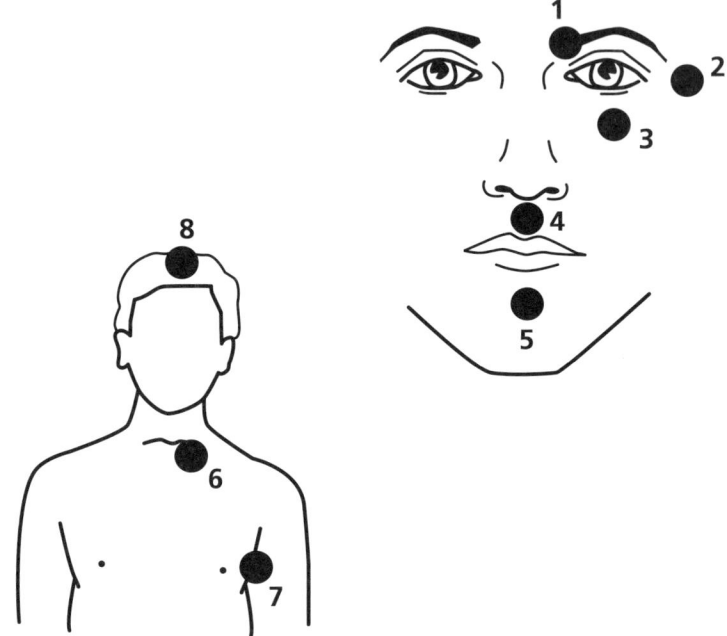

Abb. 8: Klopfpunkte

(68) Übung: Blockaden und blockierende Glaubenssätze klopfen

Klopfsequenz zur Befreiung von blockierenden Gefühlen

Sie beginnen damit, die Wahrheit zu sagen: Benennen Sie konkret das Gefühl, den Widerstand gegen Handlungen auf dem Weg zu Ihrem Ziel. Benutzen Sie dafür Ihre eigenen Worte. Möglichst saftige:

»Meine Angst, mich mal wieder voll zu blamieren«, »Keinen Bock auf diese Sch…«, »Dieses Gefühl, nicht gut genug zu sein«. Eine Aussage reicht! Nun gehen Sie davon aus, dass die Stärke des Gefühls messbar ist. Benennen Sie auf einer Skala von 1 bis 10, wie stark ist dieses Gefühl momentan ist. 1 bedeutet, es ist kaum spürbar, und 10 heißt, es ist überwältigend groß. Notieren Sie sich Satz und Zahl.

Fügen Sie nun diesen »wahren negativen Satz« in die »psychologische Umkehr« ein: »Auch wenn ich (wahrer negativer Satz), liebe und akzeptiere ich mich vollkommen: so, wie ich bin.« Diesen Satz sagen Sie bitte dreimal, während Sie mit einer Handfläche die äußere Handkante (3 bis 5 Zentimeter unterhalb Ihres kleinen Fingers) der anderen Hand beklopfen, etwa im Rhythmus von zwei Schlägen pro Sekunde. Wenn Ihnen »liebe und akzeptiere ich mich« noch nicht so leicht über die Lippen kommt, können Sie auch umformulieren in: »…finde ich Wege, mich so zu lieben und zu akzeptieren, wie ich bin.«

Nun nehmen Sie Zeige- oder Mittelfinger einer Ihrer Hände und klopfen jeweils acht- bis zehnmal auf die folgenden Punkte (siehe auch Abbildung 8), während Sie dazu den »wahren negativen Satz« sagen:

1. Auf den Augenbrauenpunkt (das innere Ende der Augenbraue)

2. An der äußeren Seite des Auges (dort, wo der Knochen in die Augenhöhle übergeht)

3. Unter dem Auge (zentral am Knochenrand)

4. Unter der Nase (mittig zwischen Nase und Oberlippe)

5. Auf dem Kinn (mittig in der horizontalen Kinnvorsprungsfalte)

6. Unterm Schlüsselbein (nahe dem Brustbein, seitlich eines vorgestellten Krawattenknotens)

7. Unterm Arm (mittig, seitlich, ca. 10 bis 12 Zentimeter unter der Achselhöhle)

8. Auf der Mitte des Kopfes

Atmen Sie nun tief ein und aus. Fühlen Sie sich schon anders? Klopfen Sie diese Abfolge – vom Augenbrauenpunkt bis auf den Kopf mit dem »wahren negativen Satz« auf den Lippen – und falls Ihnen jetzt Varianten dieses Satzes einfallen, nur zu – noch zweimal die Punkte durch. Dann schauen Sie zurück auf Ihre Notiz. Wie wahr ist dieser Satz jetzt noch auf der Skala von 1 bis 10? Vermutlich wesentlich niedriger. Wenn er noch hoch ist, können Sie weiterklopfen. Ziel dieser Übung ist ein Wert bei 1. Ist der messbare Wert 3 oder darunter, gibt es den krönenden Abschluss.

Formulieren Sie zunächst den »wahren negativen Satz« positiv um. »Meine Angst, mich mal wieder voll zu blamieren«, könnte jetzt heißen: »Ich mache, was ich für richtig halte«, oder: »Ich bin mutig und wachse«. »Dieses Gefühl nicht gut genug zu sein«, wird: »Ich gebe jederzeit mein Bestes«, oder auch: »Ich vertraue auf mich und meine Stärken.« »Kein Bock auf diese Sch…« wird zu: »Ich bin frei zu wählen« oder: »Ich setze mich freudig und entspannt mit dieser Aufgabe auseinander«. Wie wahr ist dieser neue Satz jetzt schon für Sie auf einer Skala von 1 bis 10? Notieren Sie sich den Satz und die Zahl. Nun klopfen Sie dieselben Punkte (ab dem Augenbrauenpunkt), diesmal mit dem wahren positiven Satz. Klopfen Sie so viele Runden, bis dieser Satz auf der »Wahrheits-Mess-Skala« eine 8 oder höher ist. Fertig!

Klopfsequenz zur Befreiung von blockierenden Glaubenssätzen

Diese Klopfsequenz eignet sich auch für alte negative Glaubenssätze, von denen Sie sich befreien möchten. Beginnen Sie mit einem negativen Glaubenssatz, z. B. »Ich bin allein« oder: »Ich kann nicht«. Als wie wahr empfinden Sie diesen Satz auf einer Skala von 1 bis 10? Formulieren Sie die psychologische Umkehr in dieser Weise: »Auch wenn ich den Glaubenssatz habe, dass ich allein bin, liebe und akzeptiere ich mich vollkommen, so wie ich bin.« Sprechen Sie diese psychologische Umkehr dreimal, während Sie dabei Ihre Handkante mit der anderen Hand beklopfen. Dann klopfen Sie, an den Punkten wie oben beschrieben, den negativen Glaubenssatz (zum Beispiel: »Ich gehöre nicht dazu«), bis er auf der Skala nur noch maximal eine 3 misst.

Nun formulieren Sie den negativen Satz in einen neuen, positiven Satz um (z. B. »Ich bin umgeben von Leuten, die mich mögen und unterstützen«). Als wie wahr empfinden Sie diesen auf der Skala? Klopfen Sie nun diesen Satz, bis er mindestens eine 8 ist.

Die Selbsthilfe-Techniken Umpolung des Verlangens und EFT zählen zu dem Stärksten, was Sie allein für sich tun können. Probieren Sie beide aus und entscheiden Sie sich für eine, die Sie ab jetzt täglich üben. Wenn Sie ein Thema abgearbeitet haben, findet sich wie von selbst ein neues. Hört das denn nie auf? Sie merken daran, dass Sie noch lebendig sind.

Jetzt sind Sie gewappnet, Ihre nächste Herausforderung anzugehen. Welche das konkret ist, wissen nur Sie. Sie haben den zweiten und dritten herausfordernden Termin ja gemacht, oder? Anschließend machen Sie bitte wieder die Anfangsübungen der Station 5 »Annehmen und stärken«. Dann geht's auf zur nächsten Station.

Station 6: Kommunikation verfeinern

Nur noch ein bisschen wachsen, dann können Sie das Abenteuer Selbstmarketing zurück in Ihren Alltag nehmen. Dass Sie inzwischen ein Ohr für Ihre eigenen Gedanken haben und destruktive von zielführenden unterscheiden können, ist eine gute Voraussetzung. Sie können wählen, welche Geschichten – manche nennen sie Glaubenssätze – in Ihrem Gehirn Ihre Welt erschaffen. Sie sind nicht Ihre Gedanken, Sie sind auch nicht Ihre Gefühle. Sie sind der Welt, anderen Menschen und Situationen, nicht derart ausgeliefert, wie Sie bisher glaubten. Sie bestimmen selber, wie Sie auf Provokationen und Herausforderungen antworten. Einfach automatisch zu reagieren, ist zwar bequem, führt aber oft dazu, dass eine alte Geschichte immer aufs Neue wiederholt wird. Zwischen dem, was auf Sie zukommt, und Ihrer Antwort darauf liegt eine kleine, auch zeitliche Lücke. Dieser Raum ist Ihr Bewusstsein. Hier liegt Ihre Freiheit und Ihre Verantwortung.

Jack Lee Rosenberg nutzte, um Vorstellungsrunden in therapeutischen Gruppen nicht ausufern zu lassen und gleichzeitig ein Bewusstsein für Selbstwirksamkeit zu entwickeln, gleich zwei 1 bis 10-Skalen (1 sehr schlecht, 10 sehr gut).

Mit der ersten Zahl dieser Skala wird angegeben, was einem das Leben aktuell so entgegenwirft, mit der zweiten Zahl, wie man damit umgeht. So kann es sein, dass Sie »objektiv« vom Leben gerade mit einer 9 bedacht werden und mit einer 2 damit umgehen. Möglicherweise, weil Sie Erfolg nicht verkraften.

Ebenso kann das Leben Ihnen lediglich eine 2 bieten, wie Sie damit umgehen, bewerten Sie aber mit einer 9. Weil Sie eine Chance in der Niederlage sehen oder einfach exquisite Selbstberuhigungstechniken anwenden.

(69) Übung: Die zwei Skalen der Selbstwirksamkeit

Was wirft Ihnen das Leben zurzeit entgegen? Antworten Sie mit einer Zahl auf der 1 bis 10- Skala.

Wie gehen Sie – gemessen mit der Skala von 1 bis 10 – damit um?

Der Rückweg in den Alltag wird oft unterschätzt. So empfinden Menschen die Rückkehr nach einem längeren Auslandsaufenthalt oft als Kulturschock, während Sie beim Betreten des fremden Landes kaum einen Kulturschock erlebten. Sie hatten nicht damit gerechnet und – weil sie oft nicht um dieses Phänomen wissen – auch keine Erklärung dafür. Sie sind jetzt vorbereitet. Die Rückkehr wird Ihnen jedoch noch leichter fallen, wenn Sie Ihre Kommunikation verbessern.

Kommunikation für Fortgeschrittene

Im Zusammenleben mit anderen Menschen entsteht, neben erfreulichen Momenten, vor allem auch eins: Gesprächsbedarf. Und zwar nicht nur über Ihre Ziele und Ihre Mission oder die der anderen, sondern auch über Konflikte. Sie sind konfliktscheu? Stellen Sie sich Ihren persönlichen Bannkreis vor und atmen Sie bewusst tief bis unter Ihren Bauchnabel. Beginnen wir mit der Bedeutung des Wortes. »Konflikt« entstammt dem lateinischen »confligere«, »zusammentreffen, kämpfen«. Es gibt innere Konflikte und solche mit anderen Personen oder Gruppen. Zu Konflikten kommt es, wenn Interessen, Ziele oder Werte zusammenkommen, die unvereinbar scheinen oder es tatsächlich sind. Ein innerer Konflikt kann z. B. sein, dass ein Teil von Ihnen, das Innere Kind z. B. dringend ein Stück Buttercremetorte essen möchte, ein anderer Teil – nennen wir ihn jetzt nicht Höheres Selbst, sondern Über-Ich – aber weiß genau, wie hoch der Anteil von Fett und Zucker bei einer solchen Portion Süßes ist. Gibt nun einer Ihrer Anteile klein bei? Können Sie als reifer Erwachsener zwischen den beiden verhandeln? Reicht es, eine Umarmung anzubieten, einen Spaziergang oder ein Glas Wasser? Eine Praline?

Bei Konflikten zwischen Personen werden die unterschiedlichen Interessen, Ziele und Werte oft auch an einem konkreten Verhalten deutlich, das Ihnen gegen den Strich geht. Bleiben wir, aus Gründen, die Ihnen gleich noch deutlich werden, im privaten Bereich. So könnte bei Ihnen zu Hause jemand sein, der die Angewohnheit hat, so laut zu telefonieren, dass es Sie beim Lesen stört. Oder in einem Verein haben Sie einen Vereinskollegen, der seine ehrenamtlichen Leistungen bei Vereinssitzungen sehr in den Vordergrund stellt, Ihren Beitrag jedoch verschweigt. Oder Ihr Änderungsschneider ist nicht in der Lage, einen Auftrag, den Sie ihm erteilt haben, pünktlich zu erledigen oder in der Qualität abzuliefern, die vereinbart war.

Sie brauchen so ein Verhalten nicht passiv zu erdulden oder gleich stumm Fluchtkonsequenzen zu ziehen. Sie können das Sie störende Verhalten ganz gelassen ansprechen. Gelassen? Ja. Sie haben vermutlich schon von der Gewaltfreien Kommunikation (GfK) nach Marshall Rosenberg[67], einem amerikanischen Psychologen, gehört. Das ist die Kommunikationsmethode, die zwischen der aggressiven Wolfssprache und der friedlichen Giraffensprache unterscheidet. Sie ist die Basis für eine entspannte Herangehensweise. Rosenberg konnte damit in Familien, an Schulen und selbst in Kriegsgebieten zum Frieden beitragen. Gewaltfreie Kommunikation besteht aus vier Schritten:

1. **Beobachtung**: die wertfreie, objektive Beschreibung einer Handlung.
2. Das dadurch bei Ihnen ausgelöste **Gefühl**.
3. Ein **Bedürfnis**, das damit in Verbindung steht.
4. Aus dem Bedürfnis geht eine konkrete, positiv formulierte **Bitte** hervor.

Kurz: Wenn ich 1. sehe, dann fühle ich 2., weil ich 3. brauche. Deshalb möchte ich jetzt gerne 4.

Das könnte sich, nachdem Sie den laut telefonierenden Mitbewohner fragten, ob er kurz Zeit für ein Gespräch hat, konkret so anhören:

>*Ich höre, dass du viel telefonierst und dass diese Telefonate oft auch laut werden. Ich fühle mich gestört und irritiert, weil ich zum Lesen Ruhe und Konzentration brauche. Sage mir bitte, ob du bereit bist, am Telefon etwas leiser zu sprechen oder mit mir gemeinsam nach einem Weg zu suchen, wie unser beider Bedürfnis erfüllt werden kann.*«

Oder bei dem Vereinsmitglied, das Ihren Beitrag an der gemeinsamen Arbeit verschweigt:

>>*Ich habe beobachtet, dass Sie bei unseren Treffen alle Namen der an unserem Projekt beteiligten Personen nennen, nur meinen nicht. Ich fühle mich ungerecht behandelt, weil ich als Teil einer Gruppe auch das Bedürfnis nach Anerkennung und Wertschätzung habe. Bitte nennen Sie ab jetzt, wenn Sie von den Projektbeteiligten sprechen, auch meinen Namen.*<<

Oder bei dem Änderungsschneider, der Ihre Hose noch nicht umgenäht hat:

>>*Mir ist aufgefallen, dass die zu ändernde Hose nicht wie vereinbart um 16 Uhr, sondern erst um 18 Uhr fertig wird. Ich fühle mich dadurch hängen gelassen, weil ich Verlässlichkeit und Sicherheit brauche. Bitte lassen Sie mich in Zukunft vorab wissen, welche Termine für Sie wirklich haltbar sind.*<<

Sie wollen sich nicht vorschreiben lassen, wie Sie sich auszudrücken haben? Tatsächlich habe ich vor ein paar Jahren mit einer Trainerin für Gewaltfreie Kommunikation über genau diesen Widerstand gesprochen. Sie reagierte – wie könnte es anders sein – gelassen: Marshall Rosenberg selber habe diese vier Schritte eher als Bewusstwerdungsmodell gesehen denn als genaue Anleitung. Es gehe ihm darum, dass Menschen die Kommunikation als Mittel verwenden, um Empathie, Vertrauen und letztlich Freude am Leben zu entwickeln. Ich war nicht nur beruhigt, ich fand GfK plötzlich großartig: Viel zu wenige Menschen wissen überhaupt um die Bedürfnisse, die sie haben. Vor allem auch wissen sie nicht, dass sie ein Recht haben, diese Bedürfnisse auszusprechen. Sich in den Momenten, in denen uns die aggressive Wolfssprache – oder ebenso unzuträglich: das kaninchenhafte Flüchten oder käferähnliche Totstellen – als einzig angemessene Reaktion erscheint, die Zeit zu nehmen für sein Selbst, seine Gefühle, Bedürfnisse und die Kommunikation darüber ist: Selbstliebe. Dass mit GfK die Kommunikation und damit die Beziehungen verbessert werden, ist ein Extrabonus.

(70) Übung: Gefühle und Bedürfnisse

Halten Sie im Laufe eines Tages inne – zu jeder vollen oder halben Stunde, die Sie wach sind. Fragen Sie sich, was genau Sie fühlen, und notieren Sie sich dieses Gefühl. Zur Orientierung: froh, wütend, ängstlich und traurig sind die gängigsten Kategorien, darunter fallen viele spezielle Gefühle. Was fühlen Sie gerade im Moment?

Am nächsten Tag fragen Sie sich ebenfalls stündlich, was Sie für Bedürfnisse haben. Jeder Mensch hat Bedürfnisse und das Recht, darüber zu sprechen. (Was nicht heißt, dass ein Recht auf Bedürfniserfüllung durch andere besteht.) Solche Bedürfnisse können z. B. sein: Selbsterhalt, Liebe, Verständnis, Aufrichtigkeit, Respekt, Kreativität, Freiheit, Ruhe. Es gibt viele Varianten von Bedürfnissen. Welche haben Sie? Und: Merken Sie, wie anders Sie sich fühlen, wenn Ihr Bedürfnis erfüllt wird, als wenn es nicht erfüllt wird? Öffnen Sie Ihr Tagebuch oder Ihre Computerdatei und schreiben Sie mindestens zwei Minuten über Ihre Erkenntnisse.

(71) Übung: Gewaltfrei kommunizieren

Denken Sie an eine schwierige Situation mit einem anderen Menschen, zunächst in Ihrem privaten Umfeld. Finden Sie, zuerst für sich und schriftlich, Antworten auf folgende Fragen:

1. Was konkret und objektiv haben Sie am Verhalten dieser Person beobachtet?

2. Was für ein Gefühl hat dies bei Ihnen ausgelöst?

3. Welches Ihrer Bedürfnisse steht damit in Verbindung?

4. Was ist Ihre konkrete und positive Bitte an diese Person?

Nun, da Sie sich so gut vorbereitet haben, fragen Sie diese Person, wann sie Zeit für ein Zehn-Minuten-Gespräch hat. Falls sie Sie mit Panik in den Augen anschaut, beruhigen Sie sie gleich. Es geht ja um nichts »Schlimmes«, sondern einfach um etwas, was Ihnen aufgefallen ist. Dementsprechend gelassen bringen Sie Ihre vier Punkte vor. Machen Sie sich zunächst keine Gedanken darüber, ob Ihre Sätze künstlich klingen oder nicht. Sie werden sehen: Oft ist die Beziehung nach einem solchen Gespräch besser als vor dem Gespräch.

Wenn Sie in Ihrem Privatleben mit der Gewaltfreien Kommunikation geübt haben, stellt sich die Frage, ob Sie sie auch beruflich einsetzen wollen. Sie glauben, GfK ließe sich höchstens in einer Gruppe von Sozialpädagoginnen und Sozialarbeitern verwirklichen und nicht am konkreten Krisenherd Arbeitsplatz? Eine Konfliktkostenstudie hat errechnet, dass 10 bis 15 Prozent der Arbeitszeit für Konfliktbewältigung verbraucht werden.[68] Führungskräfte verbringen sogar 30 bis 50 Prozent ihrer Zeit, direkt oder indirekt, mit Reibungsverlusten durch Konflikte oder Konfliktfolgen. Und: Etwa 25 Prozent des Unternehmensumsatzes hängen von der Kommunikationsqualität ab.

Hier zwei Beispiele von Unternehmen, in denen Gewaltfreie Kommunikation eingesetzt wird:

Gaby Behrens, R+V BKK:

»Unser Unternehmen hat neben Offenheit, Verbindlichkeit und Integrität auch Harmonie als Wert. In erster Linie haben die Kollegen und Kolleginnen über viele Jahre unter diesem Harmonie-Wert verstanden: ›Man ist nett zueinander.‹ Und da wir ja viele haben, die schüchtern sind, und auch viele dabei sind, die Angst haben, kritisch zu sein – ›Da kann's ja laut werden, da kann's ja Konflikte geben‹ –, hatten wir eine Harmonie, die sehr oberflächlich war. Nun gibt es eine wichtige Ergänzung zu diesem Wert, die wir in unseren Führungsleitlinien formuliert haben: Wenn wir echte Harmonie haben wollen, dann muss auch eine wirklich gelebte Kritikkultur vorhanden sein. Das heißt, wenn etwas nicht in Ordnung ist, dann muss ich das ansprechen. Und das heißt auch: Wenn mir jemand etwas Kritisches sagt, muss ich das auch annehmen. Damit das gelebt werden kann, haben wir vor zwei Jahren ein neues Modell eingeführt: die GfK-Teamcoaches. Eine Kollegin hat eine Ausbildung in Gewaltfreier Kommunikation gemacht und dann 32 Kolleginnen und Kollegen in der GfK

ausgebildet. Nun gibt es in jedem Team zwei MitarbeiterInnen, die ihre Kolleginnen und Kollegen im Team unterstützen. Die können nun auf einen Teamcoach zukommen: >Du, ich brauch' mal deine Unterstützung, ich will jemanden ansprechen.< – Sie arbeiten dann zusammen aus, wie man's sagt, damit's der andere annehmen kann."

Dr. Ludger Schöcke, MARQUARDT GROUP:

»Ich hätte Schwierigkeiten, im Unternehmen zu sagen: >Lieber Herr Marquard oder liebe Führungskräfte, lassen Sie uns doch GfK einführen.< Da kämen dann wilde Assoziationen. Doch: Wann immer wir Führungskräftetraining haben, kommt ein Hinweis auf >wertschätzende Kommunikation<, und die vier Ebenen, die in der GfK Anwendung finden, werden eingeübt. Wenn wir Konfliktmanagement-Trainings anbieten, dann ist das GfK pur, und wir verwenden auch den Begriff, weil wir da die Möglichkeit haben, das ausführlich zu erläutern. Meine Erfahrung ist: Wenn die Leute ein >Tool< in der Hand haben, fühlen sie sich sicherer. Es ist oft ein Thema bei jungen Führungskräften oder Leuten, die neu in der Führungsfunktion sind, dass sie erst mal unsicher sind. Wenn wir denen ein >Tool< in die Hand geben, welches auch immer, fühlen sie sich sicherer und können anders agieren. Wir tun GfK Unrecht damit, sie auf ein >Tool< zu reduzieren, doch GfK hat eben auch einen Tool-Charakter, einen Rahmen, ein Gitter, an dem Leute sich festhalten können. Das halte ich für hilfreich.«

Generell gilt: Je eher Sie ein Thema ansprechen, das Sie stört, desto besser. Es kann durchaus sein, dass Ihr Gegenüber überrascht oder emotional reagiert. Das ist aber lediglich eine Aussage über ihn oder sie, nicht über Sie. Konzentrieren Sie sich in einem solchen Fall auf Ihren persönlichen Bannkreis und Ihre Atmung, und bleiben Sie freundlich und gelassen. Nicht jeder kann gut mit Feedback umgehen. Manche brauchen etwas Zeit, um die Informationen zu verdauen. Letztlich trägt ein derartiges Gespräch aber zur Klärung und zu verbesserter Zusammenarbeit bei. Das weiß ein guter Chef oder eine gute Chefin.

Sie haben GfK nun eingeübt, Ihr Kommunikationsbewusstsein damit erweitert, sind aber nicht so sicher, dass Ihr Kollege, Kunde oder Vorgesetzter schon so weit ist, dass er Ihre Bedürfnisse hören möchte? Bevor Sie jetzt weiterhin den Mund darüber halten, was Sie stört und damit Produktivität und Wohlbefinden beeinträchtigt: Behalten Sie den dritten GfK-Schritt einfach für sich. Nehmen Sie statt der vier nur drei Schritte. Für die ersten beiden Schritte gehen Sie wie ein guter Journalist vor, der zwischen Nachricht und Kommentar zu trennen weiß.

➤ Zunächst beschreiben Sie objektiv das, was Sie beobachtet haben.
➤ Dann formulieren Sie Ihr Gefühl oder Ihre Gedanken.
➤ Zum Schluss tragen Sie Ihre Bitte/Ihren Verbesserungsvorschlag vor.

Sind Sie jetzt so begeistert, dass Sie ausschließlich über Sachverhalte und Verhalten anderer reden, die Sie stören? Reden Sie am besten noch viel mehr über Positives – über das, was Sie an anderen erfreut, was Sie anerkennen und hilfreich finden. Prof. Kim S. Cameron[69] gibt das rechnerisch sinnvollste Verhältnis von positiven zu negativen Aussagen in der Kommunikation als 5,6 : 1 an. Öffnen Sie Ihren Mund also ruhig viel öfter für positive Bestätigungen, ehrliche Komplimente und ein simples Danke.

Feedforward, auf Deutsch: nach vorne ernähren, statt *Feedback,* auf deutsch: zurück ernähren – das klingt nicht nur appetitlicher, sondern kann auch positiver wahrgenommen werden. Wenn Ihnen jemand sagt, was er für die Zukunft wünscht oder plant, bieten Sie Ihre Unterstützung an. Fragen Sie bei möglichen Ratschlägen vorab, ob diese erwünscht sind. Und wenn Sie auf der Nehmer-Seite einer solchen Fütterung sind: Ein Dankeschön und ein Lächeln mit Augenkontakt ist immer eine passende Rückmeldung.

(72) Übung: Zusammenfassen und sich anerkennen

Sie haben das wohl herausforderndste Kapitel des Buches geschafft! Öffnen Sie das letzte Mal im Abenteuer Selbstmarketing Ihr Tagebuch bzw. Ihre Computerdatei und besinnen Sie sich Ihrer Stärken und Talente. Haben Sie neue kennengelernt? Was ist Ihre Botschaft und jetzt, nach allem, was Sie wissen und erlebt haben, Ihr Ziel? Was ist Ihre Mission?

Erkennen Sie sich dafür an, dass Sie Ihr Abenteuer Selbstmarketing so mutig angegangen sind, Ihre große Herausforderung konfrontiert und erfolgreich daraus gelernt haben.

Wer darf jetzt zurück in den Alltag schreiten, in das angenehmste aller Kapitel: die REKREATION? Sie!

4. REKREATION – Entspannen Sie, um zu optimieren

Entspannung, passiv und aktiv

»Nichtstun ist die schwierigste Tätigkeit und zugleich diejenige, die am meisten Geist erfordert.«

Oscar Wilde

Sie haben grundsätzlich zwei Nervensysteme. Ein willkürliches Nervensystem, mit dem Sie gezielt Ihre Muskeln bewegen können, und ein unwillkürliches Nervensystem, das auch autonomes Nervensystem genannt wird. Autonom, weil es von Ihrem Willen, es sei denn, Sie sind ein Super-Yogi, weitgehend unabhängig ist. Es steuert unsere Organe. Dieses autonome System besteht aus zwei »Gegenspielern«: Einerseits gibt es den Sympathikus, der für Aktivität, auch im Sinne von Kampf oder Flucht, zuständig ist, und andererseits den mir viel sympathischeren Parasympathikus, der Verdauung und Erholung initiiert und somit die Basis für Selbstheilung schafft.

Der erstgenannte Sympathikus sorgt dafür, dass unser Herz schneller pumpt, damit wir mehr leisten, die Bronchien erweitert werden, damit wir mehr Sauerstoff aufnehmen. Er pumpt das Blut in die Extremitäten, damit wir die Beine in die Hand nehmen und davonrennen können, und erweitert die Pupillen, damit wir mehr sehen können. Dieser Anteil fährt andere Leistungen zurück: den Darm und die Keimdrüsen, denn Verdauung und Fortpflanzung haben in Flucht- oder Kampfsituationen keine Priorität. Und der mir so sympathische Parasympathikus? Er verursacht das Gegenteil: verlangsamt den Herzschlag, verengt die Bronchien, verkleinert die Pupillen und aktiviert die Verdauung. Das interessiert Sie alles nicht? Dann lassen Sie mich ein grafisches Beispiel für die Zusammenarbeit der beiden Gegenspieler bringen: Erektion ist parasympathisch, Ejakulation sympathisch aktiviert.

In der Steinzeit, ja noch vor ein paar Jahrhunderten, konnte das autonome Nervensystem sich dem Lebensstil entsprechend ausgleichen: Die Menschen erlegten ein Tier oder arbeiteten an einem Projekt z. B. der Saat oder Ernte und konnten sich anschließend ausruhen. Heute sieht das für die meisten von uns anders aus. Wir arbeiten an mehreren Projekten, wirklich entspannende Freizeit findet kaum noch statt und selbst Urlaub ist oft keine Erholung. Der eigentlich automatisch funktionierende Ausgleich der beiden Nervensysteme ist gestört. Müssen wir das jetzt auch noch kontrollieren? Sollen wir die Balance des autonomen Nervensystems als weiteren Punkt auf die Zu-erledigen-Liste setzen wie den Gang zur Reinigung, den TÜV-Besuch oder das Fensterputzen? Diese Balance kontrollieren zu wollen ist absurd. Unser Körper ist viel intelligenter, so intelligent, dass sich das Gehirn bei langfristigem unkontrollierbaren Leistungsstress (Burn-out) umbaut, damit wir quasi gezwungen werden zu pausieren. Die Balance des autonomen Nervensystems ist also kein weiterer Punkt, den wir kontrollieren müssen. Es ist die Priorität, der wir uns hingeben dürfen.

Das hochreaktive Nervensystem eines hochsensiblen Menschen sehnt sich nach Parasympathikus-Aktivität, ständige Grübelei möchte einen Schüchternen zur Ruhe kommen lassen. Introvertierte laden im Rückzug ihre Batterien auf. Was können wir also selber tun, um den Parasympathikus zu aktivieren? Zunächst einmal: nichts. Wirklich: nichts. Genau das, was uns mittlerweile am schwersten fällt. Gibt es keine Alternativen? Doch, Heroin scheint Parasympathikus-aktivierend zu wirken. Deshalb die Stecknadelkopf-kleinen Pupillen. Ich rate aber ausdrücklich von illegalen Drogen ab. Ebenso wie von Alkohol, der zwar kurzfristig entspannend wirkt, letztlich aber gesundheitliche und volkswirtschaftliche Schäden anrichtet.

Doch es gibt konstruktive Vorschläge für energisches Nichtstun:

Schlaf

Lassen Sie sich von niemandem einreden, dass Sie weniger als sieben Stunden Schlaf brauchen. Acht sind optimal. Sechs sind die kritische Grenze. Am besten ohne Alkohol und Schlaftabletten. Baldrian, Hopfen und Melisse gibt es auch als vorgefertigte Schlaftees. Sie schlafen auf jeden Fall besser. Es gibt auch spezielle Entspannungs-CDs, mit denen Sie sich – am besten über Kopfhörer – auf das Einschlafen vorbereiten können. Tagebuchschreiben mit Selbstanerkennungen und Danksagungen und dem Niederschreiben von all dem, was Ihnen noch durch den Kopf geht, hilft, den Tag mental abzuschließen. Religiöse Menschen empfehlen das Gebet. Ansonsten: ein gut gelüftetes Schlafzimmer, verdunkelt und ruhig, die passende Matratze und gute Nacht.

Power Napping

>»Erquicklich ist die Mittagsruh', nur oftmals kommt man nicht dazu.«

Wilhelm Busch

20 Minuten, am besten nach dem Mittagessen, einfach hinlegen, die Augen schließen und – ob Sie wirklich einschlafen oder nur dösen – Ihr Körper holt sich in dieser Zeit, was er an Entspannung braucht. »Studien haben zeigen können, dass ein Nickerchen die Leistungsfähigkeit um bis zu 35 Prozent steigern kann«, sagt Schlafexperte Jürgen Zulley, Professor für Biologische Psychologie an der Universität Regensburg.[70] In Asien und auch Amerika sind derart verbrachte Pausen geradezu ein Indiz für Leistungsorientiertheit. Und in Deutschland?

Christiane Storz (Hubert Burda Media):

>*Power Napping wird tatsächlich immer wieder thematisiert – man spricht darüber, wie sinnvoll es ist, untertags ein kurzes Nickerchen zu machen, aber in der Regel gibt keiner zu, dass er oder sie davon Gebrauch macht. Ich habe aber kürzlich erst gehört, dass eine Führungskraft bei uns, die gesundheitliche Probleme hatte, nun, nach der Genesung, regelmäßig Mittagsschlaf hält. Auch eine Kollegin, die in anderen Umständen ist, nimmt sich regelmäßig diese kleine Auszeit.*<*

Gaby Behrens (R+V BKK):

>*Ja, das Power Napping. Wir haben drei Sanitätsräume, dort kann man sich auf die Liege legen. Ich kenne einen Kollegen, der legt sich öfter für 20 Minuten hin. Das wird nicht besonders gefördert, doch das geht. Man hängt sich ein >Bitte nicht stören<- Schild außen an den Sanitätsraum, und dann kann man sein Nickerchen machen.*<*

Dr. Ludger Schöcke (MARQUARDT GROUP):

>*Power Napping? Das kriegen wir noch nicht hin. Also, ich bin jemand, der mühsam versucht, den Führungskräften in Trainings beizubringen: Macht Pausen, bevor ihr erschöpft seid. Das ist schwer genug. Power Napping, das wird noch ein paar Jahre dauern.*<*

Peer Bieber von TalentFrogs:

>*Power Napping ist definitiv positiv, weil es die Produktivität steigert. Das kann ich aufgrund eigener Erfahrungswerte innerhalb der Unternehmen, in denen ich gearbeitet habe, und jetzt auch dem eigenen, sagen. Das Thema als Kandidat während eines Vorstellungsgespräches anzusprechen, da nachzufragen,*

würde ich aber nicht empfehlen. Weil das doch oft sehr missverständlich wahrgenommen wird von Personalern, die sich einfach mit dem Thema noch nicht beschäftigt haben.«

Die Dunkelziffer von Mittagsschläfern, die sich unbemerkt ihr Recht auf Power Napping nehmen, ist hoch. Mit dem Trend zu Großraumbüros wird dieses Reservat zerstört. Ich bin überzeugt, dass die Unternehmen den Leistungsabfall mit weiteren Ruheräumen auszugleichen wissen.

Auf die Wiese legen

Das ist in unseren Breiten leider nur vom späten Frühjahr bis frühen Herbst möglich. Alles, was Sie brauchen, ist eine hundekotfreie Stelle auf einer Wiese und nicht fleckenempfindliche waschbare Kleidung, eventuell noch Decke, Tuch oder Jacke zum Darunterlegen. Dann: Einfach auf den Rücken legen, mit offenen oder geschlossenen Augen in den Himmel gucken und spüren, wie die Erde Sie trägt. Mit jeder Ausatmung können Sie mehr von dem, was Sie nicht mehr brauchen, in die Erde abgeben. Und dabei spüren, wie Sie schwerer werdend entspannen.

Osteopathie

Speziell die craniosakrale Osteopathie, im Zusammenhang mit der viszeralen und parietalen Osteopathie, halte ich für eine der effektivsten Möglichkeiten der passiven Entspannung. *Cranium* ist Lateinisch und heißt »Kopf«. *Sakrum* heißt »Kreuzbein«. Und genau an diesen Stellen entspringen die Nerven des Parasympathikus. (Die des Sympathikus verlassen die Wirbelsäule auf Höhe der Brust und der oberen Lendenwirbel.) Ein wichtiger parasympathischer Nerv ist der Nervus vagus. Er verlässt den Kopf zwischen dem Hinterhaupt- und dem Schläfenbein. Ziel mancher craniosakraler Behandlungen ist es, ihm dort Raum zu schaffen. Andere Griffe zielen z. B. darauf ab, Einfluss auf die Zirkulation und damit die Ernährung zu nehmen.

Massagen

Berührung wird von den meisten Menschen als wohltuend empfunden. Thai-Massage soll z. B. gut auf das autonome Nervensystem wirken, ebenfalls die Esalen-Massage. Schon eine Sportmassage oder auch eine Fußreflexzonenmassage kann entspannen.

Aktivere Möglichkeiten für den Ausgleich des autonomen Nervensystems

Meditation

Jeder weiß, wie gut Meditation bei Stress und Ängsten wirkt, doch kaum jemand meditiert täglich. Dabei ist es gerade die Regelmäßigkeit, die wichtig ist – täglich morgens und/oder abends. Manche sagen, 20 Minuten reichen, andere machen erst nach 30 Minuten Schluss. Fangen Sie mit fünf bis zehn Minuten an: Mit gerader Wirbelsäule auf ein Kissen oder einen Stuhl setzen, die Handrücken auf die Oberschenkel gelegt (oder ca. zwölf Zentimeter unterhalb des Bauchnabels die Handflächen aufeinanderlegen, dann darüber – die Daumenspitzen berühren sich – ein O formen), die eigene Atmung beobachten, Gedanken wie Wolken vorbeiziehen lassen – das ist der kleinste gemeinsame Nenner für die vielen Arten zu meditieren.

Es gibt viele unterschiedliche Meditationsstile, von Achtsamkeitsmeditation (Vipassana) bis Zen, mit denen Sie sich eingehender beschäftigen könnten. Eine Meditationsgruppe für den Anfang erleichtert den Einstieg. Manche Volkshochschulen bieten Meditationskurse an.

MBSR, autogenes Training, progressive Muskelentspannung

MBSR (Mindfulness Based Stress Reduction) nach Jon Kabat-Zinn heißt Achtsamkeitsbasierte Stressreduktion. Sie wird in achtwöchigen Kursen gelehrt. Neben einem zweieinhalbstündigen Treffen pro Woche investieren die Teilnehmenden täglich zusätzlich 45 Minuten selbstständig in die Übungen. Wenn bei Ihnen solche Kurse nicht angeboten werden, schauen Sie sich nach autogenem Training oder auch Kursen um, in denen die progressive Muskelentspannung gelehrt wird.

Spazieren gehen

Gehen Sie in die Natur – Wald, Wiese, Park: einfach mindestens 20 Minuten mit freien Händen, möglichst ohne Gepäck, höchstens mit einem leichten Rucksack, ziellos und langsam durch die Gegend spazieren und die Natur genießen.

Tief atmen üben

Legen Sie sich auf eine Matte und ein schweres Buch auf Ihren Bauch unterhalb des Nabels. Nun langsam durch die Nase einatmen, bis sich das Buch bewegt, dann bis drei zählen, während Sie den Atem anhalten, durch den Mund ausatmen. Mindestens fünf Minuten lang täglich.

Yoga

Diese Form der körperlich-geistigen Entspannung zählt wohl zu den bekanntesten. Es gibt so viele verschiedene Yogaformen, dass Sie sicher auch eine passende finden: vom klassischen eher ruhigen Hatha-Yoga bis hin zum schweißtreibenden Ashtanga-Yoga.

EFT

Klopfen wirkt nachweislich zur Stressreduktion: Die Studie[71] wurde mit drei Vergleichsgruppen durchgeführt. Eine bekam eine Stunde Gesprächstherapie, eine andere eine Stunde EFT und die Kontrollgruppe eine Stunde lang offenbar gar nichts. Die Werte des Stresshormons Cortisol wurden in allen drei Gruppen vor und nach der Stunde getestet. Bei der Psychotherapie- und Kontrollgruppe sank der Cortisolwert lediglich um 14 Prozent, bei der EFT-Gruppe hingegen um 24 Prozent. Starten Sie also Ihre Klopfroutine ruhig mal mit: »Auch wenn ich angespannt bin, liebe und akzeptiere ich mich vollkommen so, wie ich bin.« Oder: »Auch wenn ich gerade voll gestresst bin ...«

Drei Methoden detaillierter vorgestellt: Feldenkrais, Pilates und Qigong

> *Der Mensch ist sich selbst das rätselhafteste Ding der Natur, denn er kann nicht begreifen, was Körper, und noch weniger, was Geist ist, und am wenigsten von allem, wie ein Körper mit einem Geist vereint sein könne. Das ist der Gipfel aller Schwierigkeiten und indessen ist es unser eigenes Wesen.*
>
> *Blaise Pascal*

Feldenkrais

Die Feldenkraismethode, benannt nach Moshé Feldenkrais (1904-1984), ist ein körperorientiertes, pädagogisches Verfahren. »Bewusstheit durch Bewegung« wird in Gruppen unterrichtet. Ich halte die Feldenkraismethode für eine besonders gute Möglichkeit, mit der eigenen Aufmerksamkeit und neuen Bewegungsmöglichkeiten in Kontakt zu kommen.

Die Fragen beantwortet die Berliner Feldenkraispädagogin Anne Burckhardt:

1. Warum können Sie Feldenkrais gerade für schüchterne Menschen empfehlen?

> *»Ein Mensch, der in seinem Körper zu Hause ist, kommt einfach >besser rüber<. Die Feldenkraisbewegungen machen vielfältige Angebote, sich selber zu spüren und im Dialog mit der Schwerkraft den Impulsen des eigenen Körpers zu folgen. Viele dieser Bewegungen liegen auf dem >Weg zum aufrechten Gang<, den jedes Kind mit Neugier erkundet, und sie erlauben ein hohes Maß an Natürlichkeit – ja Selbstverständlichkeit. Feldenkrais lässt uns spielerisch experimentieren – er kennt keine Fehler, nur unzählige Möglichkeiten, von denen sich dann doch einige als effizienter qualifizieren. Sie werden sich in Ihrem Körper einfach mehr zu Hause fühlen – im Stehen, Sitzen, Gehen und Liegen. Und es ist wirkungsvoll für Ihre Grazie und Ausstrahlung. Sie können Präsenz gewinnen, werden Unsicherheit nicht mehr überspielen, sich weniger verstecken – vielleicht sogar gerne zeigen.«*

2. Können Sie bitte eine Geschichte als Beispiel erzählen?

> *»Zunächst kann es darum gehen, erst einmal ein >Stressmuster< zu erkennen, von dem die Verspannungen, die Schüchternheit begleiten, nur die einen sind. Nachdem ich im Anschluss an*

*eine ›verbotene Reise‹ eine Flugangst entwickelt hatte, nahm
ich wahr, wie ich mich beim Start des Fliegers fest in den Sitz
drückte, als könnte ich durch widerstrebende Kräfte in die Ge-
genrichtung die Boeing am Boden halten. Das verschlägt einem
nicht nur den Atem, sondern beschert auch ein Gefühl wirklicher
Hilflosigkeit, in der Summe Angst. Nach einer Feldenkraisstunde
in Rückenlage, in der wir das gesamte Feld der Aufmerksamkeit
unseren Füßen – die da vorne liegen – widmen sollten, stieg ich
wieder in den Flieger, merkte, wie ich mich wieder total ver-
spannte gegen die Flugrichtung, lehnte mich dann zurück und
visualisierte nach vorne: VORNE ist jetzt Cockpit, Pilot. Ich will
da hoch! Ich flog also kraftvoll mit – schon fast berauschend. Go
with the flow! So wurde aus der Verspannung Leichtigkeit. Für
die Übertragung einer Feldenkraisszene ins alltägliche Leben gibt
es unzählige Möglichkeiten.‹‹*

3. Können Sie ein Experiment für den Einstieg in die Feldenkraismethode empfehlen?

*››Beginnen Sie im Stehen oder Sitzen und lassen Sie die Arme
hängen. Verstärken Sie doch einmal Ihre Körperhaltung, wenn
Sie sich sehr schüchtern fühlen. Ziehen Sie vielleicht Ihre Schultern noch ein bisschen höher, nehmen Sie die Brust zurück, ziehen Sie den Kopf ein – alles auf ›Bin gar nicht da‹. Übertreiben
Sie es ruhig einmal … Beginnen Sie einen hängenden Arm ganz
nach innen zu drehen, den anderen gleichzeitig nach außen und
wechseln Sie so eine Weile ab. Schauen Sie immer zu der Seite, zu
der diejenige Hand weist, die sich öffnet, in die man etwas legen
könnte. Sie wollen etwas haben. Die andere Hand ist abwei-
send. Werden Sie dabei immer größer und aufrechter. So fühlt
sich Wendigkeit an! Drehen Sie jetzt beide langen hängenden
Arme gleichzeitig aufeinander zu und auseinander. In der einen
Position verbeugt sich Ihr Rücken, in der anderen rutschen Ihnen
die Lasten vom Buckel und Sie wachsen aus sich heraus. Seien Sie*

mit offenem Herzen dabei. Und verkriechen Sie sich wieder. Auch der Wunsch, geschützt zu sein, hat seine Berechtigung. >Nur wer weiß, was er tut, kann wählen, was er will.< (Moshé Feldenkrais)«

Pilates

Pilates ist eine Ganzkörpertrainingsmethode, die von Joseph Hubertus Pilates entwickelt wurde. Es geht speziell um die Kräftigung der Beckenboden-, Bauch- und Rückenmuskulatur: Der ganze Bewegungsapparat, die Aufrichtung und Haltung läuft durch dieses »Power House«. Ich mag Pilates deshalb, weil mir dadurch, nach vielen Jahren Meditation, bewusst wurde, was »die Kraft der Mitte« ist.

Die Fragen beantwortet der Berliner Classical-Pilates-Trainer Gustavo Llano.

1. Warum können Sie Pilates gerade für schüchterne Menschen empfehlen?

> *»Bei schüchternen Menschen habe ich die Erfahrung gemacht, dass sie ganz klein sind, wenn sie zu mir kommen. Und nach ein paar Stunden merken sie, dass sie ein bisschen größer sind. Diese physische Änderung sagt mir: Für schüchterne Menschen ist es unglaublich gut. Sie entdecken ihren Körper durch diese ganz gezielten Übungen neu. Durch dieses Bauchmuskulatur-Anspannen bekommen sie eine gewisse Freiheit in den Körper, das bedeutet, der Körper hebt sich mehr nach oben, die Schultern öffnen sich, der Nacken verlängert sich, die Augen öffnen sich. Sie haben plötzlich ein Rückgrat.*
> *Pilates macht Ihnen Ihren Körper anders bewusst und dadurch haben Sie ein anderes Selbstbewusstsein. Wenn Sie ein anderes Körpergefühl haben, dann sind Sie in einer anderen Dimension. Das bringt Sie nach vorne und öffnet die Welt anders. Sie*

sehen nicht mehr tief nach unten, Sie sehen mehr nach vorne.
Und dadurch können Sie andere Menschen sehen und Kontakt
aufnehmen.«

2. Können Sie bitte eine Geschichte als Beispiel erzählen?

»Vor zwei Jahren kam eine Frau zu mir, ganz gekrümmt. Sie
hatte auch psychische Belastungen. Ich hab ihr in die Augen
geguckt und sie hat mich ganz leise gefragt: ›Können Sie was für
mich tun?‹ – ›Ja, wenn Sie möchten, können wir was zusam-
men tun.‹ Und da haben wir Pilates-Training angefangen. Und
durch dieses gezielte Training hat sie wieder ihren eigenen Körper
entdeckt. Ihr wurde bewusst, dass sie schöne Beine hat, einen
schönen Bauch, einen Beckenboden, dass sie Schultern, einen Na-
cken und lange, riesige Arme hat. Alles, was zu ihrem Körper da-
zugehört, hat sie zusammengepackt in einen einzelnen, und das
hat sie geliebt. Die Frau hat ihr Leben komplett geändert. Früher
hatte sie keinen Platz mehr. Sie war Außenseiter geworden. Wie
ein Möbel. Ein Möbel, das du nicht mehr benutzt, schiebst du da
in die Ecke und es verstaubt und geht kaputt, bis Ende ist. Doch
da hat sie entschieden: Nein, ich benutze das Möbel. Das Möbel
ist mein Körper. Mit diesem Möbel will ich mich hinsetzen, rei-
sen, fliegen, springen, lieben und alles. Und sie tut das!
Die Frau sieht jetzt anders aus. Und mittlerweile hat sie eine
andere Liebe gefunden, hat eine komplett andere Art, die Welt zu
sehen. Sie kleidet sich nicht mehr so wie früher, sie ist fröhlich, sie
lacht. Sie ist ein unglaublich schöner Mensch, eine unglaublich
schöne Frau geworden. Ihre Muskulatur ist sehr fein. Die Beine,
der Beckenboden, der Nacken. Die Beschwerden liegen hinter ihr
und jetzt guckt sie nur nach vorne. Der Wille der Frau hat sich
komplett verändert. Auch beruflich. Am Anfang wollte sie nichts
tun. Und jetzt führt sie ihre Firma und hat diese Lebenslust
wiedergefunden. Die Frau bewegt sich wieder in die Welt. Sie hat
jetzt einen Platz auf dieser Welt.«

3. Können Sie eine Übung für den Einstieg in die Pilates-Methode empfehlen?

>>*In Pilates-Haltung hinstellen, das heißt: die Füße jeweils im 45-Grad-Winkel nach außen, die Fersen, Knie und Oberschenkel fest aneinanderpressen. Den Bauchnabel tief nach innen und nach oben ziehen (das Schambein bewegt sich so etwas nach vorne, Wirbelsäule und Nacken richten sich gerade auf), nach vorne schauen und den Brustkorb und die Schultern einfach öffnen lassen.*
Sie halten den Bauchnabel so fest nach innen gezogen und atmen trotzdem ganz normal weiter. Eine Minute lang oder länger. Das können Sie im Stehen und Laufen üben oder auch beim Gewichtheben. Einfach den Bauchnabel rein- und hochziehen. Stellen Sie sich vor, Sie hätten einen Gürtel auf Höhe des Bauchnabels um den Körper herum und dieser Gürtel zieht immer zusammen. Sie schauen einfach gerade nach vorne, spüren, wie die Wirbel sich aufrichten und Brustbein und Schultern sich öffnen. Das ist für mich die wichtigste Übung.<<

Qigong

Qigong kommt aus China, wo es vor über 2000 Jahren entwickelt wurde. Es handelt sich um eine Bewegungs- und Konzentrationsform zur Kultivierung von Körper und Geist. Der Atem spielt dabei eine große Rolle. Ich mag am Qigong, dass es angenehm sanft und nahezu mühelos ist, so die eigene Präsenz zu erleben und seine Energie zu erhöhen.

Die Fragen beantwortet der Berliner Qigong und Tai-Chi-Lehrer Norbert Goldenstein:

1. Warum können Sie Qigong gerade für schüchterne Menschen empfehlen?

»Qigong und Tai-Chi sind ganzheitliche Methoden mit denen ich in der Lage bin, einen Zugang zu meiner Schüchternheit und Sensibilität zu finden. Sie helfen mir, diese anzunehmen, sie zu schätzen und entsprechend einzusetzen. Das Ganze passiert natürlich nicht von heute auf morgen, sondern ist ein langsamer, aber immer weiter fortschreitender Prozess, bei dem ich lernen kann, die sogenannten Schwächen in Stärken zu verwandeln. Quasi ein Transformationsprozess.«

2. Können Sie bitte eine Geschichte als Beispiel erzählen?

»Frau A. hatte, in der Absicht, etwas mehr transzendente Erfahrung zu sammeln, beschlossen, Meditieren zu üben. Und zwar nach einem Buch und nicht in einem Kurs mit Anleitung durch einen Lehrer. Nicht, weil sie es sich nicht leisten konnte, sondern weil sie nicht gerne in Gruppen ging. Dies hatte dazu geführt, dass sie nach einiger Zeit immer depressiver, müder und noch zurückgezogener wurde. In diesem Zustand lernten wir uns kennen und sie erzählte mir von sich. Ich unterrichtete damals eine kleine Qigong- und Tai-Chi-Gruppe in einem Verein und lud sie einfach mal zu einer Probestunde ein. Es dauerte noch ca. ein Jahr, und Frau A. meldete sich bei mir, um auf mein Angebot zurückzukommen. Sie erschien zur ersten Probestunde und kam dann regelmäßig zweieinhalb Jahre lang einmal die Woche für eineinhalb Stunden zu mir in den Unterricht und nahm in dieser Zeit an mehreren Wochenendworkshops teil, die ich zusätzlich zur Vertiefung anbot. Nach ungefähr vier bis sechs Monaten hatte sich ihre Schüchternheit etwas gewandelt. Und schon ein paar Monate später stellte sie immer wieder Fragen und lief nach dem Unterricht vor mir die Treppe hinunter und sagte immer wieder: ›Qigong und Tai-Chi machen mich glücklich!‹ In einem Gespräch erklärte sie mir dann, dass sie, seit sie bei mir in den Unterricht kam, sich selber deutlich besser wahrzunehmen gelernt habe. Und dass dies ihr half, ihre Bedürfnisse besser zu erkennen und diese auch *kundzutun. Des Weiteren hätte sie ein viel besseres Körpergefühl entwickelt, was ihr geholfen habe, auch in Gruppen selbstsicherer aufzutreten, und überhaupt wäre ihr Leben jetzt viel reicher.«*

3. Können Sie eine Übung für den Einstieg empfehlen?

»Grundsätzlich halte ich es für besser, Übungen unter Anleitung eines Lehrers zu erlernen. Weil dieser korrigierend wirken kann – bis die Übung so ausgeführt wird, wie es dem Übenden in seiner Körperlichkeit möglich ist.

Der Frühling kehrt zurück.

Eine dreiteilige Übung für den *täglichen* Bedarf.

1. Teil: Die Füße hüftbreit auseinander und parallel zueinander stellen. Dann locker aus den Beinen heraus den ganzen Körper hoch- und runterschütteln, so als wenn Sie springen würden, die Füße jedoch am Boden kleben bleiben. Ca. drei Minuten lang. Dann stehen bleiben und die Aufmerksamkeit nach innen richten und wahrnehmen, z. B. durch eine kleine Reise durch den Körper von unten nach oben. Ein bis zwei Minuten.

2. Teil: Die Füße kontrollieren, ob sie immer noch hüftbreit und parallel stehen. Die Knie öffnen, indem Sie sie ganz leicht beugen. Die Arme in den Schultergelenken mit wenig Kraftaufwand vor- und zurückschwingen lassen. Die Hände dabei auch parallel zum Körper drehen, die Arme sollten gerade bleiben, sodass die Bewegung nur die Schultergelenke betrifft. Ca. drei Minuten lang. Dann wieder stehen bleiben und die Aufmerksamkeit nach innen richten und wahrnehmen.

3. Teil: Wieder die Füße kontrollieren, ob sie immer noch hüftbreit und parallel stehen. Die Knie öffnen, indem Sie sie ganz leicht beugen. Jetzt stellen Sie sich vor, Sie sind an einem Punkt auf der Mitte des Kopfes am Himmel aufgehängt und dieser Faden geht durch Ihre Wirbelsäule, tritt am Steißbein wieder aus und dort hängt ein Gewicht, das bewirkt, dass Ihre Wirbelsäule sich so weit begradigt, wie es Ihnen möglich ist. Dieser Faden dient uns nun als Achse, um die herum wir anfangen, mit dem Becken horizontal drehend hin- und herzuschwingen. Die Impulse des Hin- und Herschwingens sollten aus der Hüftregion kommen, der Oberkörper dreht mit. Nasenspitze und Bauchnabel bleiben in einer Linie und die Arme schwingen etwas versetzt mit. Das Körpergewicht bleibt in der Mitte zwischen den Beinen. Ca. drei Minuten lang.

Dann wieder stehen bleiben und die Aufmerksamkeit nach innen richten, wahrnehmen und damit die Übungsreihe beenden. Ein bis zwei Minuten.

Systematisieren Sie Ihren Erfolg

>Die wertvollsten Einsichten werden am spätesten gefunden,
aber die wertvollsten Einsichten sind die Methoden.«
Friedrich Nietzsche

Nun sind wir bei der zweiten Bedeutung des Wortes »Rekreation« angekommen: Re-Kreation, zurückerschaffen oder wieder erschaffen. Sie sind gut erholt, machen Sie also gleich die Übung.

(73) Übung: Entspanntes Optimieren

Schauen Sie sich mit frischem Kopf Ihre Ziele, Ihre Botschaft und Ihre Mission an (und die Pläne und Ideen, die Sie ggf. dazu haben): Haben Sie jetzt noch Veränderungsideen? Notieren Sie sie.

Holen Sie sich von Ihrer Mentorin vertrauenswürdigen KollegInnen und möglichen Kunden Feedback über Ihre Pläne, Produkte und Dienstleistungen ein. Ruhig sogar mit kurzen Interviews, vor allem, wenn es sich dabei um die passenden Kunden für das jeweilige Produkt handelt.

Was ist jetzt Ihr nächster Schritt?

Reduzieren, konzentrieren und Systeme finden

Ein System kann, so die Systemtheorie[72], immer nur sich selbst reproduzieren. Um es zu erneuern, muss jemand aus dem System heraustreten, um dann neue Impulse geben zu können. Und dieser jemand sind jetzt Sie! Wozu fragen Unternehmen Ihre Mitarbeiter nach Verbesserungsvorschlägen? Weil sie hoffen, dass auf allen Ebenen neue Ideen für Produktivität und Optimierung gefunden werden. Gerade von Menschen, die mit anderen Augen auf ein Problem oder einen Sachverhalt schauen, weil sie eben nicht zur jeweiligen Abteilung gehören – oder eben einen einmaligen Geistesblitz haben, den sie sonst vielleicht gar nicht berichtet hätten. Manche Verbesserungsvorschläge werden gleich belohnt, manche stoßen zunächst auf Widerstand. Ein System kommt eben nicht von selber darauf, sich zu ändern, auch wenn sein Überleben davon abhängt.

(74) Übung: Struktur optimieren

Schauen Sie sich Ihren Arbeitsablauf, Ihre Funktion und – wenn Sie selbst unternehmerisch tätig sind – Ihr Angebot aus einem gewissen Abstand an:

➤ Welche Bereiche sind am profitabelsten?

➤ In welchen Bereichen sind Sie wirklich gut und/oder welche machen Ihnen die meiste Freude? Gibt es Möglichkeiten, Ihre Tätigkeit so umzustrukturieren, dass Sie möglichst viel Zeit in diesen Bereichen verbringen können?

Für mich war es entscheidend, dass ich erkannte, dass meine Methode, mit den Klientinnen und Klienten zu arbeiten, ein Fünf-Schritte-Prozess war. Ob für die Dauer einer Sitzung oder aber für den großen Bogen von fünf Sitzungen – das System der fünf Schritte lag jeder Einheit zugrunde. Jede Einzelsitzung begann mit dem Erfassen der Situation, den offiziellen und inoffiziellen Geschichten. Es folgte die Benennung der gewünschten und möglichen Transformation, für die Person selbst und die relevanten Mitmenschen. Dann kam die Organisation des Wegs zum Zwischenziel. Es folgte die Phase der Rekreation, spezielle Entspannungtechniken, um anschließend mit frischem Blick auf das bisher Erarbeitete zu schauen und dann zu optimieren. Und zuletzt, Yippie!, die freudige Entscheidung für neue zielführende Handlungsschritte. In jeder einzelnen der fünf Sitzungen, die zur tatsächlichen Transformation meiner Klientin oder meines Klienten beitrugen, sah ich diese Schritte als jeweilige Schwerpunkte der einzelnen Treffen. Ich hatte das System erkannt, das meine »verwertbare Einzigartigkeit« in die Welt brachte.

Für Berufsgruppen wie Komiker, Zeichner, Modemacher oder Köche hängt dieses System-Finden auch mit der Entwicklung von Formaten und Charakteren z. B. einer Bühnenfigur, einem »Dilbert«, einem bestimmten Stil oder Geschmack, einer Atmosphäre und einfachen oder raffinierten Herstellungsprozessen zusammen.

(75) Übung: System finden

Schauen Sie sich das an, was Sie im Rahmen Ihrer Leistung immer wieder tun.

➤ Sehen Sie die Schritte in diesem Prozess? Wenn Ja: Benennen Sie diese Schritte.

➤ Welche davon können Sie vereinfachen, vielleicht sogar »industrialisieren«? Oder delegieren?

➤ Wenn nein: Welche regelmäßigen Abfolgen sehen Sie in dem Prozess Ihrer Produktion? Sind diese wiederholbar? Können Sie sie anderen Menschen erläutern und damit delegieren?

➤ Wenn nicht: Achten Sie in Zukunft auf Tätigkeiten und Prozesse und wie diese sich optimieren lassen.

➤ Wie können andere Menschen, Maschinen und/oder Medien dazu betragen, dass das System skalierbar wird? Das heißt, dass es durch Zufügen von Ressourcen wachsen kann.

Auch wenn Sie mit dem Thema Systeme noch nicht viel anfangen können: Achten Sie ab jetzt auf Ihre Ideen zur Innovation und zu Strukturoptimierungen. Sie haben vermutlich lange und hart daran gearbeitet, sich unersetzlich zu machen. Nun geht es darum, sich weitgehend ersetzbar zu machen. Damit Sie sich auf die Teile Ihrer Arbeit, Ihrer Ziele, Ihrer Vision und Ihrer Mission konzentrieren können, die sich für Sie nicht nach Arbeit anfühlen.

Genau das schaffen Sie mit dem nächsten Kapitel.

5. YIPPIE! Feiern Sie Happy Ends und neue Starts

Wählen Sie freudig und mutig

Am Anfang des Buches haben Sie gelesen, dass Sie nicht sich selbst ändern müssen, sondern lediglich Ihre Geschichte. Zumindest Teile davon, nämlich die blockierenden Geschichten, die Sie sich über sich selbst, andere Menschen und die Welt erzählen. Sie selbst brauchen sich nicht zu ändern. Warum? Weil es schade wäre: Sie waren nämlich schon immer Ihr bestes Selbst.

---

(76) Übung: Zurück nach vorn zum besten Selbst

Gähnen und dehnen, strecken Sie sich eine Minute lang. Setzen Sie sich dann gerade auf Ihren Stuhl, die Füße stehen parallel im Kontakt mit dem Boden, winkeln Sie Ihre Unterarme um 90 Grad nach vorne an. Formen Sie die Hände zu lockeren Fäusten, die Handrücken zeigen nach oben. Nähern Sie die lockeren Fäuste einander jetzt auf ca. 25 bis 30 Zentimeter an. Atmen Sie bewusst in den Bauch und wieder aus, dreimal. Dann schließen Sie die Augen.

Stellen Sie sich vor, dass Sie in dem Alter sind, in dem Sie Dreirad fuhren. Wie alt waren Sie damals? So alt sind Sie jetzt. Spüren Sie, wie Sie auf Ihrem Dreirad sitzen. Schauen Sie in Ihrer Vorstellung auf Ihre Händchen, die den Lenker umfassen. Voller Freude bewegen Sie sich nach vorne. Verstärken Sie das Gefühl: Yippie! Spüren Sie, wie dieses Gefühl sich in Ihrem ganzen Körper ausbreitet und ein Lächeln auf Ihrem Gesicht entsteht? Öffnen Sie wieder die Augen.

Sie sind in Ihrem neuen Alltag. Von Ihrem Abenteuer Selbstmarketing haben Sie für sich und andere Geschenke mitgebracht. »Rückkehr mit dem Elixier« wird diese Station in der Dramaturgie einer

Heldenreise nach Joseph Campbell genannt. Denn Sie haben tatsächlich eine Heldenreise durch das Abenteuer Selbstmarketing erlebt. Was ist Ihr Elixier? Ein Produkt? Eine Dienstleistung? Ein Wert, hinter dem Sie jetzt bewusst stehen? Sie, Ihre Stärken und Leistungen sind das Geschenk an Ihre Mitmenschen. Das Wort »Selbstmarketing« dürfen Sie vergessen, wenn Sie das möchten. Es geht ab jetzt nur darum, den verwertbaren Teil Ihrer Einzigartigkeit zu kommunizieren, um anderen Menschen und der Welt damit zu dienen. Denn die Funktion einer Heldin oder eines Helden ist das Dienen. Nicht mehr und nicht weniger. Dass Sie genau dafür, wenn Sie professionell vorgehen, von den passenden Kunden mit Geld überschüttet werden, wen interessiert das?

Wie möchten Sie der Welt, anderen Menschen, speziell Ihren passenden Kunden, mitteilen, dass Sie ein Geschenk für sie haben? Persönlich mit Augenkontakt? Oder in digitaler Kommunikation, vom Schreibtisch aus? Am effektivsten, ja gar synergetischsten, ist die Kombination beider Wege.

(77) Übung: Yippie!-Entscheidung

Suchen Sie sich aus den Vorschlägen der beiden Tabellen mindestens zwei aus. Wählen Sie mindestens eine Aktivität »vom Schreibtisch aus« und eine »mit Augenkontakt«. Nehmen Sie jeweils die, bei der Sie jubeln könnten vor Freude, weil Sie sich und Ihre Mission, Ihre Botschaft damit ab jetzt regelmäßig ausdrücken dürfen. Als Angestellter können Sie diese Aktivitäten, nach Absprache auch abteilungsübergreifend, für Ihre Organisation ausführen. Ggf. können Sie sich vorab dafür schulen lassen. Erläuterungen zu den einzelnen Punkten finden Sie im Anhang unter »Erläuterung der einzelnen Aktivitäten«. Also: Los geht's.

Wählen Sie aus jeder Liste mindestens eine Aktivität:

Vom Schreibtisch aus	Mit Augenkontakt
Auf weiteren **Social-Media-Plattformen** (siehe Anhang) Profile pflegen, Statusmeldungen, Inhalte teilen.	Sich mit **zielrelevanten Personen einzeln treffen** (siehe Anhang), z. B. auf einen Kaffee und sich austauschen.
Webseite optimieren (siehe Anhang), SEO (Search Engine Optimization), ggf. Shop einrichten.	Sich eine **Mentorin** oder einen **Mentor** suchen (siehe Anhang) bzw. sich als MentorIn anbieten.
Einen eigenen **Blog** starten (siehe Anhang) bzw. optimieren.	Sich **coachen** lassen. (siehe Anhang)
Fachartikel schreiben. (siehe Anhang)	Auf **Partys** (siehe Anhang) von Kollegen und möglicherweise passenden Kundinnen und Kunden gehen.
Präsentationen (siehe Anhang) zu Ihren Themen erstellen und anschließend ins Netz stellen.	**Kongresse** und **Messen** (siehe Anhang) besuchen und ggf. einen Stand dort aufbauen.
Webinare (siehe Anhang) entwickeln und durchführen.	Über **Business-Netzwerke** (siehe Anhang) informieren und deren Treffen (zunächst als Gast) besuchen.
Tonaufnahmen (siehe Anhang) machen, ggf. als Podcast veröffentlichen.	**Workshops** und **Seminare** (siehe Anhang) zu Ihrem Fachgebiet/Ihrer Mission und Botschaft geben.
Videos aufnehmen (siehe Anhang) und veröffentlichen.	Einem **Rhetorik-Klub** (siehe Anhang) beitreten.
Newsletter (siehe Anhang) schreiben und verschicken.	**Öffentlich Reden**/Vorträge (siehe Anhang) halten.
Ein **Fachbuch** schreiben (siehe Anhang).	**Benefizveranstaltungen** (siehe Anhang). Im Sinne Ihrer Mission großzügig spenden.

Sie haben jetzt mindestens zwei Aktivitäten ausgewählt? Dann entscheiden Sie jetzt, dass Sie für diese weiterrecherchieren und anschließend für mindestens 90 Tage regelmäßig durchführen.

Nun schreiben Sie Ihren Vertrag dafür in Ihr Tagebuch bzw. Ihre Computerdatei:

Vertrag mit sich selbst

Für meine **Kommunikation vom Schreibtisch** entscheide ich mich für die nächsten 90 Tage für folgende Aktivität:

....

Ich werde mir dafür (bzw. der Vorbereitung dafür) .... mal die Woche

.... Minuten Zeit geben. Ich trage das in meinen Kalender ein und berichte

.... von meinem Vorhaben und von meinen Fortschritten.

Der nächste Schritt für diese Aktivität ist:

....

Für meine **Kommunikation mit Augenkontakt** entscheide ich mich für die nächsten 90 Tage für folgende Aktivität:

....

Ich werde mir dafür (bzw. der Vorbereitung dafür) .... mal die Woche

.... Minuten Zeit geben. Ich trage das in meinen Kalender ein und berichte

.... von meinem Vorhaben und von meinen Fortschritten.

Der nächste Schritt für diese Aktivität ist:

....

Datum, Unterschrift ....

Sie haben jetzt jeweils eine Aktivität gewählt und sich für die nächsten 90 Tage dazu verpflichtet? Den nächsten Schritt wissen Sie auch schon? Wenn Sie Recherchen durchführen müssen, können Sie im Anhang mit den »Kurzerläuterungen« zu Kapitel 5 beginnen.

Ich habe mich dazu entschieden – vom Schreibtisch aus – für dieses Buch einen Twitter-Account einzurichten. Ich habe nämlich noch keinen und das Erstellen von 140 Zeichen Text, was für Twitter-Nachrichten die Maximal-Grenze ist, halte ich für machbar. Ich möchte damit auf relevanten Content und ggf. Veranstaltungen hinweisen. Darauf freue ich mich schon. Ich werde diesen gleich aufsetzen und mir zweimal die Woche 30 Minuten Zeit dafür geben, um nach interessanten Tweets zu suchen und eigene zu verfassen. Ich berichte meinem Kollegen Ingo von meinem Vorhaben und Fortschritten. Mein nächster Schritt: Bei Twitter.com einen »geschlossenen Account« aufzusetzen. (Das bedeutet, dass die Inhalte nur für Follower sichtbar sind und nicht offen im Internet stehen.) Den Schritt habe ich jetzt gemacht und musste feststellen, dass mein eigener Name vor ein paar Wochen von einer amerikanischen Katzenfreundin besetzt wurde. Der Titel des Buches erscheint mir für Twitter zu lang. Also nenne ich mich um in SusaHake:

www.twitter.com/susahake

Mit Augenkontakt werde ich mindestens bis zum 10. Januar 2015 mindestens zweimal monatlich Vorträge und Reden halten. Der nächste Schritt: Möglichkeiten der Kooperation recherchieren, mindestens eine Stunde pro Woche.

Jetzt haben wir uns also Aktivitäten ausgesucht, die uns relativ leichtfallen. Schon das wird Sie voranbringen. Sie möchten noch mehr tun? Eventuell etwas, das Ihr Vorankommen noch beschleunigen wird? Dann wählen Sie aus den Aktivitäten diejenige, die Ihnen am meisten Angst macht.

Für mich ist die beängstigendste Aktivität ein eigener Blog. Es ist keine schrille Angst, sondern eine, die mich missmutige Lähmung spüren lässt. Ich mag diese Kombination von Selbstdarstellung, regelmäßiger Verpflichtung lange Texte zu schreiben und Computertechnik gar nicht! Okay, nennen Sie es Angst. Das kann nur eins bedeuten: dass es genau da für mich langgeht. Ich entscheide mich also, auf meiner Webseite einen Blog zu starten.

www.SelbstmarketingFuerSchuechterne.de

In dem Blog werde ich die Aktivitäten für dieses Buch kommentieren und Inhalte vertiefen. Mindestens zweimal wöchentlich werde ich mich mindestens zwei Stunden vorbereiten, schreiben und dort auch Fragen (ohne Namensnennung der fragenden Person) beantworten, die mir unter

kontakt@SelbstmarketingFuerSchuechterne.de

gestellt werden. Bis zum 10. Januar 2015. Dann sehe ich weiter. Mein nächster Schritt ist, diesen Blog technisch einzurichten.

---

(78) Übung: Bonus-Aktivität

Schauen Sie sich die beiden Listen mit Aktivitäten noch einmal an. Wählen Sie nun die Aktivität, ob vom Schreibtisch aus oder mit Augenkontakt, die Ihnen am meisten Angst macht. Genau die! Und entscheiden Sie sich dafür, diese zusätzlich zu den beiden anderen für die nächsten 90 Tage anzugehen.

Schreiben Sie folgenden Text in Ihr Tagebuch oder Ihre Computerdatei und füllen Sie die leeren Stellen aus:

Von allen Aktivitäten habe ich am meisten Angst vor:

....

Ich bin aufgeregt und weiß, dass diese Aktivität mit großer Wahrscheinlichkeit am nützlichsten sein wird. Deshalb verpflichte ich mich, für die nächsten 90 Tage .... mal die Woche/Monat .... Stunden in diese Aktivität bzw. die Vorbereitung dafür zu investieren. Mein nächster Schritt ist folgender:

....

Datum, Unterschrift ....

Feiern Sie auf Ihre Art

Sie wissen jetzt, was Ihr nächster Schritt ist, um Ihre Botschaft, Ihre Mission zu kommunizieren und so zu den passenden Kunden bzw. passende Positionen zu kommen. Sie haben den Schritt schon gemacht oder in Ihren Kalender eingetragen, wann Sie ihn machen werden.

Jetzt bleibt nur noch eins: Seien Sie stolz auf sich und Ihre Leistungen, freundlich zu sich und anderen – und mutig.

(79) Übung: Freudige Mutprobe

Gehen Sie aus dem Haus oder öffnen Sie die Balkontür oder ein Fenster, fühlen Sie die Freude und den Stolz darüber, was Sie geschafft haben, und rufen Sie dieses Gefühl hinaus.

Legen Sie dieses Gefühl in Ihre Worte, Ihre Botschaft, Ihre Mission oder schlicht und einfach in ein einziges, dafür umso lauteres Wort, das Sie so oft wiederholen können, wie Sie wollen.

»Was für ein Wort denn?«, fragen Sie jetzt? Nun, z. B. das Wort, das für Sie den wichtigsten Wert ausdrückt, oder schlicht und einfach »Yippie!«.

Spüren Sie diesen Worten, Ihrem Wert-Wort oder Ihrem Freudenruf nach.

Ein Wort zum Schluss: Natürlich können Sie das Buch gelegentlich wieder durchlesen und Übungen wiederholen. Doch jetzt, meine Heldin, mein Held, erkennen Sie sich für das an, was Sie bislang geleistet und gelernt haben. Knipsen Sie Ihr Million-Dollar-Mona-Lisa-Lächeln an, lassen Sie Ihr Licht leuchten und schenken Sie Ihr Elixier aus. Feiern Sie! Ob mit den vielen neuen Menschen, die Sie inzwischen kennengelernt haben, oder mit wenigen. So, wie es Ihrer Botschaft, Ihrer Mission entspricht. So, wie Sie wollen.

www.SelbstmarketingFuerSchuechterne.de

Anhang

Zur Einleitung

Test zum Thema Hochsensibilität finden Sie in:

➤ Elaine N. Aron: *Sind Sie hochsensibel? Ein praktisches Handbuch für hochsensible Menschen.* München, 2011.

Tests zum Thema Introvertiert finden Sie in:

➤ Susan Cain, *Still. Die Kraft der Introvertierten.* München, 2013.
➤ Marti Olsen Laney: *Die Macht der Introvertierten. Der andere Weg zu Glück und Erfolg.* München. 2013.
➤ Sylvia Löhken: *Leise Menschen – starke Wirkung. Wie Sie Präsenz zeigen und Gehör finden.* Offenbach, 2012.

Test zum Thema Schüchternheit finden Sie in:

➤ Jonathan Cheek: *Warum so schüchtern? Mehr Selbstbewußtsein in Beruf Freundschaft und Liebe.* München, 1993.
➤ Barbara & Gregory Markway: *Frei von Angst und Schüchternheit. Soziale Ängst besiegen – ein Selbsthilfeprogramm.* Weinheim, 2013.

Psychotherapie und Psychopharmaka

Wo hört die Angst auf, »normal« zu sein, und wo beginnt die Diagnose »soziale Phobie«? Wenn Sie auch nur daran denken, dass Ihre Ängste stärker und andauernder sind als die anderer Menschen, nehmen Sie sich bitte ernst und sprechen Sie mit einem Arzt oder einer Ärztin darüber. Als wirksam gegen Angststörungen hat sich nach wissenschaftlichen Langzeitstudien die Kombination von Verhaltenstherapie und Psychopharmaka erwiesen.

Sie haben Vorbehalte gegen Psychopharmaka, diesen Blockbuster der Pharmaindustrie? Wenn es sich bei Ihren Ängsten nicht nur um eine herkömmliche Selbstmarketing-Blockade, sondern um eine wirkliche Angststörung handelt, werden Sie froh sein, dass es diese Medikamente gibt. Sie sind längst nicht mehr so dämpfend wie noch vor ein paar Jahrzehnten. Meistens sind es Antidepressiva und als solche sensibel dosierbar und machen heute offenbar nicht mehr abhängig. Nebenwirkungen sind aber vorhanden. Deshalb wird eine vertrauenswürdige Ärztin oder ein solcher Arzt Sie auch nicht lebenslänglich »einstellen«, sondern für eine zeitlich überschaubare Phase. Diese Phase sollten Sie sinnvollerweise für eine Verhaltenstherapie nutzen.

Wenn Sie also den leisesten Verdacht haben, dass Sie wirklich mehr Angst haben als andere, machen Sie bitte einen Arzttermin. Jetzt. Sie können dann immer noch frei entscheiden, welche Therapieform Sie wählen. Wenn Ihre Angst auf einem Trauma (extremen Erlebnis) aus der Vergangenheit beruht, könnte auch die Therapieform EMDR (Eye Movement Desensitization and Reprocessing), in der viele ÄrztInnen und PsychiaterInnen ausgebildet sind, eine Möglichkeit sein. Ob und welche Medikamente Sie gegen Ihre Angst nehmen, bleibt ebenfalls Ihnen überlassen.

In der Apotheke bekommen Sie, auch rezeptfrei, das Naturheilmittel Passionsblumenextrakt (z. B. Pascoflair), das sich in klinischen Studien bei leichten bis mittelschweren generalisierten Angststörungen als schnell wirksam erwiesen hat.[73] Passionsblumenextrakt wird auch in Kombination mit Baldrianwurzel und Johanniskraut angeboten.

Zum Kapitel II: TRANSFORMATION

Zur (19) Übung: Zwick-Start – Zweiter Teil

Anleitung und Text für die Mentorin

Liebe Mentorin, lieber Mentor: Diesen Text lesen Sie Ihrem Mentee (engl., deutsch ausgesprochen: Mentih) bitte ruhig und deutlich vor. Passen Sie bitte die Ansprache Sie/Du so an, wie es für Sie passt. Lesen Sie am besten den gesamten Text mindestens einmal durch, bevor Sie ihn vorlesen.

Drücke bitte für die Dauer der Übung so fest Du kannst die Wäscheklammern zwischen den Fingern. So als würdest Du, wenn Du das nicht machst, bestraft werden.

Wie fühlt es sich an, sich sein Leben lang daran orientiert zu haben, nicht aufzufallen, um nicht bestraft zu werden?

Wie fühlt es sich an, sein Leben nach dem vermeintlichen Willen und vermeintlichen Drohungen anderer – Eltern, Vorgesetzten, Nachbarn und Partnern – auszurichten?

Wie fühlt es sich an, unter all dieser Gefallsucht seine eigenen Bedürfnisse, Gefühle und Träume begraben zu haben?

Wie fühlt es sich an, von irrealen Ängsten gesteuert, sein Leben so klein wie möglich zu halten?

Wie fühlt es sich an, das Geschenk und die Gaben seines einzigartigen Lebens nicht auszudrücken?

Wie fühlt es sich an, vor lauter Anspannung kaum noch etwas zu fühlen?

Drücke nun nochmal mit aller Kraft auf die Wäscheklammern. Spüre wie die Anspannung bis hoch in die Schultern, den Nacken und den Kiefer geht.

So fühlt es sich an, sein Leben daran zu orientieren, Strafe zu vermeiden.

Lege die Wäscheklammern nun wieder auf den Tisch.

Wie fühlen sich die Finger an, mit denen Du gedrückt hast?

Berühre dich nun – je nachdem, wo du deinen »Anker« gesetzt hast – am Handgelenk oder am Herzen, und gehe mit deiner Vorstellung zurück an den Ort, an dem du glücklich bist. Gehe mit allen Sinnen in diese Situation hinein. Genieße sie und atme dabei entspannt bis unter deinen Bauchnabel. So fühlt es sich an, sich an seinem Glück zu orientieren.

Zur (36) Übung: Vorbilder, Helden und Heldinnen – Zweiter Teil:

Schauen Sie sich die Eigenschaften und Adjektive an, die Sie notiert haben. Kommen manche häufiger vor? Markieren Sie diese. Welche dieser Worte sprechen Sie am meisten an, sind Ihnen am wichtigsten? Suchen Sie sich die für Sie bedeutendsten drei Wörter heraus.

Die Wörter, die Sie notiert haben, sind Ihre Werte.

Zu (49) Quiz: Missionen und Menschen – Auflösung:

1 D / 2 C / 3 E / 4 B / 5 A

Zum Kapitel V: Yippie!-Entscheidung

Im Folgenden erläutere ich Ihnen die einzelnen Aktivitäten, die in der Tabelle vorgeschlagen werden.

Aktivitäten vom Schreibtisch aus:

Weitere Social-Media-Plattformen: Überlegen Sie sich, ob für Sie neben XING und LinkedIn nicht auch andere Plattformen beruflich interessant sind. Neben Google+ (plus.google.com) und Facebook gibt es auch z. B. Twitter (www.twitter.com), ein Portal, auf dem Sie kurze Nachrichten von maximal 140 Zeichen schreiben können. Auf Instagram (www.instagram.com) können Sie Fotos und Videos teilen. Auf welchen Plattformen wollen Sie sich mit Ihrer Botschaft und/oder Ihrer Mission aktiv engagieren?

Webseite: Ganz von Anfang an: Wählen Sie einen Host (z. B. www. strato.de) und kaufen Sie dort eine attraktive URL (Internetadresse, z. B. Firmenname, Ihr Name oder der Ihres Produktes). Dann erstellen Sie Ihre Webseite entweder mit der Software des Hosts oder mit Templates von z. B. WordPress. (de.support.wordpress.com/com-vs-org). Eventuell entscheiden Sie sich auch dafür, einen Webseiten-Designer zu beauftragen. Sie haben schon eine Webseite? Dann optimieren Sie die Inhalte und die Verlinkung. Wie häufig Keywords gesucht werden, erfahren Sie kostenfrei hier: www.ranking-check. de/tipps-tools/seo-tools/keyword-datenbank. Richten Sie die Inhalte Ihrer Webseite aber nicht ausschließlich auf diese Schlüsselwörter aus. Die Suchmaschinen belohnen aktuelle Originaltexte. Wenn die Search Engine Optimization ansatzweise geklärt ist (Links von seriösen Webseiten, Vorsicht vor »Beratern«, die Ihnen unseriöse Links verkaufen), können Sie immer noch klären, ob ein Blog oder ein Onlineshop für Ihre Produkte auf Ihrer Webseite sinnvoll ist.

Ein eigener Blog: Zugang zu Software für Ihren Blog haben Sie kostenlos über de.support.wordpress.com/com-vs-org. Es ist sinnvoll, einen Blog mit der URL Ihrer Webseite zu verknüpfen. Sie können den Blog aber auch unabhängig von einer Webseite hosten lassen, kostenlos zum Beispiel auch bei www.blogger.com. Wenn Sie einen Blog starten, verpflichten Sie sich damit quasi zu regelmäßigen neuen Inhalten. Sie können natürlich auch Gastbeiträge auf den Blogs anderer Blogger schreiben und von da aus entweder auf Ihren eigenen, auf Ihre Webseite oder ein Social-Media-Profil verweisen.

Fachartikel schreiben: Sie haben innerhalb Ihrer Branche oder Ihres Unternehmens Informationen, die einerseits relevant und/oder originell sind und andererseits nicht unter Ihr Betriebsgeheimnis fallen? Dann brainstormen Sie, welche Themen entweder für die Mitarbeiter- oder Kundenzeitschrift Ihres Unternehmens oder als Freiberufler für die Fachzeitschriften der Branche (oder darüber hinaus) interessant sein könnten. Suchen Sie sich eine Zeitschrift aus, in der Sie Ihren Artikel gerne sehen würden. Lesen Sie sich die veröffentlichten Artikel durch, um ein Gefühl für Aufbau und Stil der Artikel zu bekommen. Finden Sie eine interessante Schlagzeile und konzeptionieren Sie den Inhalt des Artikels. Zeigen Sie dieses Konzept einem Ihnen vertrauten Sachverständigen. Jetzt lesen Sie sich das Impressum der Zeitschrift durch und rufen die Chefredaktion an. Fragen Sie zumindest einen Assistenten, ob er sich Ihren Beitrag durchlesen möchte. Oder fassen Sie Ihren Text in einer Kurzversion zusammen und erzählen sie. Schicken Sie ihm das Konzept bei Interesse zu. Wenn Sie nach einer Woche nichts von ihm hören, rufen Sie ihn erneut an. Und wenn die Redaktion das Konzept nicht mag? Lassen Sie sich nicht unterkriegen, sprechen Sie mit einem anderen Vertrauten über Konzept und Qualität des Artikels, korrigieren Sie ggf. (oder schreiben Sie den Artikel trotzdem zu Ende) und bieten Sie ihn einem Konkurrenzblatt an.

Wenn es keine weiteren Konkurrenzblätter gibt, bieten Sie den Artikel einem Blogger an oder stellen ihn auf die eigene Webseite. Zu Ihrer Ermunterung ein wenig Statistik: Unter zehn Losen sind durchschnittlich neun Nieten, manchmal mehr. Das Gute, auch wenn Sie eine Niete ziehen: Bei der Konzeption eines Artikels lohnt sich die zeitliche Investition, denn Sie werden mit der Übung immer besser.

Präsentationen erstellen: Um Ihre Projekte, Angebote oder Ihr Unternehmen überzeugend vorzustellen, ist visuelle Unterstützung hilfreich. PowerPoint und Keynote stellen Ihnen technisch einfache Möglichkeiten dafür zur Verfügung. Was wollen Sie mit Ihrer Präsentation bewirken? Wie können Sie die Informationen so aufbereiten, dass die Zuschauer unterhalten, überrascht und überzeugt werden? Verwenden Sie, wenn Sie die Präsentation veröffentlichen, lizenzfreie Bilder, z. B. hier http://www.freeimages.com/ oder – wenn Ihnen das Freude macht – fotografieren Sie selber. Alternativ können Sie auch mit Grafiken arbeiten oder Videos einbeziehen. Sie können Ihre Präsentationen auch vertonen und mit (lizenzfreier) Musik unterlegen. Gelungene Präsentationen, die öffentlich zugängig werden sollen, gehören auf Ihre Webseite und/oder z. B. hierher: http://www.slideshare.net/

Webinare entwickeln und durchführen: Ein Webinar ist ein Web-Seminar, das digital angeboten wird. Vor allem für Freiberufler und Unternehmer ist dieses Marketinginstrument interessant. Doch auch als Angestellter können Sie nach Absprache für Ihre Firma intern und extern Webinare entwickeln und anbieten. In kaum einem anderen Medium haben Sie so eine gute Möglichkeit, Ihr Wissen zu vermitteln und sich zu profilieren. Mit einem kostenlos angebotenen Webinar geben Sie passenden Kunden die Möglichkeit, Sie und Ihre Art zu arbeiten unverbindlich kennenzulernen. Im Rahmen des Webinars können Sie entsprechend Ihrer Strategie weitere Formen der Zusammenarbeit anbieten. Je relevanter Titel und Inhalt Ihres Webinars für Ihre passenden Kunden sind, desto größer sind Ihre Erfolgschancen. Da ich selber noch kein Webinar veranstaltet habe, möchte ich mich mit technischen Empfehlungen zurückhalten.

Audioaufnahmen/Podcast: Das Gute an Audioaufnahmen ist: Der Hörer muss beim Anhören nicht vor dem Computer sitzen und für die ProduzentInnen ist es eine weniger große Hürde, Audios aufzunehmen als Videos. Technisch brauchen Sie für gute Audioaufnahmen Ihren Computer oder Ihr Smartphone und ein Mikrofon. Ein Headset ist besser als das in Ihren Computer eingebaute Mikro. Höhere Qualität erreichen Sie mit einem dynamischen Mikrofon. Die Software, die Sie zum Bearbeiten Ihrer Tonaufnahme brauchen, ist z. B. das kostenlose Audacity http://audacity.sourceforge.net.

Diese Tonaufnahmen können Sie auf Ihre Webseite stellen oder per Mail verschicken. Ein Podcast, der automatisch per RSS-Feed geladen werden kann, bedeutet mehr Aufwand. Sie brauchen dazu Webspace, den der Host Ihrer Webseite Ihnen meistens frei zur Verfügung stellt. Oder Sie verwenden unabhängig davon das in der Basisversion kostenlose www.podhost.de und machen sich schlau, wie Sie eine XML-Datei erstellen, die auf Ihre MP3-Datei zurückgreifen kann, um Ihren Podcast zum Beispiel bei iTunes zu veröffentlichen. Dieses YouTube-Video ist hilfreich: https://www.youtube.com/watch?v=aFz18axC1pc

Newsletter schreiben: Ein Newsletter ist eine der besten Marketingmaßnahmen, da Sie dadurch direkten Kontakt mit Ihren Kunden haben. Doch wie stellen Sie sicher, dass Ihre passenden Kunden Ihre Mails auch lesen? Indem Sie sich an das Datenschutzgesetz und die Richtlinien für zulässiges E-Mail-Marketing halten. (Informieren können Sie sich hier: https://certified-senders.eu/wp-content/uploads/2014/03/Marketing-Richtlinie.pdf. Sie sollten in Ihrem Newsletter wirklich interessante Inhalte liefern und das regelmäßig wöchentlich, 14-tägig oder monatlich. Eine kostenfreie Version der webbasierten Application MailChimp können Sie hier herunterladen: http://mailchimp.com/)

Ein Fachbuch schreiben: Da Sie sich klar über Ihre Einzigartigkeit, Ihre Mission, Ihre Botschaft und Ihre passenden Kunden sind, liegt die Überlegung nah: Ist genau da eine Nische für Ihr Fachbuch? Wenn Sie Ihr Werk von einem seriösen Verlag verlegen lassen möchten, müssen Idee und Konzept überzeugen. Sinnvoll ist es, Ihre erste Idee zu einem Kurz-Exposé von ein bis zwei Seiten Länge zu entwickeln, eine Inhaltsangabe zu erstellen und das erste Kapitel (mit ca. 1800 Zeichen pro Seite) zu Papier zu bringen. Wenn Sie und der Ihnen vertraute Sachverständige damit zufrieden sind, suchen Sie sich einen vertrauenswürdigen Agenten, der Ihr Angebot an einen Verlag weitergibt. Dann gedulden Sie sich. Es steht Ihnen natürlich frei und ist in vielen Fällen auch sinnvoll, das Buch, ob auf Papier oder als E-Book, selber zu verlegen. Recherchieren Sie den aktuellen Stand der Technik und die Marktlage am besten selber im Netz. BOD, iBooks und Kindle sind die Stichwörter.

Videos aufnehmen und veröffentlichen: Schon Smartphones und das dazugehörige Mikrofon Ihres Headsets liefern Videos in ausreichender Qualität, die Sie z. B. auf www.Youtube.com oder www.Vimeo.com hochladen können. Selbstverständlich können Sie auch in dynamische Mikrofone investieren. Die Hemmschwelle, sich per Video zu zeigen, ist bei den meisten Menschen hoch. Mit Übung – zum Beispiel auch im öffentlichen Reden – aber überwindbar. Achten Sie bei Videoaufnahmen auf gutes Licht. Tageslicht, das durch das Fenster auf Ihr Gesicht fällt, kann ausreichen. Zum Bearbeiten Ihrer Filme bzw. auch Bildschirmaufnahmen bietet sich für den Anfang die Software an, die auf den meisten Computern schon vorhanden ist, z. B. iMovie. Anspruchsvoller und kostenpflichtig sind ScreenFlow und Camtasia. Achten Sie bei verwendeter Musik auf die Lizenzen. Recherchieren Sie nach »royalty free music« oder kaufen Sie sich Musiklizenzen im Internet, z. B. bei www.audiojungle.net.

Was Sie auf den Videos sagen? Am besten, Sie stellen sich mit Ihrer Botschaft kurz vor, geben einen inhaltlich relevanten Tipp oder erklären kurz Ihr Angebot. Sagen Sie dem Publikum dann, wie es mit Ihnen in Kontakt kommen kann. Wenn Sie mit den Dreharbeiten fertig sind, folgen ggf. Schnitt und Nachbearbeitung. Dann ist es so weit: Sie richten Ihren eigenen YouTube- oder Vimeo-Kanal ein und laden Ihr Video über Ihren Computer auf Ihren Kanal hoch. Sie können immer noch entscheiden, ob das Video öffentlich sichtbar sein soll oder nur für Leute, denen Sie den Link dazu schicken. Genaue Anleitungen, wie Sie sich Ihren Kanal einrichten und aufladen, gibt es jeweils in den Tutorials von YouTube und Vimeo. Es gibt natürlich auch weitere Möglichkeiten, Ihre Videos online zu stellen.

Aktivitäten mit Augenkontakt

Zielrelevante Personen einzeln treffen: Diese Variante gilt nur, wenn Sie tatsächlich auf Masse gehen. Das bedeutet also nicht nur eine, sondern mindestens drei, besser noch fünf Verabredungen pro Woche machen: zum Kaffeetrinken, Mittagessen oder zu einem Spaziergang. Möglichst mit interessanten KollegInnen, auch aus anderen Abteilungen oder anderen Unternehmen, mit passenden KundInnen oder den sympathischen und hilfreichen Menschen, die Sie inzwischen kennengelernt haben. Hören Sie gut zu, bleiben Sie mit Ihrer Aufmerksamkeit bei Ihrem Gegenüber und seien Sie offen für Möglichkeiten, wie Sie sich eventuell auch langfristiger gegenseitig unterstützen und zusammenarbeiten können.

Sich eine Mentorin oder einen Mentor suchen: Wie hat sich die Beziehung zu Ihrer Mentorin/Ihrem Mentor, die oder den Sie sich als Begleitung zu diesem Buch ausgewählt haben, mittlerweile entwickelt? Sie haben die Vorteile des Mentoring dadurch kennengelernt und für den Umgang mit einer Sie begleitenden Person dazugelernt. Jetzt ist es an der Zeit, sich nach einem zusätzlichen Mentor bzw. einer weiteren Mentorin umzuschauen.

Vielleicht befindet sich die neue Mentorin oder der Mentor Ihrer Wahl innerhalb Ihres Unternehmens? Gibt es dort schon ein Mentorenprogramm? Wäre es möglich, dass Sie (in Absprache mit Vorgesetzten) ein solches Programm ins Leben rufen? MentorIn zu sein ist eine wunderbare Aufgabe, bei der MentorIn und Mentee dazulernen und ihr Netzwerk erweitern können. Vielleicht finden Sie aber auch z. B. auf Konferenzen oder in Business-Netzwerken einen Kollegen oder eine Kollegin, den oder die Sie sich in der Mentorenrolle vorstellen können. Fragen Sie diese Person, nachdem Sie sie näher kennengelernt haben, ruhig offen. Erklären Sie, in welchem Bereich Sie ggf. Unterstützung brauchen und wie Sie sich das Mentoring Ihrerseits bezüglich Inhalt und Zeitaufwand vorstellen. Wenn Sie »Leider nein« als Antwort bekommen: Bleiben Sie dran und suchen Sie weiter.

Sich coachen lassen: Ein Coach ist eine Investition in sich selber. Lernen Sie ruhig mehrere Coaches kennen, bevor Sie sich für einen entscheiden. Falls Sie selber inzwischen die Führungskraft in sich entdeckt haben: Wie wäre es damit, sich selber, auch zum Nutzen Ihres Unternehmens, als Coach ausbilden zu lassen? Möglicherweise übernimmt das Unternehmen, für das Sie jetzt arbeiten, sogar ganz oder teilweise die Kosten dafür. Sprechen Sie Ihren Wunsch also während des nächsten Gespräches mit Ihrem oder Ihrer Vorgesetzten an. Sie zeigen damit auf jeden Fall Engagement und Führungsbereitschaft.

Auf Partys von Kollegen und möglicherweise passenden Kundinnen gehen: Nach wie vor gilt es, alle Einladungen anzunehmen und die zeitlich begrenzte Geselligkeit zu genießen. Reden Sie ruhig und aktiv – spätestens wenn Sie gefragt werden – darüber, was Sie tun. Sprechen Sie über Ihre Botschaft und vielleicht sogar über Ihre Mission. Bald wird der Zeitpunkt kommen, an dem Sie selber eine Party geben. Oder eine Feier zur Eröffnung Ihres Geschäfts oder ein Freudenfest anlässlich Ihrer neuen Position.

Kongresse und Messen besuchen: Recherchieren Sie, welche Kongresse und Messen für Sie interessant sein könnten. Das müssen nicht unbedingt diejenigen sein, in denen die eigene Branche sich feiert. Eventuell finden Sie passende Personen auch in ganz anderen Branchen. Wenn Sie fest angestellt sind und diese Veranstaltungen nicht im Namen Ihrer Firma besuchen können, könnte es sinnvoll sein, eine private Kurzreise dorthin zu unternehmen. Hauptsache, Sie kommen unter beruflich engagierte Menschen und auf Ihrem Weg voran.

Sich über Business-Netzwerke informieren: Vergrößern Sie Ihr eigenes Netzwerk im großen Stil, indem Sie sich an ein größeres Netzwerk anschließen. Den meisten Männern gelingt das auf natürliche Weise schon über Sportvereine in der Jugend. Doch auch die Frauen haben aufgeholt und die Bedeutung von Netzwerken erkannt. Hier ein paar Beispiele: Business and Professional Women-Germany e. V. (www.bpw-germany.de), European Women's Management Development International Network EWMD Germany (www.ewmd.org/chapter/105), Frauen im Management FIM e. V. (www.fim.de), Frauen in Verantwortung (www.FinV.net), Soroptimist International (www.soroptimist.de).

Doch recherchieren Sie weiter für Ihren Bereich, es gibt auch berufsspezifischere Frauennetzwerke. Suchen Sie sich das Netzwerk aus, das Ihrer Zielsetzung entspricht und in dem Sie sich wohlfühlen. Erkundigen Sie sich also ruhig bei mehreren Netzwerken über die Möglichkeit, erst einmal unverbindlich als Gast dabei sein zu dürfen. In Businessnetzwerken finden Sie Kontakte, die Sie ganz offen zu Karrierethemen ansprechen können. Und auch Sie haben Ihrem neuen Netzwerk ja einiges zu bieten.

Workshops und Seminare: Überlegen Sie, ob Sie Ihr Wissen, als Angestellte in Absprache mit Ihren Vorgesetzten und zunächst firmenintern, gezielt weitergeben können. Das ist eine gute Möglichkeit, seine Kommunikationskompetenz sachbezogen zu üben. Für Freiberuflerinnen und Unternehmer sind Workshops und Seminare eine Chance, sich als Expertin zu profilieren und passende Kunden anzuziehen. Oder wollen Sie Workshops und Seminare zunächst als Teilnehmer besuchen? Dann melden Sie als Angestellter Ihr Interesse bei Ihrer Vorgesetzten, der Personalabteilung oder ggf. dem Betriebsrat an.

Es gibt viel zu lernen und unzählige interessante Workshops. Zum Beispiel auch hier www.SelbstmarketingFuerSchuechterne.de/workshop und www.SelbstmarketingFuerSchuechterne.de/training

Einem Rhetorik-Klub beitreten: Gerade wenn Sie nicht der »geborene« Redner sind und Menschengruppen erst einmal grundsätzlich nicht Ihre Sache: Einer Gruppe beizutreten, in der Sie professionelles Feedback auf Ihre ersten öffentlichen Redeversuche bekommen, ist wertvoll. Ich trat 2012, als ich begann, dieses Buch zu schreiben, einem Toastmasters-Klub bei (www.toastmasters.de). Der Berliner Klub, in dem ich Mitglied bin, trifft sich mindestens zweimal im Monat. Kosten (Stand Juli 2014): Aufnahmegebühr 20 Euro, Mitgliedsbeitrag für sechs Monate 60 Euro. Bestimmt gibt es solche und ähnliche Klubs auch in Ihrer Nähe. Gäste sind willkommen. Alternativen sind z. B. Ihre regionale Volkshochschule oder Workshops von Anbietern aus der freien Wirtschaft.

Rede/Vortrag halten: Je eher Sie öffentlich das Wort ergreifen, desto besser. Oft sind nämlich gerade die Introvertierten (Susan Cain), die Hochsensiblen (Elaine N. Aron) und zunächst Unsicheren (Amy Cuddy) diejenigen, die – nach ausreichend Übung – besonders gut reden. Sprechen Sie über Dinge, die Sie ändern wollen oder die Sie begeistern und/oder über die Sie besonders viel wissen. Im Sinne Ihrer Mission werden Sie sicher fündig. Richten Sie das Thema konkret an dem Interesse Ihres Publikums aus. Schreiben Sie Ihren Vortrag und üben Sie ihn. Zunächst allein, dann vor Freundinnen, Freunden und Familie. Mein Tipp: Nicht auswendig lernen, sondern anhand von Stichpunkten improvisieren. Formulieren Sie für sich Ihre Angst in Aufregung um: »Ich bin aufgeregt.« Dann spüren Sie die Füße auf dem Boden und Ihren persönlichen Bannkreis, stehen aufrecht, atmen bewusst in den Bauch, nehmen Blickkontakt auf und reden laut und deutlich. Geben Sie Ihrem Publikum Ihr Bestes.

Benefizveranstaltungen: Im Sinne Ihrer Mission findet sich bestimmt ein Projekt, das Sie unterstützen bzw. sogar initiieren möchten. Wenn Sie angestellt sind, können Sie in Absprache mit Ihrem Vorgesetzten auch mit der PR-Abteilung darüber sprechen, ob Sie das im Namen und mit Unterstützung der Firma machen können. Auch als Privatperson, Freiberufler oder Unternehmer macht es Sinn und Freude, Gutes zu tun. »Brainstormen« Sie darüber, was Sie für wen tun können und wie. Eine Möglichkeit bieten beispielsweise Gutscheine für Ihre Dienstleistungen (für die Sie dann auch den tatsächlichen Geldwert anführen können) als Preis für einen Förderungswettbewerb oder eine Wohltätigkeitstombola. Vielleicht können Sie auch Kontakt mit der lokalen Presse aufnehmen, um darüber zu berichten?

Wenn Ihnen keine eigene Aktion einfällt: Spenden sind immer willkommen. Diese persönlich bei einer Wohltätigkeitsveranstaltung zu übergeben, bringt Sie unter Gleichgesinnte. Übrigens: Viele reiche Menschen praktizierten, auch und gerade als sie noch nicht Großverdiener waren, das »Tithing«, die Praxis, einen Zehntel seines Einkommens als Spende abzugeben. Großzügiges Spenden bringt das Bewusstsein – und vor allem auch das Unbewusste – in einen Zustand von Fülle. Geld zu verdienen macht dann noch mehr Sinn.

Danke

Ich danke meinem Agenten Axel Haase dafür, das Projekt so detailorientiert und mit großem Einsatz von der ersten Idee bis zum Buch hin begleitet zu haben.

Ich danke meinem Erstleser Ernst Kleemann für sein Engagement und sein Durchhaltevermögen.

Ich danke der Journalistin und Diplom-Pädagogin Gesine Werner für das aufmerksame Zuhören und Lesen und die kompetenten Hinweise.

Ich danke dem systemischen Coach und Berater Ingo Schmökel für den hilfreichen Input und seine kreativen Sichtweisen.

Ich danke Dr. Marietheres Wagner und Matthias Kersten für die Ermutigung, gerade in der Anfangsphase dieses Buches.

Ich danke Christian Fauth und Dr. Jan Schlösser für die mentale und fachliche Unterstützung.

Ich danke den Wissenschaftlerinnen und Wissenschaftlern, deren Studien ich verwendet habe und von denen mir einige für Rückfragen zur Verfügung standen.

Ich danke den Expertinnen und Experten, die ich für dieses Buch interviewte, für ihren Enthusiasmus und ihre Zeit.

Ich danke meinen Lehrerinnen und Lehrern, besonders: Beverly Kitaen Morse, Kristin Peters, Uta Marie Reinbach, Jack Lee Rosenberg und Paul Wolff.

Ich danke Thorsten Lück für seinen weiten Horizont und seine Geduld.

Ich danke meinen Eltern und meinen Großeltern.

Ich danke den Mitarbeiterinnen und Mitarbeitern des Redline Verlags dafür, dieses Buch in die Welt zu bringen.

Über die Autorin

© Peter Werner

Susanne Hake, Master of Fine Arts, kombiniert ihre langjährige Berufserfahrung aus Werbung (McCann-Erickson, TBWA), Körperpsychotherapie und Spielfilmregie (ARD, ZDF, Sat.1). 2008 entwickelte sie mit STORYdynamics ein ganzheitliches Beratungs- und Coaching-Programm, speziell für Menschen mit „Selbstmarketing-Blockade": In fünf Schritten aus dem Schattendasein zu mehr Selbstbewusstsein, Ausdrucksfreude und Erfolg.

Anmerkungen

1 Siehe: http://paulineroseclance.com/impostor_phenomenon.html

2 http://www.manager-magazin.de/magazin/artikel/a-506590.html

3 »Selbstmarketing-Blockade« ist keine medizinische Diagnose. Wenn Sie selber das Gefühl oder den Gedanken haben, dass Ihre sozialen Ängste weit über das »normale Maß« hinausgehen, lesen Sie bitte den Abschnitt »Psychotherapie und Psychopharmaka« im Anhang zur Einleitung.

4 Durkheim, É: Die elementaren Formen des religiösen Lebens, Frankfurt 1994. Aus: Gugutzer, R.: Soziologie des Körpers, Transcript 2013.

5 http://www.spektrum.de/quiz/wie-viele-eizellen-produziert-eine-frau-waehrend-der-gesamten-zeit-der-geschlechtsreife/582470

6 Siehe: http://www.mpg.de/21486/Neuronale_Plastizitaet

7 Denys-Struyf, G.: Les chaines musculaires et articulaires, ICTGDS, 1979.

8 https://www.youtube.com/watch?v=Ks-_Mh1QhMc. Hier finden Sie einen interessanten Vortrag von Amy Cuddy zur Körpersprache.

9 http://dash.harvard.edu/bitstream/handle/1/9547823/13-027.pdf?sequence=1

10 Re-Analyse von acht Studien durch Kenny und DePaulo (1993), Aus: Asendorpf, J.: Psychologie der Persönlichkeit, Berlin 2012.

11 Ebd. S. 212.

12 Aus: Amen, D. G: Unleash the power of the female brain, Piatkus, 2013.

13 Mark Robert Waldman im Gespräch: https://www.youtube.com/watch?v=keNDjkeZfAQ

14 http://de.wikipedia.org/wiki/Proxemik

15 Vgl. Clark, D.: Reinventing You, Harvard Business Review Press 2012.

16 http://www.ppc.sas.upenn.edu/articleseligman.pdf.

17 Wood, J.; Elaine Perunovic, W., & Lee, J.: Positive Self-Statements: Power for Some, Peril for Others. Psychological Science, Vol. 20/No.7, 2009.

18 Latham, G.; Locke, Edwin A. : »Building a Practically Useful Theory of Goal Setting and Task Motivation«, The American Psychologist 57 (9): 705–717, doi:10.1037/0003-066X.57.9.705, 2002.

19 D. Johnson, et al.: American Journal of Psychiatry, 1999. Siehe auf:

http://ajp.psychiatryonline.org/article.aspx?articleid=173270.

20   Olsen Laney, M.: Die Macht der Introvertierten, 2013.

21   Nach Costa und McCrae, deutsche Adaption von Ostendorf und Angleitner 2004, aus: Rammsayer, T., Weber, H : Differentielle Psychologie, Göttingen 2010

22   Gray, J. A.: Elements of a Two-Process Theory of Learning. Academic Press, (1975), aus: Asendorpf, J: Psychologie der Persönlichkeit, Berlin 2012.

23   Arkin, R. M.; Lake, E. A.; Baumgardner, A. H.: Shyness and Self-Presentation, in: Jones, W. J; Cheek, J. M. & Briggs S. R. (Hrsg.): Shyness: Perspectives and Treatment; Leary, M. R.: Understanding Social Anxiety. Sage Publications, 1983.

24   Vgl. https://www.youtube.com/watch?v=Ks-_Mh1QhMc

25   Holt-Lundstad, J.; Smith, T. & Layton, J.B.: Social relationships and mortality risk: a meta-analytic review, PLoS Medicine, Vol 7, no 7, doi:10.1371/journal.pmed.1000316, 2010.

26   »Evergreen Project« unter Leitung von Nitin Nohria (2009) aus: Sprenger, R. K., Radikal führen, Frankfurt 2012.

27   Connson Chou Locke: Zum Chef geboren oder dazu gemacht? Harvard Business Manager, 25.3.2014. Siehe: http://www.harvardbusinessmanager.de/blogs/fuehrungskraefte-zum-chef-geboren-oder-dazu-gemacht-a-960071.html.

28   Stark Smith, N.: Teaching Contact Improvisation, in: Brinkmann, U.: Kontaktimprovisation. Neue Bewegung im Tanz. Bonn, 4. Auflage 1999.

29   Chopich, Erika J.; Pauls, Margaret: »Aussöhnung mit dem inneren Kind«, 2005.

30   Boszormenyi-Nagy, I. : Unsichtbare Bindungen, Stuttgart 2013.

31   Assagioli, R.: Psychosynthese und transpersonale Entwicklung, 2008

32   Aus eigenen Notizen aus der Ausbildung zum »Certified IBP Professional« am IBP Central Institute und Rosenberg, J. L.; Rand, M. L.; Asay, D. : Körper, Selbst und Seele, Paderborn 2008.

33   Williamson, M. : Rückkehr zur Liebe, München 1993.

34   Arkin, R. M.: Self-presentational Styles, in: Tedeschi, J. T. (Hrsg.): Impression management theory and social psychological research, Academic Press, 1981. Aus: Asendorpf, J. : Psychologie der Persönlichkeit, 2012.

35   Laux, L. & Renner, K.-H.: Self-Monitoring und Authentizität: Die verkannten Selbstdarsteller. Zeitschrift für Differentielle und Diagnostische Psychologie, 23 (2), 2002. Aus: Asendorpf, J. : Psychologie der Persönlichkeit, Berlin 2012.

36   Asendorpf, J: Psychologie der Persönlichkeit, Berlin 2012.

37   Ebd.

38   Baumeister, R. F., Tice, D. M. & Hutton, D. G.: Self-presentational motivations and personality differences in self-esteem. Journal of Personality, 57, 1989. Aus: Asendorpf, J.: Psychologie der Persönlichkeit, Berlin 2012.

39 Goffman, E.: Wir alle spielen Theater, München 2003.

40 Cheek, J., Warum so schüchtern?, München 1993.

41 Vgl. https://www.youtube.com/watch?v=Ks-_Mh1QhMc.

42 Jung, C. G.: Die Archetypen und das kollektiv Unbewusste, Meilen 1976.

43 Mark, M. & Pearson, C. S.: The Hero and the Outlaw, McGraw-Hill, 2001.

44 Jung, C. G.: Die Archetypen und das kollektiv Unbewusste. Meilen 1976.

45 Mark, M. & Pearson, C. S.: The Hero and the Outlaw, McGraw-Hill, 2001.

46 Sapolsky, R.: Mein Leben als Pavian. Erinnerungen eines Primaten, München 2001.

47 Perls, F.: Gestalt, Wachstum, Integration. Paderborn 1992.

48 Vgl.: http://www.apa.org/pubs/journals/releases/xge-a0035325.pdf.

49 http://de.wikipedia.org/wiki/Erlernte_Hilflosigkeit.

50 Bandelow, B.: Das Buch für Schüchterne. Wege aus der Selbstblockade, Reinbek, 2007.

51 http://www.faz.net/aktuell/beruf-chance/arbeitswelt/studie-zu-fuehrungsfrauen-zu-viel-laecheln-ist-auch-nicht-gut-12208569.html.

52 Norbekov, M.: Eselsweisheit. Der Schlüssel zum Durchblick, oder wie Sie Ihre Brille loswerden. München 2006.

53 https://www.youtube.com/watch?v=keNDjkeZfAQ.

54 lt. Quartalsbericht I/IV 2014 von XING: https://corporate.xing.com/fileadmin/IR/XING_AG_ergebnisse_Q1_2014.pdf.

55 http://blog.akom360.de/2014/05/linkedin-5-millionen-marke-im-dach-raum-geknackt.

56 Shah, M. R.: Karrierebeschleunigung mit LinkedIn, München 2014.

57 Aus dem Drehbuch: Der Pate, Teil 3.

58 Hesse, J. & Schrader, H. C.: Die perfekte schriftliche Bewerbung, München 2014. Die Autoren empfehlen, auf einer »dritten Seite« Aspekte Ihrer beruflichen Laufbahn herauszustellen oder persönliche Eigenschaften, Vorlieben und Argumente, die Ihre Eignung für die ausgeschriebene Stelle nochmals unterstreichen.

59 http://karrierebibel.de/lebenslauf-check-kennen-sie-alle-fallstricke.

60 Hesse, J. & Schrader, H. C.: Die perfekte schriftliche Bewerbung, München, 2014.

61 Vgl. Kris, E.: Die ästhetische Illusion. Phänomene der Kunst in der Sicht der Psychoanalyse, Frankfurt am Main 1990.

62 Schulz von Thun, F.: Miteinander reden: 1. Störungen und Klärungen, Reinbek 2010.

63 http://careers.theguardian.com/careers-blog/star-technique-competency-based-interview

64 Carlsson (2002) zitiert aus: Runco, M. A.: Creativity, Therory, Themes, and Issues, Academic Press 2007.

65 Stutz, P. & Michels. B.: The Tools. Wie Sie wirklich Selbstvertrauen, Lebensfreude, Gelassenheit und innere Stärke gewinnen, München 2012.

66 Aus eigenen Notizen und Unterlagen zur EFT-Ausbildung Level 1 und 2 bei Marlon Rosenthal/EFT-Berlin, 2005.

67 Rosenberg, M.: Gewaltfreie Kommunikation: Eine Sprache des Lebens, Paderborn 2012.

68 Informationen aus Konfliktkostenstudie I: Die Kosten von Reibungsverlusten in Industrieunternehmen der KPMG AG in Kooperation mit der HS Regensburg und der FH Bern, 2009. http://www.kpmg.de/Publikationen/11479.asp

69 Cameron, Kim. S, Positive Leadership. Stategies for extaordinary Performance, McGraw-Hill 2012.

70 http://www.welt.de/gesundheit/article120004211/Was-Sie-beim-Powernap-beachten-muessen.html.

71 Church, D.; Yount, G. & Brooks, A. J.: The Effect of Emotional Freedom Techniques on Stress Biochemistry. In: Journal of Nervous & Mental Disease. 200 (10): 891–896, Oktober 2012.

72 Systemtheorie nach Niklas Luhmann. Aus: Wagner, M.: Dramaturgie im Raum, Zürich 2014.

73 Akhondazeh. S., et al. : Passionflower in the treatment of generalized anxiety: a pilot double blind randomized controlled trial with oxazepam, in: Journal of Clinical Pharmacy and Therapeutics, 26, 363–367, 2001.

Stichwortverzeichnis